宽松货币之王

THE LORDS OF EASY MONEY

How the Federal Reserve Broke the American Economy

美联储如何影响经济周期和市场波动

［美］克里斯托弗·伦纳德
（Christopher Leonard）
著

冯毅　译

中信出版集团｜北京

图书在版编目（CIP）数据

宽松货币之王：美联储如何影响经济周期和市场波动 /（美）克里斯托弗·伦纳德著；冯毅译 . -- 北京：中信出版社，2025.4. -- ISBN 978-7-5217-7001-8

Ⅰ . F837.123

中国国家版本馆 CIP 数据核字第 2025M8Y164 号

THE LORDS OF EASY MONEY
Original English Language edition Copyright © 2022 by Christopher Leonard
All Rights Reserved.
Published by arrangement with the original publisher, Simon & Schuster, Inc
Simplified Chinese Translation copyright © 2025 By CITIC Press Corporation
本书仅限中国大陆地区发行销售

宽松货币之王：美联储如何影响经济周期和市场波动
著者：　　［美］克里斯托弗·伦纳德
译者：　　冯毅
出版发行：中信出版集团股份有限公司
　　　　　（北京市朝阳区东三环北路 27 号嘉铭中心　邮编 100020）
承印者：　北京通州皇家印刷厂

开本：787mm×1092mm　1/16　　印张：21　　　　字数：280 千字
版次：2025 年 4 月第 1 版　　　　印次：2025 年 4 月第 1 次印刷
京权图字：01-2025-0559　　　　　书号：ISBN 978-7-5217-7001-8
　　　　　　　　　　　　定价：79.00 元

版权所有·侵权必究
如有印刷、装订问题，本公司负责调换。
服务热线：400-600-8099
投稿邮箱：author@citicpub.com

这本书献给琼和约翰·米勒

非常感谢你们给予的支持以及你们所树立的榜样

推荐语

这是一本引人入胜的书。阅读精心撰写的道德故事有一种不可否认的满足感，而商业记者克里斯托弗·伦纳德就写了一本很好的道德故事书……是的，你没看错，这是一本具有吸引力和推动力的关于美联储故事的书。伦纳德继承了迈克尔·路易斯的传统，选择了一个令人难以理解的晦涩主题，并写出了一则扣人心弦的故事，其中的风险显而易见。在这个货币宽松的时代，利益分配非常不均衡……伦纳德很好地捕捉到了美联储的办公室政治，以及它那令人生畏的环境。

——《纽约时报》

这本书巧妙地讲述了美联储的一群经济专家在过去几十年里是如何严重误解美国经济，并经常提出无法产生预期效果的政策的。

——《华尔街日报》

这本书是在通货膨胀成为头条新闻时的一个及时补充……伦纳德生动地书写了一个专业话题。通过关注一位地区联邦储备银行行长，伦纳德提供了一种令人耳目一新的、正确的观点，即许多美国人认为美联储是一个非选举产生的、与精英联盟的权力机构，这可能助长了

2021年1月6日发生的国会山骚乱事件。

——《华盛顿邮报》

将货币政策的细微差别写成性格驱动型记叙文是很难的。但克里斯托弗·伦纳德在这本书中成功地做到了这一点。他把一个不出风头的经济学家变成了一则引人入胜的故事的主角，讲述了美联储如何改变美国经济的本质。将非虚构叙事性作品与大思想结合在一起是很困难的。这本书最棒的一点是，作为一名商业记者，伦纳德通过霍尼格，以一种毫不含糊的方式讲述了半个世纪以来我们是如何走到今天这个地步的。这里面有真实的人，以及他们对这个真实的世界做出的真实决定。

——《金融时报》

通过对政策干预的实际情况进行全面分析，这本书可以让人们及时了解接下来可能发生的事情。

——《企业报社》

伦纳德非常擅长用普通人能理解的方式解释复杂的金融操作。这很好地提醒了人们很多货币政策的不确定性。

——华盛顿自由灯塔网站

伦纳德的这本新书可读性极强，讲述了美国生活中极其重要却极少被提及、被理解的变化之一，那就是美联储在金融市场中扮演的角色越来越重要所带来的影响。正如伦纳德令人信服地指出的，这可能无异于一场灾难。

——贝萨妮·麦克莱恩，《纽约时报》畅销书
《房间里最精明的人》合著者

这是一个引人入胜的、人性化的故事，主人公是一位敢于对当局路线提出异议的银行家，以及一位因持不同政见而失败并遭受苦难的工厂工人。克里斯托弗·伦纳德创作了一本让人饶有兴致的货币书。

——詹姆斯·格兰特，
《格兰特利率观察家》创始人

伦纳德扣人心弦的叙述使我心中有了一个新的货币英雄——前联邦公开市场委员会委员托马斯·霍尼格。如果你像我一样，非常想了解我们是如何陷入这种困境的，那么这本书是必读之作。

——威廉·D. 科汉，
《纽约时报》畅销书《华尔街纸牌屋》作者

伦纳德的丰富报道和带有挑衅性的探索将让你重新评估美联储的政策是建立在坚实的基础上，还是凭空而来的。

——杰西·艾辛格，
普利策奖得主，《胆小鬼俱乐部》作者

令人大开眼界。这本书经过深入研究，探讨了影响大多数美国人当前和未来福祉的重大问题，这段旅程的结局不仅对美国，而且对全球都有重要影响。

——穆罕默德·埃里安，剑桥大学皇后学院院长，
《纽约时报》畅销书《唯一的选择》(The Only Game in Town)作者

这本书是对美联储新的经济正统观念及时而有说服力的挑战。伦纳德敏锐地剖析了在技术官僚共识的表象背后搅动着美联储的政策之争。他对关于美联储前主席本·伯南克领导能力的溢美之词进行了反驳，同时对美联储如何控制和扭曲经济进行了犀利的分析。

——《出版人周刊》

目　录

第一部分　恕我直言，不同意

第一章　零利率以下（2010 年）/ 003

第二章　严肃的数字（1946—1979 年）/ 031

第三章　大通胀（1980—1991 年）/ 047

第四章　美联储式讲话（1991—2001 年）/ 063

第五章　权力过大的公民（2002—2010 年）/ 079

第六章　货币炸弹（2010—2012 年）/ 093

第二部分　ZIRP 时代

第七章　量化泥潭（2012—2014 年）/ 109

第八章　筹划者（1971—2014 年）/ 131

第九章　风险机器（2010—2015 年）/ 149

第十章　ZIRP 制度（2014—2018 年）/ 161

第十一章　霍尼格规则（2012—2016 年）/ 175

第十二章　完全正常（2014—2019 年）/ 191

第三部分 让他们吃掉资产

第十三章　看不见的救助（2019—2020 年）/ 209

第十四章　传染病（2020 年）/ 225

第十五章　赢家和输家（2020 年）/ 237

第十六章　漫长的崩溃（2020—2021 年）/ 253

注　释 / 265

重要术语简明词汇表 / 307

致　谢 / 319

第一部分

恕我直言，不同意

第一章　零利率以下（2010 年）

2010 年 11 月 3 日，托马斯·霍尼格早早就醒了[1]，他知道当天他必须做什么，也知道自己大概率会失败。他要投出一票，而且要投出反对票。他打算持不同意见，他知道这种异议可能会被定义为他的政治遗产。霍尼格试图阻止一项政策的颁布，因为他认为那很可能会变成一项灾难性的公共政策。他认为这样做是他的责任，但现实的车轮已经在转动，这项政策即将成为现实。这"车轮"比他强大得多，是由华尔街的大银行、股市和美联储的领导层推动的，每个人都知道霍尼格那天会输掉，但无论如何他都会投出反对票。

霍尼格时年 64 岁，是美国堪萨斯城联邦储备银行行长，这个职位赋予了他对美国经济事务的非凡权力。那天早上他正在华盛顿，因为他是美联储强大的政策制定委员会成员，该委员会每六周召开一次会议，以有效地决定美国货币的价值和数量。大多数美国人不怎么考虑钱，也就是实际的货币，或者我们称为美元的东西。事实上，"美元"这个词只是美国货币的俚语，它实际上被称为联邦储备券。人们每天都在花联邦储备券（如果他们有幸拥有的话），但他们很少想到这个复杂的、基本上看不见的、可以让货币凭空出现的系统，这个系统就是美联储。作为美国的中央银行，美联储是地球上唯一可以随意创造美元的机构。

因为霍尼格是美联储的高级官员，所以他不得不时时刻刻思考货币问题。他思考这个问题的方式，就像一个压力很大的大楼管理员思考大楼的管道和供暖问题一样。霍尼格不得不将货币视为一个需要管理的系统，而且要管理得恰到好处。当你运行创造货币的系统时，你必须小心谨慎而且极为正直地做好自己的工作，否则可能会发生可怕的事情，比如这座大楼可能会被水淹或者着火。

这就是为什么在 11 月的那个早上，当霍尼格在华盛顿特区醒来时感到了巨大的压力。他住在高档舒适的费尔蒙特酒店，他从堪萨斯城的家中到首都出差时总是住在那里。霍尼格是来参加联邦公开市场委员会的例行会议的。当该委员会在华盛顿开会时，其成员通过投票来决定美联储的行动方向，该委员会有 12 名成员，由位高权重的美联储主席领导。

霍尼格在过去一年里一直投反对票。[2]如果你统计一下他在 2010 年的投票，就会发现结果是：不同意，不同意，不同意。他的不同意见是在意料之中的，但如果你了解霍尼格的性格，就会感到惊讶。因为从本质上讲，他其实不是一个持不同政见者，而是一个循规蹈矩的人。他在一个小镇上出生和长大，十岁前就开始在家里的水暖器材店里打工。他在越南战争中当过炮兵，退伍回国之后也没有反对越战。相反，他进入艾奥瓦州立大学经济学和银行专业学习，最后获得了博士学位。他毕业后的第一份工作是在堪萨斯城联邦储备银行担任监管部门的经济学家。在美联储，他从一个循规蹈矩的人变成了一个规则执行者。霍尼格一步步晋升，于 1991 年成为堪萨斯城联邦储备银行行长，并一直任职到 2010 年。作为 12 位地区联邦储备银行行长之一，他的职责阐明了美国货币体系的结构。美联储与世界其他央行系统不一样，它就像是不同动物各种疯狂基因的混搭，一部分是私人银行，另一部分是政府机构。人们谈论美联储时就好像它只是一家银行，但它实际上是一个地区性的银行网络，所有这些银行都由华盛顿特区的一个中央办公室控制。霍尼格有着其他人认为的地区联储银行行长应该具有的好脾气。他说话温和，彬彬有礼，袖扣紧系，穿着细条纹西装，整天谈论的是资本要求和利率等问题。霍尼格既是一个制度主义者，也是一个保守主义者。

但在2010年底，他成为一名持不同政见者。

霍尼格在酒店房间醒来后有了一段独处的时间。在投票日开始之前，他整理了一下自己的思绪。他刮了胡子，穿上西装，打了领带，收拾了手头的文件。如果他对投票那天要做什么有任何疑问，那么他就不会对外宣传。他花了几个月、几年，甚至几十年的时间来准备这次行动。他所投出的这一票反映了他在美联储的职业生涯学到的一切。他试图运用自己的知识来帮助美联储度过非常时期。

2008年末，在投资银行雷曼兄弟破产后，美国的金融体系崩溃，对于像霍尼格这样的人来说，那一时刻是一个起点。经济学家和央行行长将随之而来的恐慌称为全球金融危机，并最终给这一时刻贴上了自己的神圣标签——GFC（全球金融危机）。中央银行的世界被整齐地划分为两个时代：全球金融危机爆发前的世界和全球金融危机爆发后的世界。全球金融危机本身就是世界末日，整个金融体系彻底崩溃，还有可能引发另一场大萧条。这意味着将有数年创纪录的高失业率、经济困境、政治动荡和无数公司破产。这场危机促使美联储采取了前所未有的措施。

美联储的一个超级能力是可以创造新美元并将其注入银行体系。在雷曼兄弟破产后，美联储以前所未有的方式使用了这个超级能力。因此，许多反映美联储在这一时期行动的金融图表看起来都是一样的，即一条平坦的曲线在一个稳定的范围内反弹多年，然后像反向闪电一样飙升，上升的峰值反映了美联储为对抗危机而创造的空前规模的货币。1913—2008 年，美联储逐渐将货币供应量从 50 亿美元增加到 8 470 亿美元。[3] 这种基础货币的增长是一种斜坡式的缓慢上升。然后从 2008 年末到 2010 年初，美联储印制了 1.2 万亿美元。换句话说，它在一年多一点儿的时间里印制了相当于过去 100 年的货币，比经济学家所说的基础货币多了一倍多。所有这些新货币都有一个非常重要的特点，美联储创造货币的方式只有一种：制造新的美元，然后把它们存放在大银行的金库里。只有大约 24 家特殊的银行和金融机构有特权获得这些原始美元[4]，使得这些银行成为货币供应的发源地。银行系统的过剩资金从 2008 年的 20 亿美元膨胀到 2010 年的 1.2 万亿美元，比以前高了 800 倍。[5]

在这一切形成的过程中，美联储为美国金融体系建立了一个新的基础，这个基础建立在数量惊人的新货币之上。霍尼格有机会目睹这一体系的创建，因为他是创建该体系的委员会——联邦公开市场委员会的成员。一开始，也就是在 2008 年和 2009 年的金融危机期间，他投票支持了这些非同寻常的努力。

2010 年 11 月 3 日上午，霍尼格在为一场争论做准备，这场争论的主题是关于金融危机结束后美联储将采取什么行动。艰难而缓慢的经济复苏才刚刚开始，这是美国经济史上极为重要的时刻之一，这是经济状况在两个阶段间过渡的重要时刻。美联储必须决定新世界将会是什么样子的，而霍尼格对美联储所选择的道路感到越来越苦恼。

根据以往的报道，联邦公开市场委员会每六周召开一次会议来确定利率。这意味着美联储决定了短期贷款的价格，这个数字最终会渗透整个经济体系，并对每个公司、员工和家庭产生影响。基本体系是这样运作的：当美联储提高利率时，经济增长速度就会放缓；当美联储降低利率时，经济则会加速增长。因此，联邦公开市场委员会的委员就像核电站控制室里的一群工程师，当需要更多的电力时，他们通过降低利率来加热反应堆；当环境温度变得很高时，他们通过提高利率来冷却反应堆。

在全球金融危机爆发期间，美联储做的最重要的事情就是将利率降至零，这基本上是历史上首次（利率在20世纪60年代初曾短暂接近零）。经济学家称零利率为"零界限"，它一度被视为某种不可逾越的界限。人们相信，利率不可能降到零以下。利率实际上就是货币的价格。当利率高的时候，货币就贵，因为人们得付更多的钱去借钱。当利率低的时候，货币就便宜。当利率为零时，货币对银行来说实际上是免费的，它们可以直接从美联储获得资金。经济学家认为，货币成本不可能降到零以下，因此零利率下限反映了美联储控制利率能力的局限性。在雷曼兄弟破产后不久，美联储就触及了零利率下限，但更重要的是接下来发生的事情。在利率降至零之后，美联储没有试图再次加息，它甚至开始非常明确地告诉大家，自己不会试图提高利率。这让银行有信心在自由货币环境中继续放贷，因为银行知道零利率的日子将持续一段时间。

但到了2010年，联邦公开市场委员会面临着一个可怕的两难境地，将利率固定在零似乎还不够，经济已经复苏，但状态依然不佳。失业率仍为9.6%，接近深度衰退水平。参加联邦公开市场委员会会议的人都知道，高失业率和持续失业的影响是可怕的。人们如果长时间失业，就会失去技能，失去希望，被时代抛在后面，这加重了他们当初被解雇时所承受的经济损失，甚至连他们子女的收入潜力也会长期下降。美联储内部迫切需要阻止这一进程，还有一种风险是经济反弹可能会完全停滞。

这就是为什么联邦公开市场委员会开始考虑如何在2010年打破零利率下限。美联储领导层在11月会就一项激进的试验进行投票，这项试验将首次有效地实行负利率，向银行体系注入更多资金，并将美联储置于美国提振经济增长的核心位置。没有人知道之后的世界会是什么样子，就像现在美联储所做的所有事情一样。它们故意给这个试验性项目起了一个神秘的名字，人们很难理解它，更不用说关心了。该项目被称为"量化宽松"。如果该项目得以实施，它将重塑美国的金融体系，并重新定义美联储在经济事务中的角色，这将使霍尼格一直投票反对的所有事情都看起来很古怪。他计划投票反对量化宽松政策，而他只能孤军奋战。联邦公开市场委员会内部就量化宽松政策展开了激烈的辩论，但公众对此几乎一无所知。围绕美国货币供给的政治斗争变得越来越与世隔绝，甚至是隐蔽的，因为它们是由美联储领导人来决定的。

货币政治曾经是一个充满争议的政治问题[6]，它一度引发人们激烈的辩论，这场辩论就像2010年围绕税收或枪支管制的辩论一样。早在1896年总统大选期间，民主党候选人威廉·詹宁斯·布莱恩就将货币政策作为一个主要议题。他是一个民粹主义者，想要利用这个话题来赢得愤怒民众的支持。这导致了有史以来最有力、最著名的关于美国货币的政治声明。布莱恩在一次竞选演讲中宣称："你不应该把人类钉在黄金十字架上！"布莱恩在那次演讲中特别谈到了金本位制，还谈到了短期利率和基础货币，而这正是联邦公开市场委员会12名成员经常秘密辩论的问题。在布莱恩时代，货币政治如此炙手可热是有原因的，当时美联储还没有成立，管理货币供给仍然属于公共领域的民主行为。在1913年美联储成立时，这一切都结束了。当时控制货币供给的权力完全归属于美联储，美联储接着巩固了联邦公开市场委员会的权力，联邦公开市场委员会随后开始了闭门辩论，关于货币的决策被筑起了一堵高墙。

对美国人民来说，量化宽松政策对霍尼格的困扰与困扰威廉·詹宁斯·布莱恩的事情同样重要。[7]联邦公开市场委员会的辩论具有技术性和复杂性，但其核心是在经济体系中选择赢家和输家。霍尼格之所以反对量化宽松，是因为他知道，量化宽松将创造破纪录的巨额货币，而这些货币将首先被送到华尔街的大银行。他相信这笔钱会拉大富人和普通人之间的差距。它只会让一小部分拥有资产的人受益，还会惩罚一大群靠工薪生活并试图省钱的人。同样重要的是，这股货币浪潮将鼓励华尔街的每一个实体，在一个充斥着廉价债务和大量借贷的世界里采取越来越冒险的行为，这有可能制造出一种具有破坏性的金融泡沫，而正是这种泡沫当初导致了全球金融危机。这就是霍尼格几个月来在秘密召开的联邦公开市场委员会内部会议上所主张的，他的论点变得愈加尖锐和直接，会议不时被他的反对票所打断。

事实证明，霍尼格的担忧和预测几乎完全正确，也许没有任何一项政府政策比美联储在11月那一天开始执行的政策更能重塑美国的经济生活，也没有任何一项政策比美联储的政策更能拉大贫富差距。理解美联储在2010年11月做了什么，是理解随后十年经济发展的关键，即资产价格飙升、股市繁荣，而美国的中产阶级则进一步衰败。

起初，当霍尼格开始投反对票时，他还在努力地说服他的同行，试图选择一条不同的道路。但这一努力被美联储主席本·伯南克破坏了，伯南克是量化宽松政策的创立者。他是一名学者，于2002年加入美联储，在2006年成为美联储主席。伯南克领导了应对全球金融危机的行动，这让他声名鹊起。他在2009年被《时代》周刊评为年度人物，并在《60分钟》节目中亮相。在拯救金融体系方面，伯南克让美联储这家央行比以往任何时候都更有影响力。他在2010年决心进一步推动这一进程。伯南克认为霍尼格的担忧是错误的，并通过亲自游说联邦公开市场委员会的其他成员，巧妙地打消了他们的疑虑。

显然，霍尼格的反对票不太可能动摇他在联邦公开市场委员会中的同行的选择，他的异议现在产生了不同的效果。他在向公众传递信息，他想让人们明白，美联储将做一些意义深远的事情，而有人曾反对它。他想要传达的信息是，货币政治不仅是一个技术问题，还涉及那些解方程式的聪明人。这是一种政府行为，一项公共政策会影响到每一个人。

霍尼格整装完毕前往酒店大堂，他将在那里，在投票之前与联邦公开市场委员会的其他成员碰面。

2010年，当地区联邦储备银行的行长们来到这里时[8]，美联储把他们安排在费尔蒙特酒店，他们早上聚集在酒店大堂等待美国极有权势的车队之一来接他们。美联储派出车辆将他们作为一个小组接到总部大楼，在华盛顿特区早晨拥挤的交通状态下，这段路程大约需要15分钟。地区联邦储备银行的行长们有时一起乘坐一辆面包车，有时则会乘坐一两辆轿车前往。

这些地区联邦储备银行行长之间有着深厚的合作意识[9]，霍尼格和他们很合得来。霍尼格的外表可以用标准的银行家来形容，他的下巴方方正正，脸颊上还有一个酒窝，他的眼睛是蓝色的。他长得很普通，可以说长着一张就是你期望在办公桌对面看到的银行人士的脸，这个人即将为你提供一笔合理的30年期的住房贷款。他个子很高，穿着风格保守。他讲话的节奏和用语与他衣着低调的颜色及剪裁相得益彰。他有条不紊、有分寸地娓娓道来，从不让言语超前于自己想传达的信息。在情绪激动时，他会不停地重复"看"这个词，而这就是他表达情绪的极限了。

多年以来，霍尼格与联邦公开市场委员会的每个人都相处得很好。在酒店大堂，他可以很轻松地与其他地区联邦储备银行行长闲聊。他们之间有着一根很少有外人能够理解的纽带。他们操纵着美国经济机器的很大一部分，当然在这个操作过程中他们背负着沉重的负担。对于普通人来说，他们是非常聪明的人。比如，旧金山联邦储备银行行长珍妮特·耶伦，她可以说是美国极有成就的经济学家之一，曾在20世纪70年代末担任美联储经济学家，之后分别在哈佛大学、英国伦敦政治经济学院和加州大学伯克利分校任教。她曾在20世纪90年代末担任白宫经济顾问委员会主席,精通宏观经济学,但她的布鲁克林口音从未改变。当谈到美联储下一步可能做什么的时候,她回答得非常直率且极富魅力。

然后是达拉斯联邦储备银行行长理查德·费舍尔,他看起来完全是一个老牌投资银行家。费舍尔把他的白发梳到脑后,穿着整洁的西装,在联邦公开市场委员会会议上以一种夸张且巴洛克式的风格发言,在他的长篇独白中混合了诗意隐喻和玩笑。就在几个月前,费舍尔是这样开场的:"主席先生,我要通过一则故事来表述自己的论点。三个得州人申请当侦探⋯⋯"这是典型的费舍尔式开场白。还有费城联邦储备银行行长查尔斯·普洛瑟,他是一位保守的学者,以及自称"通货膨胀狂人"的芝加哥联邦储备银行年轻的行长查尔斯·埃文斯。

他们都是与霍尼格一样的人,他们说同一种语言,承受着同样的压力。自1973年加入美联储以来,霍尼格的整个职业生涯都在与这样的人打交道。但他在联邦公开市场委员会中的地位随着他投出的每一张"反对票"而变得每况愈下,霍尼格把自己一步步推向美联储权力结构的边缘。

霍尼格的异议引起如此紧张的局势有两个原因。第一个原因与美联储的运行方式有关,在联邦公开市场委员会内部,达成共识和一致投票至关重要。世界需要相信美联储的领导人知道自己在做什么,他们所做的事情更像是解数学题,而不是政治。在公众面前,那些执掌联邦公开市场委员会的睿智人士被描绘成拥有博士学位的公务员,他们相当于是在解复杂的方程式,而不是做出政策选择。当一位联邦公开市场委员会成员表示反对时,这种幻想破灭了。外界会指出,对于美联储应该走哪条前进道路,其内部可能会有相互矛盾的观点,甚至是激烈的辩论。全体一致的投票会帮助联邦公开市场委员会保有权力,但其实该组织否认自己拥有权力,声明这里只有一群根据规则手册运行"核电站"的聪明的工程师。

霍尼格的异议造成如此紧张局面的第二个原因与第一个原因密切相关。在联邦公开市场委员会中,达成共识变得比以往任何时候都更加重要,因为它所做的决定具有更重要的意义。美国的民主机构日益瘫痪,这使得最高法院和美联储等非民主机构有更多的工作要做。在霍尼格下楼去酒店大堂的那天早上,这一现实被电视播报,并登上了头版头条。费尔蒙特酒店为客人提供了免费的《纽约时报》,该报在11月3日上午头版刊登了一条醒目的标题,报道了这一紧急情况。标题写道:"共和党拿下了白宫。"标题下面用较小的字体宣布:"奥巴马和民主党议程受挫,科莫获胜,茶党展示力量。"

前一天是美国的选举日[10],是奥巴马总统任期内的首次中期选举,这次关键的投票将决定谁会控制国会。就在两年前,选民按下并且用力按下了"改变"这个按钮,这一举动让民主党控制了白宫和国会两院。现在选民再次按下了"改变"这个按钮,夺走了众议院的控制权,并通过减少民主党在参议院的席位,削弱了民主党对参议院的控制力度。这是对奥巴马政府的指责,且这也只是针对华盛顿民选政府众多指责中的一个。到了2010年,几乎每一次选举都是一次变革。选民先是把旧人赶走,然后又把新人赶走。美国选民的动机似乎主要是发泄愤怒和不满,而他们在保守的茶党运动中找到了一种表达这种愤怒的新形式。茶党有一个充满活力的原则,那就是说"不"原则。茶党致力于彻底停止政府的工作,《纽约时报》援引一名茶党活动人士的话说,她的目标是"不惜一切代价守住阵地"。

像美国国会这样的民主机构,如果在最需要它们的时候停止工作,那么这是一种耻辱。2008年的全球金融危机并非凭空而来。这次崩溃发生在一个经济体系内部衰败多年之后,而且这个经济体系已经不再为大多数美国人服务。该体系存在的问题是多样而复杂的,它们都为危机的发生创造了条件:负债累累的工人、实力雄厚的银行发放的高风险贷款，以及被严重高估的市场价格。人们借了更多的钱，部分原因是工会的衰落剥夺了工人的议价能力，压低了他们的工资，破坏了他们的工作条件。贸易协议将工作岗位转移到海外，因为新技术意味着需要更少的工人。人口老龄化越来越依赖资金不足的政府项目，如医疗保险、医疗补助和社会保障，这样就造成了巨额的政府债务。美国的教育制度也落后于其他国家。多年的放松管理意味着银行系统被少数专门制造与销售不透明和高风险债务工具的大公司所控制。这些都是国家面临的巨大挑战，而联邦政府并没有实质性地解决其中任何一个问题。有一些保守的方法以及一些开明的方法被用来处理这些问题。而随着茶党候选人当选参议员，国会根本不打算处理这些问题。联邦立法机构已经关闭，一个发展停滞且功能失调的时代开始了。

这给联邦公开市场委员会的每个成员都带来了巨大的负担。11月3日，美联储成为美国经济政策制定的核心驱动力。如果说美国选民是刚刚投票要求停止政府行动，那么他们其实是在美联储即将启动一项前所未有的激进计划的时候投票的。这就是美联储能够如此迅速地采取行动的原因。早在2008年，在国会还没来得及做好准备并开始讨论刺激法案和银行救助计划之前，美联储就已经拿出了大约1万亿美元。12位联邦公开市场委员会成员正在绘制美国经济发展的路线图。

正是在这个历史性的时刻，托马斯·霍尼格决定开始他一连串的反对，他是联邦公开市场委员会历史上任期最长的成员之一。霍尼格如此频繁地表示反对，似乎乐在其中。《华尔街日报》的一位专栏作家写了一个题为"孤独的持不同政见者"的定期专栏[11]，在霍尼格每一次投反对票后采访他。霍尼格不仅破坏了一个以共识为导向的美联储的形象，还在试图引起人们对这一事实的关注。这在联邦公开市场委员会成员那与世隔绝的世界里引发了强烈的回响，他们经常发表讲话，出差参加相同的会议和颁奖典礼。霍尼格本来在那个圈子里很受欢迎，但现在他的同伴在与他交谈时感到不安。他们问他是否确定继续做他正在做的事情。[12] 霍尼格和伯南克主席之间的关系虽然从未亲密过，但现在却成了敌对关系，以至于多年以后，伯南克在撰写回忆录时，把书中少有的刻薄的评论留给了霍尼格。伯南克将霍尼格描述为一个不忠诚、固执，甚至有点心理不平衡的人。

当汽车到达的时候[13]，霍尼格和其他地区联邦储备银行的行长穿过酒店大堂的玻璃门走了出去，来到宽阔门廊下的半圆形车道，等着搭车。霍尼格上了车，车子缓缓驶出车道，驶入早上繁忙的车流中。从酒店到美联储总部会穿过华盛顿西北部的雾谷（美国国务院的戏称，以讽刺其发言人的发言经常含糊其词），这是这座城市中一个安静的地方，远离国会大厦和白宫周围喧嚣的街道。其中一条通往美联储总部的路线穿过华盛顿广场，这是一个小公园，公园的中央有一尊美国第一位总统的雕像，他骑着马，手中拿着一把剑，微微向后倾斜，似乎随时准备进入战场。

随着风景逐渐远去，霍尼格只有最后几分钟的时间用来思考，为这一天做好准备。在为期一天的会议上，联邦公开市场委员会的每一名成员都会提出一个论点，霍尼格一直在努力准备自己的声明。那一天将要发生的事情基本上是一场政治辩论，霍尼格需要仔细整理自己的观点。

就连美联储的基本政治方向都会让局外人感到困惑。[14] 在美国，政治争论的战线是相对清晰的。保守派想要限制政府的干预，自由派想要扩大政府的干预。每晚在有线电视新闻中上演的愤怒辩论往往源于这两种广泛的治理理论。但美联储的政策是混乱的，在这个更广泛的框架内没有多大意义。美联储内部的基本紧张关系是借用外交政策领域的术语——"鹰派"和"鸽派"来描述的。在外交政策上，鹰派主张积极的军事干预，而鸽派则通过外交支持来反对积极的干预。令人奇怪的是，这些术语在用于美联储时却被颠倒了过来。美联储内部的鸽派主张进行更积极的干预，而鹰派则试图限制美联储的干预范围。

美联储内鹰派和鸽派之间通常是从通货膨胀的角度来辩论的，通货膨胀是一种物价迅速上涨、货币贬值的危险状态。如果将美联储的经济学家视为一群监督经济增长的核工程师，那么通货膨胀就会被视为不惜一切代价要避免的灾难。上一次通货膨胀冲击美国是在20世纪70年代，那是人们记忆中的一个混乱时期，从肉类到汽油再到房屋，各种商品的价格都在失控地上涨。当央行将利率维持在过低的水平太长时间时，就会导致通货膨胀。鹰派痛恨通货膨胀，因此希望保持更高的利率，并限制美联储的行动。鸽派不那么害怕通货膨胀，因此更愿意大量印制钞票。

目前尚不清楚究竟是谁在美联储内部开启了鹰派和鸽派的主题，但它一直存在。例如，珍妮特·耶伦经常被描述为鸽派，因为她支持低利率和更多干预。相比之下，托马斯·霍尼格和理查德·费舍尔则被描述为鹰派，因为他们试图提高利率，限制美联储对市场的干预。不用多说，鸽派在公众心中形象更好，谁会对鸽派有异议呢？似乎是鸽派富有同情心，想要帮助经济和劳动人民，而鹰派则更严厉，想要阻止美联储帮助劳动人民。

霍尼格在2010年的行为让他成为联邦公开市场委员会中的超级鹰派，甚至把他变成了更坏的人。从经济角度来看，他被视为史前野蛮人，经济学家称之为"梅隆主义者"，这个词源于大萧条时担任财政部长的安德鲁·梅隆。在经济学的世界里，真正的恶人并不多，而梅隆是其中之一。梅隆有一点非常出名：无情和妄想。这种名声来自他在市场崩溃时给赫伯特·胡佛总统的一条建议。梅隆告诉胡佛：让大火熊熊燃烧，让人们破产吧。他认为这次危机是一种道德清洗，为未来更好的经济发展扫清道路是必要的。据报道，梅隆告诉胡佛要

"清算劳动力、清算股票、清算农民、清算房地产"，这一建议既虚幻又无情的原因在于，梅隆的经济理论是错误的。清算造成了一个失业增多、支出疲软、增长缓慢的下行周期，而且持续的时间越长，扭转这种局面的难度就越大。梅隆敦促胡佛清算这么多的价值，也就是清算了未来数年的经济增长。

不可思议的是，有些人要在 2010 年推行梅隆的观点，看来这好像正是霍尼格所做的。美联储试图采取鸽派立场促进经济增长。霍尼格投票反对这些计划，显然是想让美联储在人们正遭受 9.6% 失业率痛苦的情况下袖手旁观。极端鹰派、梅隆主义者霍尼格与时代格格不入。事实上，随着时间的推移，托马斯·霍尼格的名声越来越固化。在霍尼格提出一系列不同意见多年之后，纽约一位自由派财经记者在被问及霍尼格时，立即回答说："是的，他是个怪人。"大约同一时间，在华盛顿特区的一个鸡尾酒会上，保守派智库美国企业公共政策研究所的一位经济学家在谈到霍尼格时说："他错了。"霍尼格的担忧被普遍认为是对通货膨胀的担忧，而且这种担忧被证明是没有根据的，因为通货膨胀从未到来。多年来，霍尼格的故事变成了一个被放错位置的《圣经·旧约》人物的故事，他不知怎么地徘徊在现代经济格局中，坚持着过时的经文，疯狂地发出"通货膨胀，更多的通货膨胀，甚至是恶性通货膨胀"的警告。

历史经验表明，这种说法是完全错误的。[15] 霍尼格只是担心通货膨胀，他也不是传统意义上的梅隆主义者。在全球金融危机期间，霍尼格多次投票决定采取影响深远且史无前例的紧急行动。他相信承担危机应对者角色的美联储，可以在恐慌时期向银行业注入大量资金。当银行陷入困境时，他相信强有力的印钞政策。

直到 2010 年霍尼格才开始提出不同意见，当时美联储似乎承诺将美国的货币供应量维持在零水平。回顾霍尼格在 2010 年联邦公开市场委员会会议上的言论（会议记录在五年后公开），以及他当时的演讲和采访，可以发现他几乎没有提到过通货膨胀。霍尼格对完全不同的事情发出了警告，他的警告被证明是有先见之明的。但他的警告对于那些不密切关注货币政治的人来说也很难理解。例如，霍尼格喜欢大谈特谈将利率维持在零的"分配效应"。

这种分配效应并不是人们会在理发店里闲聊的话题，但这件事影响了所有人。霍尼格谈论的是货币的分配，以及美联储将货币从一个经济部门转移到另一个经济部门的方式。他还指出，美联储的政策不仅仅会影响整体经济增长，它还在富人和穷人之间转移了货币，并且鼓励或阻止华尔街等可能导致毁灭性金融危机的投机行为。这种谈论美联储的整体方式破坏了其内部鹰派对鸽派的结构。他指出的事实是，美联储可能会导致与物价上涨无关的经济崩溃。

霍尼格并不只是在联邦公开市场委员会闭门会议上说这些话。2010年5月，他在接受《华尔街日报》采访时阐述了自己的观点，并解释了自己的不同意见："货币政策必须不仅仅是针对通货膨胀，它是一个比这更为强大的工具。正如我们所学到的，这也是一种分配政策。"

当霍尼格谈到分配效应时[16]，他描述了零利率是如何造就赢家和输家的。当利率降至零，资金变得廉价时，就会促使银行发放风险更大的贷款。这是因为银行不能通过储蓄来赚取利润，而在利率更高的世界里，比如4%的利率，银行或许能够做到这一点。在利率为4%的世界里，银行可以通过将资金投资于政府国债等超级安全的地方来获得可观的回报，这些投资将为银行的贷款支付4%的利息。在零利率的世界里，情况就不同了。一家银行将资金存放在超级安全的债券中，几乎不会赚到任何钱。这促使银行在风险巨大的荒野中寻找收益。风险更高的贷款可能会支付更高的利息，或者得到银行家所说的更高的"收益率"。当银行开始追逐收益时，正如银行家所说，它们正在把资金转移到收益率曲线以外的地方，进入风险更高的投资领域。

利率为零的生活压低了银行的收益率曲线。银行会有什么损失呢？冒险的赌注其实没有任何好处。这只是维持零利率的副作用之一。多年之后，霍尼格解释道："问题的关键，是让人们愿意承担更大的风险，让经济重新启动。但这也是在分配资源，分配资金的去向。"

霍尼格担心，当美联储将所有资金从安全投资推向风险投资时会发生什么。当资金被推到收益率曲线上时，就会导致霍尼格在2010年警告过的第二个大问题：资产泡沫。2008年崩溃的房地产市场是资产泡沫的破灭，2000年的互联网股市崩盘也是资产泡沫的破灭。当资产泡沫破灭时，一般公众倾向于指责站在灾难现场的人，而这些人就是贪婪的华尔街人。那些目光短浅的股票经纪人哄抬了股市，不诚实的抵押贷款放贷者助长了房地产市场的繁荣。但在这两次资产泡沫破灭和随后的崩盘中，霍尼格都在联邦公开市场委员会中任职，他目睹了美联储在制造这些泡沫中的重要作用。2010年11月，霍尼格担心美联储会重蹈覆辙。霍尼格的沮丧情绪在8月的联邦公开市场委员会会议上似乎爆发了。他说了一些大多数美联储官员从未承认至少是在公开场合从未承认过的话。央行并未将经济从2008年的崩溃中拯救出来，美联储对此负有很大责任。

霍尼格说："我们所经历的金融和经济冲击并非凭空而来，它们发生在多年来由民主党和共和党政府推行的低利率、高且不断上升的杠杆率，以及过度宽松的金融监管政策之后。"他在那次会议上解释了自己的不同意见，并警告说，美联储可能正在犯与导致2008年金融危机同样的错误。"继续使用零利率只会增加长期前景的风险。"他表示。

霍尼格输掉了那场斗争，以及2010年的所有斗争。美联储不仅将利率保持在零利率区间，而且还在投票表决通过量化宽松政策将利率降至零利率下限以下的计划。几个月来，霍尼格一直在反对量化宽松政策，今天他也将输掉这场战斗。

霍尼格继续向南前往位于埃克尔斯大厦的美联储总部。[17] 埃克尔斯大厦坐落在国家广场安静的角落，靠近国会大厦圆顶的另一端。以华盛顿的标准来看，这座建筑是朴素的，并不是很壮观。事实上，与林立在广场周边的博物馆和商贸大厦相比，它几乎不引人注目。埃克尔斯大厦有明亮的白色大理石外墙和矩形柱子，就像美元上的雕刻一样质朴：整齐的线条、锐利的角度、庄严的权威感。

地区联邦储备银行行长乘坐的汽车被引导到大楼的侧门，然后驶进了一个私人地下停车场。乘客们下车后，沿着走廊走进大楼乘坐电梯到二楼，霍尼格和其他行长一起前往委员会会议室。

埃克尔斯大厦的内部装饰像大银行和博物馆的结合体。安静的、铺着地毯的走廊上摆满了精美的艺术品，旁边的办公室很大，而且设备齐全。委员会会议室是埃克尔斯大厦里最著名的地方，而委员会会议室最具特色的是会议室中间那张巨大的椭圆形桌子，那是一块闪闪发亮的抛光木板，似乎没有尽头。当联邦公开市场委员会成员辩论时，他们聚集在这张桌子周围，一盏华丽的镀金枝形吊灯悬挂在桌子正上方以供照明。房间一侧巨大的壁炉架上有一个敞开的壁炉，对面有几排椅子，工作人员在会议举行期间一起坐在那里。他们有时会被要求在那里做报告。

趁着联邦公开市场委员会的成员闲聊时，霍尼格找到了自己的位置就座。霍尼格第一次加入该委员会是在传奇人物艾伦·格林斯潘担任美联储主席时，他当时是联邦公开市场委员会的投票成员。但霍尼格在央行的经历甚至可以追溯到更早的时候，他历经五位主席，从20世纪70年代的阿瑟·伯恩斯开始，包括传奇人物保罗·沃尔克任内，沃尔克在20世纪80年代初将利率提高到两位数以遏制通货膨胀（这导致了严重的经济衰退）。

美联储从未有过一个和平、稳定的时期。事情总是在变化，一个危机总会引发另一个危机。但也从来没有一个时期像格林斯潘的继任者本·伯南克领导的那样，他改变了一切。

本·伯南克在 2015 年出版回忆录时[18]，将其命名为《行动的勇气》(*The Courage to Act*)。这个名字抓住了伯南克的理论精髓，他认为货币干预是必要的、勇敢的，甚至是高尚的。

2008 年之后，伯南克推动美联储做了它以前从未做过的事情，即扩大了货币基础，将利率降至零，提供了承诺利率将保持在零的"前瞻性指引"，诱使银行和投资者承担更多风险。这些咄咄逼人的行为与伯南克的举止相左。他说话温和、友好、平易近人。他那修剪得很整齐的灰白胡子使他看起来像个老人。起初，他似乎很乐意在格林斯潘的长期任期结束后担任看守主席：一个低调的管理者，以谨慎的方式悄悄地拉动货币政策的杠杆。但 2008 年的金融危机让伯南克成为全球名人，与之齐名的还有财政部长汉克·保尔森和纽约联邦储备银行行长蒂莫西·盖特纳。他们是处于事件中心的三人组：救助保险业巨头美国国际集团，任由雷曼兄弟破产，推动 7 000 亿美元的银行救助计划。伯南克成为美国经济救援行动的代言人。

与其说伯南克在危机期间很大胆，不如说是美联储在危机前行动太慢，它让房地产泡沫膨胀，影响金融体系，然后出现危机。2007 年，当抵押贷款的借款人开始大量违约时，伯南克在一次行业会议上指出，次级抵押贷款的问题并没有那么危险。伯南克称："我们认为，次贷危机对整体楼市的影响可能有限，我们预计次贷危机不会对经济其他领域或金融体系产生重大溢出效应。"

当金融体系崩溃时，伯南克有机会定义他的政治遗产。从很多方面来说，他都非常适合这份工作。作为一名学者，伯南克专注于分析大萧条，并撰写了大量关于避免新萧条的方法的文章。他的核心观点之一是，美联储在 20 世纪 30 年代的行动不够大胆。中央银行紧缩货币供应实际上加剧了大萧条。伯南克认为，解决方案是在危机发生后尽可能采取激进措施。多年来，他一直在思考美联储将利率降至零后仍能促进经济增长的新方法。他不认为零边界是不可逾越的极限，它其实只是另一个数据点。伯南克早在21世纪初就发表了有关这一概念的论文[19]，当时零利率还只是一个疯狂的想法。伯南克的一些想法很古怪。例如，他建议美联储可以通过无限量购买国债来限制国债的长期利率。[20] 他讨论了一种叫作"直升机撒钱"的方式，美国政府可以通过将其所有债务出售给美联储来大幅减税，美联储将通过印钱来购买这些债务。伯南克曾表示，日本央行可以通过贬值本币来刺激出口，从而结束日本的经济衰退，尽管通货膨胀率将跃升至3%或4%的高位。当伯南克成为美联储主席时，他已经放弃了其中的大部分政见，但他从未失去对试验的兴趣。2010年停滞不前的经济鼓励了这样的试验。经济学家们知道，要从银行业危机中复苏需要数年时间，但在金融危机发生这么久之后，失业率居高不下的现实仍然令人震惊。失业率仍保持在9%以上，经济增长依然疲软。由于存在希腊和西班牙等债台高筑的国家，危机在欧洲也愈演愈烈。这些问题如果不加以解决，可能会在世界各地产生连锁反应。美国股市在2010年春季再次开始下跌，道琼斯工业平均指数在5月至6月下跌了约1 000点，跌幅为9%。

联邦公开市场委员会成员对此感到担忧[21]，但他们普遍认为不太可能出现另一场衰退。然而风险总是存在的，美联储不想被人发现自己低估了一个问题。伯南克起初只是推动将利率维持在零水平。这似乎是最安全的做法，但霍尼格开始提出异议。他在8月的联邦公开市场委员会会议上解释了日益加剧的担忧。[22] 他说："我认为这更像是种下一片荆棘，我们不是在一年后，而是要在三四年后处理它，这与我们过去所做的一样。所以我非常反对这项政策。"对伯南克来说，异议并不意味着什么，因为霍尼格的异议只是一个孤独的声音。虽然联邦公开市场委员会的内部会议有很多辩论的声音，但实际投票结果一直是11比1的不平衡结果，那个"1"就是霍尼格。

伯南克在8月发起了一场公开运动以启动他最伟大的创新[23]，这是美联储历史上最伟大的试验之一，即所谓的量化宽松政策，该计划曾在金融危机期间被大规模使用过一次。但它从来没有像伯南克认为的那样，在2010年末被用作危机以外的经济刺激计划。奇怪的是，在霍尼格亲自主持的一次活动中，伯南克让公众支持以这种方式使用量化宽松政策。每年夏天，堪萨斯城联邦储备银行都会在怀俄明州的杰克逊霍尔举行研讨会，这是全球央行行长和经济学家的聚会，是货币政策方面奥斯卡颁奖典礼级别的活动。这里是一个在红毯上漫步和新闻摄影师捕捉瞬间的地方。美联储主席发表讲话总是一件大事，而且伯南克在2010年没有让人们失望。他宣布了一项计划，该计划帮助美联储将利率降至零以下，并在没有其他人愿意这样做的情况下刺激了经济。报道伯南克讲话的主流媒体没有足够的词汇用来描述这位主席在说些什么。在几个月之后，"量化宽松"才成为使用更广泛的词汇（达到了它曾经达到的程度）。就连最优秀的财经记者也只是在杰克逊霍尔报道了一些听起来含糊其词的内容，是关于美联储计划购买债券、长期债务和美国国债的，这些内容听起来干巴巴的，带有专业性，并且无害。

但联邦公开市场委员会的成员并不这么认为，因为他们知道这个计划将如何运作以及打算做什么。美联储曾在2008年金融危机最严重的时候实施过一次量化宽松政策。这是一项紧急举措，是在非常时期采取的一项非常措施：美联储直接购买了抵押贷款债务以稳定抵押贷款市场。现在，伯南克首次建议美联储将量化宽松转变为管理经济的正常操作工具。

量化宽松的基本机制和目标实际上很简单。[24] 这是一项向银行系统注入数万亿美元的计划，而此时银行几乎没有储蓄这些资金的动力。美联储将通过使用其手中已有的极其有力的工具之一来做到这一点：一群位于纽约的金融交易员已经在买卖24家被称为"一级交易商"的金融公司的资产。一级交易商在美联储有专门的银行金库，这个金库被称为"准备金账户"。为了执行量化宽松政策，纽约联邦储备银行的交易员会打电话给摩根大通等一级交易商，提出从该行购买价值80亿美元的国债。摩根大通将把美国国债出售给美联储交易员。然后，美联储交易员会按下几个键，告诉摩根士丹利的银行家查看其准备金账户。瞧，美联储立即在准备金账户中凭空创造了80亿美元来完成购买。反过来，摩根士丹利可以用这笔钱在更广泛的市场上购买资产。这就是美联储创造货币的方式——它从一级交易商那里购买资产，而且只需在它们的准备金账户中创造货币即可。

伯南克计划一遍又一遍地做这样的交易，直到美联储购买了价值6 000亿美元的资产。换句话说，美联储会用它创造的钱来购买资产，直到华尔街的准备金账户里填满了6 000亿美元，伯南克想在几个月内完成这项工作。在危机发生之前，要在已有货币基础上增加这么多美元需要大约60年的时间。

关于量化宽松，还有一件事使它更加有力度。伯南克计划购买长期政府债券，比如十年期美国国债，这是一件比听起来更大的事情。美联储一直在购买短期债券，因为它的工作是控制短期利率。但央行现在瞄准长期债务是出于一个战略原因：长期债务相当于华尔街的储蓄账户。这是一个安全的地方，投资者可以攒钱以获得可靠的回报。通过量化宽松政策，美联储将取消这些储蓄账户。这将减少现有的十年期美国国债的供应。美联储正在创造的所有货币现在都将面临巨大的压力，因为它再也无法在十年期国债中找到安全的归宿。所有新的现金都被挤到收益率曲线之外，被投入高风险投资中。当时的理论是，银行现在将被迫放贷，不管它们是否愿意。量化宽松将向该系统注入资金，同时限制这些资金可能安全储存的避难所。如果2010年的经济增长乏力且脆弱，那么量化宽松将为这种局面带来更多的资金、更便宜的贷款和更宽松的信贷，诱使银行为新业务提供资金，而它们以前可能从未为这些业务提供过资金。

霍尼格一整年都在抱怨这种危险的零利率"分配效应"。在杰克逊霍尔会议现场，这些抱怨显得很古怪。量化宽松的分配效应将是美国金融界前所未见的。

在联邦公开市场委员会会议上，人们就量化宽松的本质展开了辩论，这是一项利益和风险都不明朗的大规模试验。反对这项计划的人比众所周知的要多。霍尼格并不是唯一强烈反对该计划的联邦公开市场委员会成员。地区联邦储备银行行长查尔斯·普洛瑟和理查德·费舍尔、里士满联邦储备银行行长杰弗里·拉克尔也对此表示担忧。但伯南克坚持认为这是非常时期的要求。

在 9 月的联邦公开市场委员会会议上[26]，霍尼格对美联储的所作所为提出了最简洁、最直接的批评。他指出，美国经济生活的严重萎靡并不是由银行缺乏贷款造成的，银行已经有足够的钱可以放贷。真正的问题在银行体系之外，在深层次问题不断恶化的实体经济中，美联储无力解决这些问题。将利率维持在零水平，然后向银行系统注入 6 000 亿美元的新资金，然而这些钱无处可去，只能用于高风险贷款或金融投机，这无助于解决美国经济的根本性失调。

"我根本不是在主张高利率——我从来都不是。我主张摆脱零利率，我不认为只要我们再增加 1 万亿美元的大额资金，一切就会好起来，不会的。"霍尼格说。

他警告说："新一轮的量化宽松政策将会推动美联储进入一个不会轻易结束的'新体制'。在这一点上，危机应该教会我们，我们需要加强对长期宏观经济和金融稳定的重视，而不仅仅是通货膨胀目标。我们有分配效应，我认为我们应该非常、非常关注这一点。"

此时，霍尼格似乎有可能动摇了他的一些同事的态度。在随后的会议中，伯南克回应了霍尼格的问题，他为量化宽松政策辩护，这一辩护将成为他未来几年的主要辩护，他多次重复了这一辩护。他指出，如果美联储不进行干预，那么将会面临风险。

他说："这是非常、非常困难的，我们没有好的选择。似乎什么都不做感觉更安全，然而我们的经济表现非常糟糕，我们的失业率非常高。所以没有安全的选择。无论如何，我们都必须做出最好的判断，并抱着最好的希望。"

在联邦公开市场委员会内部辩论时，伯南克非常巧妙地拟定了辩论的措辞。通过在杰克逊霍尔会议上宣布量化宽松政策，他提高了人们对该计划将会实施的预期。这促使投机者开始交易，仿佛该计划已成定局，进而推高了一些资产的价格。如果美联储不坚持下去，那么市场可能会在几个月内下跌。

正是在这个秋天，伯南克和霍尼格之间的关系在优雅的货币政策世界里变得完全敌对了。在几个月之前的5月，霍尼格接受了《华尔街日报》的采访，他在采访中直接批评了零利率政策，明确警告这可能会引发资产泡沫。现在，霍尼格在一次公开演讲中表示，量化宽松类似与魔鬼做交易。

这不同于联邦公开市场委员会成员通常使用的礼貌语言，它是一种公开的谴责。这些言论激怒了本·伯南克[27]，甚至可能比霍尼格的反对票更令他恼火。

11月，美联储的相关人士聚集到一起就量化宽松计划进行投票[28]，这场为期两天的会议在一种令人不快的基调中开始。伯南克在会议开始时对聚集在一起的联邦公开市场委员会成员发出了某种程度上的斥责。他指出，会议的信息被泄露太多了，同样令人担忧的是，一些美联储官员似乎越来越自由地在公开演讲中表达自己对重要政策问题的看法。这种抱怨一看就是直指霍尼格的。伯南克说，公开这种"非常强硬、非常僵化的立场"有损联邦公开市场委员会的信誉。

耶伦对此表示赞同，她说："我个人认为，让我们这个机构受到严格审查，其实损害了我们的信誉和声誉，我们承受不起。"共识很重要，向外界展示统一战线也很重要。直言不讳地表示异议就是不忠诚。这是11月2日，也就是会议第一天发出的信号。11月3日，托马斯·霍尼格和其他成员围坐在巨大的桌子旁，准备就量化宽松政策进行最后的辩论。

伯南克在会议开始时说："大家早上好，昨天我们取得了很大的进展，联邦公开市场委员会的效率提高了。"[29]这引发了人们的笑声。但并没有必要进行太多闲聊，伯南克很快把讲台交给他的副手比尔·英格利希。英格利希就量化宽松可能如何发挥作用以及可能产生的影响做了长篇演讲。

美联储对量化宽松政策的研究出人意料地令人沮丧。如果美联储向银行系统注入6 000亿美元，预计只能将失业率降低0.03个百分点。虽然数量不是很多，但也是一大进展。到2012年底，该计划可能会创造75万个新的就业机会，这对失业率来说是一个很小的变化，但对这75万人来说却是一件大事。

英格利希说完后，联邦公开市场委员会成员问了他几个问题，问题的本质主要涉及技术性，但没过多久，批评的声音就开始响起。

里士满联邦储备银行行长杰弗里·拉克尔给出了理由，因为量化宽松的力度很小，风险很大而且不确定。"请把我算在紧张的阵营里。"拉克尔说。他警告说，在目前还没有爆发经济危机的情况下实施该计划，只要失业率处于高位，美联储就会进行近乎永久性的干预。因此，只要失业率水平令人失望，人们就可能期望加大货币刺激力度，而且这种情况可能会持续很长一段时间。

费城联邦储备银行行长查尔斯·普洛瑟则更为直言不讳。他表示："我目前不支持新一轮资产购买。今年夏天，美国经济经历了一段疲软期，但目前似乎正在走出低谷。"普洛瑟认为，美联储可能在其计划上误导了公众，即对其前进的道路及相关的风险给出了一种错误的确定性。他说："我认为，如果向公众表示我们知道如何微调资产购买计划以实现我们的目标，那将是一个错误，而事实上我们并不知道该如何做。考虑到这些非常低的预期收益，我们应该更关注这个计划的下行风险。"

达拉斯联邦储备银行行长费舍尔表示，他对该计划"深感担忧"。当然，他没有放过使用一个贴切比喻的机会。他说："量化宽松对市场经营者来说就像葛根，它长了又长，一旦生根就不可能修剪了。"费舍尔呼应了霍尼格的警告，即该计划将主要使大银行和金融投机者受益，而惩罚那些为退休而存钱的人。他说："我认为执行该政策有相当大的风险，其后果是把收入从穷人、最依赖固定收入的人以及储蓄者手中转移到富人手中。"

人们普遍认为，如果联邦公开市场委员会的三四名成员投票反对任何既定计划，那将是灾难性的。这种程度的异议将向世界发出一种信号，即美联储内部存在分歧，甚至可能会逆转方向。

然而，伯南克在 11 月并没有面临三次异议的风险。出现这种情况的原因与联邦公开市场委员会的独特构成有关。该委员会有 12 个席位，其中大多数成员不是地区联邦储备银行行长。联邦公开市场委员会的 7 个席位属于美联储理事会成员，他们全职在华盛顿埃克尔斯大厦的办公室里监督这些银行，而且他们的办公室就在委员会会议室尽头的大厅里。由于一共有 12 位地区联邦储备银行行长，但他们在联邦公开市场委员会中只占 5 个席位，因此这些行长轮流担任有投票权的成员。2010 年，普洛瑟、拉克尔和费舍尔都不是联邦公开市场委员会有投票权的成员，他们只能参加会议、发表看法，但不能影响最终的计票结果。

作为委员会成员之一的凯文·沃什尤其反对量化宽松，沃什有投票权，从量化宽松政策推出之日起，他就一直批评这项政策。他曾是一名投资银行家，只有 40 多岁，有着浓密的黑发和一张娃娃脸。由于沃什一直以来都在金融市场而非学术界工作，因此他似乎明白伯南克的计划可能会有多么扭曲。在 2010 年 10 月的一次电话会议上，沃什直言不讳地表达了自己的反对，指出这项试验太冒险了。他说："我的感觉是，我们没有人真正知道第二轮量化宽松政策带来下行风险的可能性有多大，但我认为我们知道如果这些下行风险成为现实，情况会变得多么糟糕。"

伯南克亲自游说沃什把担忧放在一边，与多数人一起投赞成票。在投票前不到一个月，即 10 月 8 日，伯南克向沃什承诺，如果他投票支持量化宽松，但该计划看起来确实是一个错误的话，他们可能会迅速结束该计划。沃什仍然不服气，但在 10 月 26 日的第二次会议上，沃什同意站在伯南克一边。沃什发表了一篇专栏文章，表达了自己对量化宽松政策的保留意见，但这发生在他投了赞成票之后。

这就是霍尼格作为有投票权的成员，独自一人提出了反对这一政策的原因。在当天的会议上，伯南克要求每个成员在会议桌上分享他们的意见。当终于轮到霍尼格发言时，他首先表示自己的反对几乎完全是象征性的。尽管如此，他还是会反对。

霍尼格说："我强烈反对今天在这里制定的政策路线，虽然它可能会让我们看到一些短期的改善，但并非长期的。我相信，最终会产生很多后果。经验会告诉我们一切。在我看来这一政策路线播下了不稳定性的种子。"

霍尼格警告说，美联储可能正在为另一场金融危机埋下伏笔，尽管这场危机的时间和起因无法预测。"一般来说，所谓的好处很小，风险很大。"他说。

在最后的异议中，霍尼格把自己的论点概述为三点。第一个风险是，美联储会发现，一旦开始实施量化宽松政策就很难结束。这将是一场相当于陷入战争泥潭的金融危机。一旦印钞开始，在什么情况下会停止呢？当失业率下降到 9%、8%，甚至是更低的时候？

他说："我认为，我们追求的将是一项无限期的承诺。无论我们怎么说，美联储在及时退出量化宽松政策方面都没有过良好的记录。"

第二个风险是，可能会损害美联储的独立性，因为它将购买大量政府债券。其明确的目标是降低这些债务的长期利率，而这可能会让美联储陷入困境。如果美联储退出量化宽松政策，就可能导致利率上升。这反过来又会给美联储带来更大的压力，迫使其继续购买国债，以便人为地压低政府借款的价格。

关于最后一个风险，霍尼格表示，该计划可能会"解除"通货膨胀预期。这与所说的该计划会导致通货膨胀有所不同。他警告说，由于新资金的流入，企业和金融投机者开始预期未来会出现更高的通货膨胀，他们将开始进行相应的投资。以上就是他使用"不稳定性"这个词时所要表达的部分内容。高风险贷款将把资产价格推高至不可持续的水平，而当这些价格暴跌时，将会导致大规模失业。

简言之，一旦美联储启动了这一计划，将会造成很多的扭曲和副作用，几乎可以肯定的是，如果不引起大规模的不稳定甚至崩溃，就将无法结束该计划。"如果我们进一步放松政策，或者让宽松政策持续太久，我们就会超调，这与我们的长期目标不一致。谢谢您，主席先生。"霍尼格总结道。

接下来轮到伯南克发言了，他对霍尼格说："谢谢你，现在是11点。我知道咖啡已经准备好了。我们为什么不花20分钟来用些茶点呢？"

霍尼格需要在茶歇之间做出选择。他可以走与沃什一样的道路，表达自己的保留意见，然后与委员会的其他成员一起投赞成票，以示团结。他也可以提出异议。霍尼格一生都是制度主义者，这是他在联邦公开市场委员会工作的最后一年。他将于2011年退休，如果投赞成票，他就可以轻松退休了。结果几乎已经注定，并不会因为霍尼格反对而改变。

茶歇之后，与会者回到自己的座位上。经过了更多的辩论，在漫长的一天结束时，投票开始了。联邦公开市场委员会的每一位有投票权的成员都会在议席上发表自己对量化宽松政策的看法。

伯南克开启了这一进程。

他说："同意。"

美联储副主席威廉·达德利说："同意。"

圣路易斯联邦储备银行的吉姆·布拉德说："同意。"

美联储委员贝琪·杜克说："同意。"

然后，轮到了霍尼格。

"恕我直言，不同意。"

在霍尼格之后，投票结果是可以预见的：同意，同意，同意……最终的投票结果是11∶1。

伯南克将这一时刻载入他的回忆录。

伯南克写道："没有人对霍尼格持不同意见感到惊讶，而且更重要的是，他在会议后第二天接受了《华尔街日报》的苏迪普·雷迪的采访，并在采访中批评了委员会采取的行动。霍尼格的说法让我很恼火。"

事实上，托马斯·霍尼格关于量化宽松和零利率的所有预测都将在未来十年实现。多年之后，他没有说这样投票是因为自己很聪明。他说，选择这样投票是基于他在美联储工作30多年所学到的东西。霍尼格之所以成为美联储的异见者，是因为他在这个机构里所学到的东西，他目睹了美联储犯错可能造成的巨大破坏。

第二章 严肃的数字（1946—1979 年）

九岁时，托马斯·霍尼格得到了一块写字板，然后把它放进了父亲门店后面的储藏室。那是一个圣诞假期，霍尼格帮助他的父亲利奥干活，他的父亲在家乡艾奥瓦州的麦迪逊堡经营一家小型水管公司。利奥是在城外的农场长大的，所以他只知道一种生活方式，即孩子们天不亮就起床，不上学时就做家务。"你是家庭的一员，这就是你的责任。"托马斯·霍尼格的姐姐凯瑟琳·凯利回忆道。[1]

所以他没有去滑雪，没有去堆雪人，也没有在树林里奔跑，而是拿起写字板走进了储藏室。霍尼格的工作是清点库存，这项工作并不忙碌，只需要将堆放在货架上的各种部件的制造商和数量整理成表格。如果他懒惰或粗心，那么他的父亲就会不知道手头有什么零件，可能导致生意失败。托马斯·霍尼格在从事这项工作时通常全神贯注，以确保自己绘制的表格准确无误。

麦迪逊堡是一个小镇，毗邻密西西比河的一个弯道，也是驳船的交通中转站。这里有几家大型工厂，其中一家生产钢笔。市中心一片繁荣景象，到处都是小型企业。市中心的汽水店以及与朋友们一起打篮球一直令霍尼格印象深刻。他的父母有七个孩子，他排行老二。霍尼格家的水管生意凝聚了全家人的心血，所有的家庭成员都在那里工作。托马斯的母亲阿琳高中毕业，是当时家里受教育程度最高的人。他的父亲利奥很小的时候就离开了家庭农场，被派去参加第二次世界大战。战争结束后，利奥决定不再从事与农业有关的工作，于是找到了一份水管工的工作，学会了这门手艺，最终经营起自己的水管公司。

利奥和阿琳希望自己的孩子能有更好的生活。阿琳鼓励孩子们努力学习上大学。如果说阿琳点燃了孩子们上大学的梦想，那么利奥则让孩子们明白，如果他们决定不上大学，会有什么样的后果。利奥似乎下定决心要给霍尼格安排一些随着年龄增长会令他越来越不愉快甚至痛苦的工作。霍尼格开始挖沟渠，清理泥泞的沟壑，从地下室把从锅炉上拆卸下来的一个个重零件搬到地上，弄得浑身都很脏。这里面传达的信息很明确：这是一个高中辍学生的生活。

霍尼格决定去上大学。[2] 他就读于堪萨斯州农业小镇艾奇逊的一所天主教学院，该学院由该宗教的本笃会管理。他在这所文理学院接触到了各种各样的学科，并很快意识到自己只被其中一个学科所吸引，仅仅一堂经济学入门课就改变了他的生活。

经济学就像是一把可以解释一切的神秘钥匙。霍尼格认为，经济学是一项对人们在日常生活中为了生存而做选择进行的科学研究。它不仅仅涉及数学或金钱问题，而且研究的是一个由数百万人组成的社会是如何在没有专制君主进行权威管理的情况下，以某种方式组织起来并正常运作的。经济学是由一群独立思考的人创造的、关于如何利用有限的时间和金钱的选择，所有这些选择慢慢聚集成巨大的社会力量。例如，当很多人突然决定购买汽车时，汽车的价格就会上涨，进而刺激公司生产更多汽车、工程师设计更便宜的汽车，这进一步刺激了需求。但当汽车产量太高而没有足够的人想买它们时，价格就下降了。这种动态变化令托马斯·霍尼格着迷。

霍尼格的大学导师告诉他，要想成为一名经济学家，就需要获得博士学位，并且进行至少三年的研究生学习。他接受了比自己父母的受教育水平高出几个等级的教育。然而，刚研究生毕业，他就收到了征兵通知。霍尼格恰好在1968年毕业，那一年在越南爆发了"春节攻势"。随着战势升级，研究生的延期征兵政策也被暂停了。

当收到征兵通知时，霍尼格正置于一场重创美国公民生活的可怕风暴的中心。1968年时，人们还不清楚作为一个好公民应该做些什么。一方面，霍尼格相信美国的制度。他爱国，笃信宗教，他和其他人一样，在学校宣读了效忠誓言。他曾就读于天主教学校和一所天主教大学。因此，当政府告诉他，他在法律上有义务参军时，他就觉得自己应该服从安排。另一方面，霍尼格并非对越南发生的事情一无所知。甚至在堪萨斯州的农村，学生们也在抗议战争。晚间新闻经常播报越南战争的相关情况。霍尼格不想去丛林里杀人，也不想冒着被地雷炸成碎片的风险，但他觉得自己也没有准备好逃避兵役或移居加拿大。

他知道，如果自己这样做，那么父亲会为他的行为深感羞愧。根据征兵通知，他将不可避免地被征召入伍。面对这一情况，霍尼格决定应征入伍，这样他就能早点服完兵役了。他向姐姐解释了自己的决定，并说明了自己的看法。"你知道，作为美国公民，如果我希望享受这个国家提供的所有福利，那么我就要履行自己的义务。"凯利回忆道。

霍尼格参加了基础军事训练，他在训练中被教官大声训斥，并被教会如何使用步枪射击。他发现自己并不会被分配到步兵部队，而是将成为一名炮兵，这让他松了一口气。炮兵部队远离前线，而步兵在前线与敌人近距离作战。"炮兵阵地与步兵阵地有着天壤之别。步兵阵地简直就是人间炼狱。"霍尼格后来回忆道。

霍尼格被派往越南战场大约七个月时间。他的头衔是火力方向控制专家，也就是发射重型火炮的专家。有一次他被派往西贡（越南共和国首都）以北的一个基地，帮助一支从新罕布什尔州来的国民警卫队。他在那里遇到了乔恩·麦基恩，并成为一生至交。当时，他们二人都是二十出头的年轻人，都接受过炮兵射击的训练。这是霍尼格生命中的一个阶段，他被分派承担记录和计算重要数字的工作，这项工作责任重大。

霍尼格和麦基恩在一个地堡里工作[3]，它位于名为"火力基地"的营地中心。营地被布置成一个大圆圈，周围布满沙袋和带刺的铁丝网，营地夜间有步兵守卫。霍尼格的掩体在营地中心，由一个巨大的金属储存容器制成，里面塞着椅子、一张桌子和一台大型有金属外壳的计算机。老照片展示出地堡里拥挤的环境，天花板上挂着松动的电线，头顶上挂着临时照明的灯，墙上挂着量角器和图表。士兵们在炎热的天气里赤膊上阵，他们晚上睡在小床上。三门至六门榴弹炮位于中心外围。榴弹炮发射出的重型炮弹有一个人的前臂那么长，重约100磅[①]。炮弹可以击中一英里[②]以外的目标，其破坏性是巨大的。步兵在战斗时会用无线电向火力基地发送支援请求。榴弹炮的炮弹必须快速发射，并被以近乎完美的精度投准。一次失误的射击可能会导致美军士兵丧生，或是摧毁附近可能藏有当地居民的村庄。

作为火控专家，霍尼格和麦基恩参加了一个由三名士兵组成的小组[4]，他们轮班工作12小时，指挥火炮的射击。这个小组经过计算确定如何发射炮弹来保护他们看不见的部队。三名士兵都尽可能快地为每一次炮击做着一系列复杂的计算。如果他们失误，就会有人因此丧命。他们轮流做不同的工作。第一名士兵在地图上标出战场的坐标，并在炮弹需要降落的确切位置上插一枚大头针。霍尼格整理每天由气

---

① 1磅约合0.454千克。——编者注
② 1英里约合1.609千米。——编者注

球收集的天气数据，绘制影响炮弹轨迹的风速和湿度水平的图表。

所有这些数据都被交给第二名士兵，他会计算出火炮应该如何瞄准，然后发射。做起来比听起来要复杂得多，因为要考虑的变量太多了。士兵们必须计算出火炮应该装多少火药，炮弹的轨迹应该多陡，以及大炮的左右轴（即"方位角"）应该设置在哪里。然后，进行这些计算的士兵将数据输入一个巨大的金属盒子，盒子的前面有键盘，它被称为野战炮数字自动计算机（FADAC）。"我们对计算机没有百分之百的信心。"麦基恩回忆说。他们经常手工重新计算。最后，第三名士兵操作无线电，指挥外面操作火炮的小组。

这一切对霍尼格来说并不容易。他一生都在接受基督教教义，强调非暴力和爱自己的邻居。他对发生的一切不抱有任何幻想。他说："这里的整个计划就是尽可能多地杀死敌人。"他还知道，如果自己的团队犯了错误，后果可能是灾难性的。霍尼格和他的团队成员收集了所有能收集到的数据，尽可能快速有效地进行计算，复核这些数据，然后下令开火。他说："我只是做了计算，发出信号，然后把它从我的脑海中抹去。"

据他所知，该小组从未犯过导致美国士兵或平民死亡的错误。

在前线附近待了七个月后，霍尼格被调遣到一个更大的营地，并加入了一个分析炮兵事故的专家小组。他研究了糟糕的数据、糟糕的决策或错误的沟通是如何导致灾难的。一个错误的假设、一个关于气压的错误信息，或者一个错误的命令，都可能引发连锁反应。

霍尼格幸免于近身肉搏，但他目睹了战争是多么混乱，并且毫无意义。他的一群炮兵部队朋友在返乡途中乘坐的卡车遭遇了地雷，车上的人都死了。霍尼格对这些人很熟悉，他们在作战任务只剩下两天的时候去世了，这真的很残忍。

在 1970 年回到位于麦迪逊堡的家时[5]，霍尼格和其他在越南服役的士兵面临着同样的挑战。他们必须让自己理解在海外看到和做过的可怕的事情，他们还不得不在美国人对他们的政府失去信心的时候这样做。很多士兵都在抗议，霍尼格理解其中的原因。这场战争永久性地破坏了美国人对统治他们的民主制度的信任。《纽约时报》《华盛顿邮报》和一系列地区性报纸在1971年发布了一则被称为"五角大楼文件"的秘密政府报告，该报告显示，美国领导人多年来一直在越南战争问题上向公众撒谎。仅仅两年之后，尼克松总统就被卷入了一起政治丑闻事件，被指试图在水门酒店对竞选对手的总部进行窃听。这是一个任何年轻人都可能对美国的制度失去信心的时代，他们中的许多人也确实对此失去了信心。

霍尼格向父亲寻求建议。利奥·霍尼格在20世纪40年代也上过战场，之后通过努力过上了好日子。他给儿子的建议简单明了：勇往直前。这句话对霍尼格开启新的生活很有帮助。[6]在越南的时候，霍尼格时常与麦基恩说起他未婚妻的事。她的名字叫辛西娅·斯蒂格曼，是霍尼格在堪萨斯上大学时交往的堪萨斯城女孩，他们是通过相亲认识的。一开始他们的相处并不顺利。辛西娅认为自己是一个有创造力的人，她热爱艺术。当她问霍尼格对什么感兴趣时，他说他的爱好是数学和经济学。他们去看了一场电影，然后在堪萨斯城市中心的一家酒吧里喝了一杯。酒吧里很昏暗，当霍尼格试图带辛西娅去舞池时，他径直撞到了墙上。辛西娅说："他很快就恢复了过来，实际上只是自嘲地笑了笑，并没有试图用虚张声势的言语来缓解尴尬，也没有试图让我觉得他知道舞池在哪里。我当时就想，这家伙太棒了，因为他会自嘲。"

霍尼格从战场回来后和辛西娅结婚了。霍尼格是3月回来的，他于6月进入了艾奥瓦州立大学，计划在那里获得经济学博士学位，他会继续前行。

当霍尼格在艾奥瓦州立大学学习经济学时[7]，他的学习方式在后来看来非常奇怪。到了20世纪90年代，经济学转变为一门似乎是关于如何迅速致富的科学。现代经济学家提出了为大公司和银行的行为辩护的理论，为国际贸易协议、外来衍生品的新金融交易铺平了道路，并坚持不懈地推动股票持有人实现利润最大化。但在20世纪70年代初，霍尼格致力于一种不同的经济学，这种经济学研究了美国的民主政府如何与自由市场共存，霍尼格研究了资本主义、民主和监管可能相互支持的方式。

例如，他的硕士论文是对艾奥瓦州所得税的深入研究。他在论文的开头指出，自第二次世界大战以来，州政府的义务急剧增加，各州曾经只限于通过和执行法律，但现在它们致力于开展越来越多的公共服务，比如运营高速公路和提供福利。这种监管状态的扩张已经在美国政界激起了愤怒，但霍尼格在他的论文中绕过了这一争议。他没有批评监管型政府，但试图弄清楚经济学家如何帮助其发挥作用。监管型政府的规模是美国公民不断做出选择的结果，如果是这样的话，它至少应该运行良好。霍尼格研究了一个棘手的问题，即政府在税收起伏不定时如何制定每年的预算。令他焦虑不安的是，一个政府可能会因为未能分析正确的数字而无法实现预算目标。他的论文在这件事上用了感叹号："个人收入下降5%可能意味着财政收入下降2%或3%，而此时政府已经批准了更多的支出！"

霍尼格认为，国家应该聘请尽职尽责的数字计算专家和经济学家尽可能准确地预测未来的销售税和所得税可能是多少。在长达155页的图表和引文之后，他的最终结论谨慎保守得不能令人满意，预算的设定总是具有令人抓狂的难以预测性和不确定性。他写道："最好的办法就是看看现有的数据，尽可能做出最好的判断。"

为了写博士论文，霍尼格把注意力转向了银行体系。到20世纪60年代末，银行之间的合并速度很快。如果这种情况继续下去，霍尼格担心，这可能会造成一个由超大型机构主导的银行体系。他后来回忆说："我几乎可以看到社区银行终结的开始。"与研究政府税收问题的方式类似，霍尼格用一种狭隘的方式研究了这个问题。他写了一份技术性很强的报告，旨在帮助联邦监管机构决定是否应该批准或拒绝某项银行合并。他是通过调查消费贷款市场得出这个结论的，消费贷款是人们用于买车或送孩子上学的贷款。霍尼格指出，当银行之间没有太多竞争时，它们倾向于向人们收取更多的借款费用（通过收取更高的利息）以及支付更少的钱来储蓄（通过提供更低的利率）。霍尼格收集了全美 50 个州的贷款数据并进行了分析。他发现有证据表明，消费贷款市场是"细分的"，银行不必直接与信用合作社等其他机构竞争贷款业务。这意味着，监管机构应该只考虑银行合并对银行之间所有权集中度的影响，而不考虑它可能对某一特定领域的所有贷款集中度产生的影响。这不是那种能上头条新闻的发现，但它可以帮助很多人，并保持银行业的竞争力。

几十年后，这些论文将阐明霍尼格是如何思考银行和金融的。他没有研究如何提高利润率或使市场更有效率。相反，他研究了银行的结构，并思考它是如何影响社会的。这反映了在霍尼格成长的时代普遍存在的一种观点。该观点认为银行家有赚钱的动机，但是政府有责任确保银行服务于更广泛的目标，促进经济增长，并提供一个健康的货币循环系统。在这种观点看来，银行的结构非常重要。

考虑到自己的研究领域，当霍尼格博士毕业时，他所追求的不是一份银行的工作，而是研究银行政策，这可能并不会令人惊讶。霍尼格听说堪萨斯城联邦储备银行正在为银行监管部门招聘一名经济学家，便给美联储写了一封信，列出了自己能够胜任这项工作的优势。他在 1973 年被录用了。霍尼格和辛西娅搬到了堪萨斯城，对于辛西娅来说这就是回家，而对于霍尼格来说则意味着搬到大城市去。每天早晨，他来到市中心的联邦储备大楼，加入一个经济学家团队，分析堪萨斯城联邦储备银行辖区内各银行的行为和运作情况，该辖区包括科罗拉多州、堪萨斯州、内布拉斯加州、俄克拉何马州、怀俄明州、以及密苏里州和新墨西哥州的部分地区。霍尼格在这里开始了他在该机构内部运作方面的长期学习，这将决定他整个职业生涯。他正是在这里看到美联储有多么强大，以及它是如何运作的。

美国宪法中没有任何内容要求，甚至没有特别授权创建一个中央银行。[8] 但事实证明，没有中央银行，一个现代国家是不可能生存下去的，美国就证明了这一点。在大约一个世纪的时间里，美国试图在没有建立一家由政府运作的银行来控制货币的情况下勉强度日。1776—1912年，美国曾两次建立中央银行，又先后将其废除。这个国家反对设立中央银行，因为它把太多的权力集中在少数人手中。这种集中的权力会破坏整个美国的规划，在理想的情况下，美国的规划是把政府的控制权交到普通公民手中。1836年，当安德鲁·杰克逊撤销美国第二家国家银行的特许经营权时，不难理解他称其"危及人民的自由"的原因。我们可以想象一下，如果一家银行控制了整个金融体系，这家银行的领导人可以决定谁能得到贷款，而谁不能。这家银行的领导人将是这个国家最有权力的人，无论以何种标准衡量，这种情况都是对国家不利的。

早期的美国银行体系是分散的，这是一场灾难。没有中央银行就无法稳定运作的原因是，每个现代国家都需要一种可靠的货币形式。货币是持有价值并将价值从一个人转移给另一个人的交换媒介。如果没有货币，人们仍然会用玉米换取烟草，并试图计算出交换比例。

如果没有中央银行发行国家货币，创造货币就成了一种家庭手工业。在19世纪中期，美国有数千种不同的货币流通（一次统计显示有8 370种货币），这一阶段十分疯狂，被称为"自由银行"时代。任何银行都可以发行货币，而被发行的货币是由银行自己担保的。因此，如果银行破产，货币也会随之失去价值。每个人都必须对银行的健康状况做出判断，以确定是否使用它的货币。一个人从伊利诺伊州的一家银行拿到钱，然后去俄勒冈州旅行，结果却与酒店的店员争论

第二章 严肃的数字（1946—1979年）　　039

伊利诺伊州的货币是否有用。

　　国会在南北战争后通过了一项法律，特许建立了一系列全国各地的全国性银行，其中包括发布了更加统一的货币。但即使汇率问题得到解决，还有第二个理由表明央行的存在是必要的。美国的银行系统仍然极度脆弱，经常受到恐慌和破产的影响，在1893年、1895年和1907年，接二连三地爆发了严重的银行恐慌。银行挤兑在恐慌中是不可避免的，因为没有一个全能的中央银行能够印制钞票并充当最后贷款人，在所有银行同时需要钱的时候提供贷款。在没有最后贷款人的情况下，银行只能动用手头的所有储备进行相互救助，否则就会倒闭。美联储被赋予了印钞的权力，在恐慌期间，把钱自由地贷给那些原本状况良好的银行，这一行为产生了阻止恐慌的效果，因为借款人知道美联储在那里。美联储通过一项名为"贴现窗口"的计划发放紧急贷款。

　　除了银行恐慌，还有第三个问题。当时还没有中央银行来管理货币的总体供应。人们对货币的需求以不可预测的方式起伏不定，但货币供应量却无法随之变化。

　　例如，每年秋天，农民从当地农村银行提取现金，以雇用工人来收割庄稼。这减少了中西部银行有限的现金储备，从而使银行担心手头可能没有足够的现金来履行义务。因此，当这些农村银行现金不足时，它们转向求助芝加哥等城市的大型地区性银行来获得现金。这些地区性银行随后求助于纽约的银行，而纽约的银行又求助于欧洲的大银行。这可能会引起一场恐慌，这样的恐慌对每个人来说都是毁灭性的。1873年的银行恐慌导致了持续大约六年的大萧条。

　　这有助于解释为什么组建央行的主要推动力并非来自银行家。它来自令人愤怒的民粹主义和自由白银运动，这些运动是由美国中部愤怒的农民发起的，他们需要贷款才能生存。货币政治突然成为一个引人关注的公共问题。威廉·詹宁斯·布莱恩在芝加哥的民主党全国代表大会上发表了著名的"黄金十字架"（cross of gold）演说。

20世纪初，呼吁建立中央银行的运动全面爆发，但直到华尔街银行家决定支持这场运动，这场运动才具有了现实的政治可能性。一群超级强大的银行家在1910年聚在一起，召开了一次秘密会议，为美国中央银行制定了蓝图。银行家在一个名为杰基尔岛的豪华度假胜地会面，正是这次会面使得未来的电影制作人和作家时常把美联储称为"来自杰基尔岛的生物"，仿佛这是银行家强加给美国的一个秘密阴谋。但事实并非如此，正如威廉·格雷德在其具有开创性的关于美联储历史的著作《圣殿的秘密》（Secrets of the Temple）中所阐明的那样。银行家确实在美国参议院推动了他们的计划，但他们利用的是几十年积累起来的公众情绪。在当时的美国，设立中央银行是大势所趋。

但是杰基尔岛的银行家确实在秘密会议上取得了一场重要的胜利。他们确保了美国中央银行不会篡夺华尔街私人银行系统的权力，这一点非常重要。民粹主义者提出了各种计划，使美国货币的控制过程民主化，甚至直接绕过大银行。1889年提出的一项计划要求美国财政部在全国各地建立一个由谷物电梯和仓库组成的网络，这些网络将成为分散的"次级国库"，农民可以在那里存放农作物作为贷款的抵押品。杰基尔岛的银行家摒弃了这种荒唐的想法。他们把华尔街置于拟议中的联邦储备系统的中心。当美联储增加或减少货币供应时，它将通过商业银行系统来决定如何将货币分配到经济体系中。

国会对杰基尔岛计划进行了辩论和修改，《联邦储备法案》于1913年通过，创建了美国历史上第一家持久的中央银行。但更深层的原因是，美国人对拥有中央银行的紧张情绪从未消失。美国需要一个中央银行，但人们又不想要一个过于强大的中央银行。这种紧张情绪已嵌入美联储的基因中。美联储既是政府机构，也是私人银行。它由华盛顿特区控制，但也是去中心化的。它被赋予了对货币供应的完全控制权，但并没有取代私人银行系统。它与选民绝缘，但对政治家负有广泛责任。

这种紧张情绪也体现在美联储的组织架构中[9]，这就是美联储由地区联邦储备银行组成，并由华盛顿特区管理的原因。设立12家地区联邦储备银行可能是国会极为奇怪的创举之一，即将公共政府与私人企业结合在一起。每个地区联邦储备银行都由该地区的一组私人银行所有（这些私人银行持有地区联邦储备银行的股票，但不能出售）。每个地区的私人银行都在地区联邦储备银行董事会中占有席位，董事会负责挑选行长。这是为了创建一个去中心化的体系，地区联邦储备银行既要对所在地区的社区银行负责，也要对位于华盛顿的美联储理事会负责。

虽然美联储应该看起来像美国（一个由12家地区性银行组成的联邦制国家），但每次美联储的章程被国会更新时，它的治理权就变得更加集中在华盛顿。美联储的权力现在主要掌握在委员会手中，委员会共有7人，由总统提名并经国会批准。美联储委员和地区联邦储备银行行长之间的紧张关系在联邦公开市场委员会内部表现得最为明显。委员在联邦公开市场委员会中拥有多数席位，他们制定议程，委员会的权力只在紧急情况下才会变大。当美联储成为最后贷款人时，委员可以在联邦公开市场委员会成员没有一致同意的情况下采取行动。

这就是1973年聘用托马斯·霍尼格的机构。美联储内部的生活吸引了他，这一点并不令人意外。这是一系列令人不快的妥协的结果，似乎是美国为解决难题所能创造的最佳制度。美联储的重要职责之一是监管银行业，帮助确保银行恐慌和银行倒闭不会破坏整体经济的稳定。霍尼格将在监管部门工作近20年，这意味着他是一名银行监管者，他非常适合从事这项工作。当他还是个孩子的时候，他就帮父亲清点家里水管店的库存；作为一名士兵，他也曾帮助计算炮弹的弹道。在美联储，霍尼格帮助分析了堪萨斯城联邦储备银行辖区内持续流入的银行数据。

这就是霍尼格能在一线观察到大萧条以来最严重的银行业危机的原因。

霍尼格经常会与当地银行家争论。[10]争论的实质通常集中在一个至关重要的话题上：资产的价值。银行家常常认为他们的资产比美联储审查员认为的要值钱，这种分歧的后果是巨大的。霍尼格和他的团队试图确保银行不会发放危险的贷款，也不会过度扩张，以避免倒闭的风险。这些有问题的资产被银行作为抵押品持有。如果银行持有更多的抵押品，它就能发放更多的贷款。但如果美联储裁定其抵押品的价值低于银行认可的价值，那么银行就需要筹集资金来弥补其贷款的价值。在极其严峻的情况下，银行可能会被接管并基本上宣告解散。如果争论很激烈，毫无疑问我们可以看出谁在这段关系中掌握着权力。美联储的审查人员可以接触银行的记录和员工，他们可以看到银行贷出了多少款，以及这些款被贷给了谁。

霍尼格对这项工作非常着迷，他知道这对保持金融体系稳定至关重要。这份工作也是一项挑战，判断一家银行的健康状况是很复杂的，这就是为什么关于资产价值的争论如此重要。如果俄克拉何马州的一家银行向一家石油钻探公司提供100万美元贷款，这笔贷款的风险取决于银行收到的作为抵押品的资产的价值，一种常见的担保形式是油井未来的预期收益，但这具有很多变数。如果在贷款期限内，平均每桶石油的价值为20美元，那么抵押品可能价值150万美元。在这种情况下，贷款是超级安全的。但如果油价跌至每桶10美元，抵押品就只值75万美元，此时贷款看起来风险更大了。这就是银行家与审查人员陷入争论的原因，资产的价值总是有争议的。

随着20世纪70年代内外部形势的发展，这样的争论变得更加激烈，最终变成了绝望。其原因可以追溯到美联储本身。当霍尼格的审查员小组成员试图保证银行系统的安全时，他们正受到一个与美联储不同的、更强大的机构——联邦公开市场委员会的破坏。华盛顿的政策委员会所做的事情从根本上改变了银行的行为，而美联储本应让这些银行保持健康。

在20世纪70年代，美联储鼓励银行发放风险越来越高的贷款。

联邦公开市场委员会将利率维持在极低的水平，部分原因是1970—1975年曾出现过两次经济衰退。美联储希望创造就业机会，鼓励投资，促进整体经济增长。因此，尽管创造如此多货币产生的不良影响一年比一年明显，但它仍将利率保持在较低水平。这一政策最明显的影响体现在食品、燃料和电子产品等消费品价格的上涨方面。1973年，消费者价格通货膨胀率为3.6%，这意味着大多数人购买商品的成本每年上涨3.6%。到了1979年，通货膨胀率已飙升至10.7%。这种变化对每个人来说都是显而易见的，它既体现在杂货店和加油站的价格上，也出现在公司的薪资管理部门，因为公司需要每年大幅加薪，才能让员工的收入跟上生活成本的上涨。

美联储不仅推高了消费者价格，也推高了资产价格。这种形式的通货膨胀引起了霍尼格等美联储审查员的警惕。作为堪萨斯城联邦储备银行辖区内所有银行的一项重要资产，农田的价值急剧上升。商业地产的价值、油井和钻井平台的价值也是如此。这些资产是银行资产负债表上的抵押品，它们不断上涨的价值鼓励了更激进的放贷。整个中西部地区的银行都向农民发放了大笔贷款，其理论依据是，农田的价值将持续上涨，从而支撑贷款的价值，同样的事情也发生在石油业和房地产业。霍尼格听说过一些短期建筑贷款，这些贷款基于这样一种理论发放：房地产价值会迅速上涨，一旦建筑完工，这些贷款就可以重新获得融资。

这促使银行发放风险更高的贷款。高通货膨胀率和相对较低的存款利率使银行和投资者都不愿存钱，因为与通货膨胀造成的损失相比，储蓄只能获得很少的利息。银行必须找到一些可以获得良好回报的资金，霍尼格和他的团队看着这一切发生，但他们对此无能为力。随着资产价格上涨，银行却辩称贷款是安全的，银行是稳定的。美联储的审查员可能会持有不同的看法，但银行家提供的数据对他们有利。

霍尼格在 1981 年被提升为堪萨斯城联邦储备银行监管部门的副总裁，负责管理一支由大约 50 名银行审查员组成的团队。他得到这份工作时正好赶上了他职业生涯最重要的一课——美联储在美国经济中的作用，他看到了长期的通货膨胀突然出人意料地停止时发生了什么。

霍尼格说："这是一场巨大的崩溃。一次又一次失败，一次又一次损失，一次又一次危机。"

第三章　大通胀（1980—1991年）

　　银行业危机爆发时，霍尼格已经33岁了。[1] 到1980年时，引起危机爆发的力量已经积累了很多年。霍尼格在堪萨斯城的审查员小组可以亲眼看到，银行多年来一直在发放风险越来越高的贷款。但银行家总能为自己的所作所为进行辩解，他们使用的是一种特定的逻辑，这种逻辑只有在20世纪70年代大通胀的疯狂扭曲下才有可能实现。消费者价格指数每年都在大幅上涨，资产价格也在同步上涨。霍尼格解释说："也就是说银行在资产价值强劲且不断上升的环境下发放了这些贷款。"这让美联储的审查员陷入了困境。他们认为银行贷款是有风险的，因为支撑这些贷款的资产价格可能被高估了。但银行家对此进行了反驳，指出这些资产的价值是按照公平的市场价值计价的。资产的价值不是固定的，甚至是不可知的，是需要判断的。霍尼格说："审查员并不比银行家能够更准确地预测未来。"

　　这段经历以及随之而来的巨大的经济损失，给托马斯·霍尼格上了职业生涯中最为重要的一课。这让他了解了经济学家所说的强大而难以驾驭的东西——资产泡沫。人们在几十年之后通常不再用资产泡沫来描述大通胀。当人们回顾20世纪70年代时，往往只谈论灾难的一半，即惊人的肉类和汽油等消费品价格通货膨胀。大通胀极具破坏性，因为它实际上是两种相互交织、相互影响的通货膨胀。另一半是资产价格的通货膨胀，这一现象后来成为美国经济生活中最重要的特征。资产价格的通货膨胀是2000年互联网泡沫破灭、2008年房地产市场崩盘以及2020年由新冠疫情暴发引发的史无前例的市场衰退背后的重要推手。

资产是指一个人可以买到的任何有价值的东西。[2]火腿三明治不是资产，因为它会随着时间的推移而贬值，成为一种消费品。而金条是一种资产，股票是一种资产，一幅画是一种资产，公寓大楼是一种资产。美联储可以刺激资产通货膨胀，当货币在太长时间内保持过低价格后，将资产价格推高到不再受资产实际价值支撑的程度，这就是资产价格成为泡沫的时候。经济历史学家约翰·肯尼斯·加尔布雷斯在1955年描述了一个有关资产泡沫的绝佳例子——佛罗里达州房地产的资产泡沫。开发商预计会有很多人搬到该州，所以它们购买了大片土地，并将其细分为社区地块。然后它们出售土地所有权的契约。在这种情况下，佛罗里达州的土地实际上是一种资产，土地的契约也是一种资产，因为纸质的契约可以买卖。佛罗里达州的房地产投机开始起飞。土地的价格和土地契约的价格呈螺旋式上升。首先，资产价格上涨这一事实本身就助长了资产的通货膨胀。一个人买了一份地契，然后以更高的价格出售，就会诱使第二个人购买地契，因为地契的价格正在上涨。如果这个循环可以永远继续下去，世界将是一个更幸福的地方。但资产的价格不可避免地会与资产的实际价值趋同。在佛罗里达州，当预期中的人群明显不会迁移到那里时，这种价值趋同现象就发生了。飓风不断袭击该州，阻碍了新房主的到来。很多被大肆宣传的小区位于炎热潮湿的地方，那里只有一望无际的沼泽，看不到海滩。有人开始抛售地契，然后每个人都开始抛售。泡沫开始破灭，资产价格出现暴跌。

在20世纪70年代，托马斯·霍尼格目睹了堪萨斯城联邦储备银行辖区内资产泡沫的膨胀[3]，该辖区既包括堪萨斯和内布拉斯加等重农业州，也包括俄克拉何马这样的能源生产州。资产泡沫的自我强化逻辑在农业领域表现得非常明显。当联邦公开市场委员会保持低利率时，它鼓励农民承担更多的廉价债务并购买更多的土地。这反过来又刺激了人们对农田的需求，从而推高了土地价格。更高的土地价格鼓励更多的人借钱购买土地。银行家的逻辑如出一辙，银行家将农田视为贷款的抵押品，他们相信抵押品只会升值。更多的贷款导致更多的购买，从而导致更高的价格，进而导致更多的贷款。

同样的事情也发生在石油和天然气行业。不断上涨的油价和廉价的债务鼓励石油公司借钱钻探更多的油井。银行建立了一整套副业，专门从事高风险的能源贷款。在商业地产领域情况也是如此。资产泡沫在每次棘轮效应加剧的循环中升级，今天的高资产价格推动明天的资产价格更高。

当霍尼格和他的团队与银行家争论不休时，联邦公开市场委员会通过维持低利率进一步加剧了大通胀。但这种情况在1979年被叫停，随即而来的严重情形是前所未有的。这次叫停是因为一个叫作保罗·沃尔克的人。作为美联储主席，沃尔克对抑制通货膨胀的态度是认真的，为了达到这个目的，他愿意把失业率推到10%，迫使房主申请利率为17%或更高的抵押贷款，并使消费贷款变得昂贵，以至于许多美国人买不起汽车了。

沃尔克认识到当他在抗击通货膨胀时[4]，实际上是在抗击两种力量，即资产价格通货膨胀和消费品价格通货膨胀。他称它们为"堂兄弟"，并承认它们是由美联储创造的。沃尔克在回忆录中写道："真正的危险来自（美联储）鼓励或无意中容忍不断上升的通货膨胀及其

'近亲'——极端投机和冒险行为，实际上美联储是在泡沫和过度投机行为威胁金融市场时袖手旁观。"

沃尔克的前任鼓励了这些风险，但他不会。在他的领导下，美联储将短期利率从 1979 年的 10% 提高到 1981 年的 20%，创下了美国历史最高水平。当把利率的历史进程绘制在图表上时，这段超高利率的时期看起来就像一座山峰，这就是为什么沃尔克担任美联储主席期间是美国货币政策历史上如此重要的时期。在人们的记忆中，他是少数几个愿意采取残酷的休克疗法来纠正多年错误的人。沃尔克的加息政策摧毁了经济，使数百万人失业，并结束了大通胀。

起初，人们并不认为沃尔克对加息是认真的，他们并不认为他真的能做到这一点。1979 年 10 月，就在他开始这么做之后，有传言说他迫于压力辞职了。美联储会通过一项把经济推入衰退的计划，这似乎是难以想象的。在一个星期六的晚上，沃尔克在埃克尔斯大厦召开了紧急新闻发布会，宣布他不会离职，并表示美联储对加息是认真的。沃尔克告诉记者："与最新的谣言相反，我还活着。"那个周末，短期利率为 11.6%。到当月底，这一利率达到了 16%。在之后不到一年的时间里，利率达到了 20% 的高点。

记者在星期六晚上追问沃尔克加息是否会损害经济。[5]沃尔克对这个问题不屑一顾。他说："我对这些行动的结果持乐观态度，我认为，在一个不确定的世界里，我目前掌握的最好情况是，这些行动可以相当顺利地完成。"

在这一点上，沃尔克错了，没有一件事进行得顺利。美国的经济生态系统已经围绕着低利率这颗"北极星"稳定下来。沃尔克连夜移动了"北极星"，一切都被重新定位了。十年的资源配置将发生变化，一切都将从收益率曲线的边缘移回，远离风险。

这一变化是令人痛苦的，它很快就在堪萨斯城联邦储备银行的辖区内发挥了作用，令银行家措手不及。"你可以看到，即使在沃尔克开始应对通货膨胀之后,也没有人预料到这种调整。他们认为这样的情况根本不会发生。"霍尼格说。

当保罗·沃尔克和美联储将借贷成本提高一倍时,贷款需求开始放缓,这反过来又抑制了人们对农田和油井等资产的需求。资产的价格开始与资产的潜在价值趋于一致。在20世纪80年代初,农田价格下跌了27%,石油每桶价格从120多美元跌至1986年的25美元。[6] 资产价格的暴跌在银行体系内产生了连锁反应。农田和石油等资产曾被用来支撑银行贷款的价值,而这些贷款本身也被视为银行资产负债表上的"资产"。当土地和石油价格下跌时,整个体系就崩溃了。银行减记了抵押品的价值以及为防止违约而持有的准备金。与此同时,农民和石油钻探工人开始变得难以支付月供。农作物和石油的价值在下降,所以他们每个月挣的钱更少了。银行的资产负债表一度看起来很稳定,但此时受到侵蚀并开始摇摇欲坠。

霍尼格和审查员的工作令人不快,他们指出了一个显而易见的事实:银行的财务状况正在随着资产价格的崩溃而崩溃。不出所料,银行进行了反击。银行家几乎总是要求更多的时间。他们承诺,如果给他们一个机会,再过几个月或几个季度,他们就能扭转局面,资产价格将会上涨,资产负债表将会得到改善。

霍尼格的团队在20世纪80年代初的大部分时间里都在做一件事[7],那就是判断如果给予更多的时间,哪些银行真的可以生存下来,哪些银行注定要倒闭。约翰·约克是一名美联储律师,在此期间曾与霍尼格密切合作,约克说,与银行的辩论有一个绝望的临界点。决定哪些银行有偿付能力的争论背后有一个计时器在嘀嗒作响,因为银行正在向美联储申请紧急贷款,美联储是最后的贷款人,它在这一角色中的权力几乎是无限的,它可以印钞票,因此可以想借多少钱就借多少钱。但国会对这一权力施加了一个限制:美联储不应该向即将倒闭的银行放贷。紧急贷款是通过美联储所谓的贴现窗口发放的,在20

世纪80年代，霍尼格就负责堪萨斯城联邦储备银行的贴现窗口。当他的团队决定谁可以从贴现窗口借款时，他们正在对银行做出生死攸关的判断。

1982年爆发了一场真正的银行恐慌[8]，这是自大萧条以来最严重的一次。在这次恐慌中有100多家银行倒闭，数量远远超过20世纪30年代以来的任何一年。这一数字在1986年变得更高，有200多家银行倒闭。1980—1994年，总共有1 600多家银行倒闭。

银行家成群结队地来到堪萨斯城联邦储备银行，为自己的案子辩护。所有这些银行都提出了保持偿付能力的计划，霍尼格制订了一个广泛的经验法则来评估这些计划。他注意到好的计划都有很多细节，糟糕的计划则含糊其词，而且充斥着大量的陈词滥调。霍尼格逐渐相信，银行家与其他人没什么不同。他们中的很多人是诚实和勤奋的，只有少数人是唯利是图之辈。但失败的不只是唯利是图之辈，许多倒闭的银行已历经了几代人的经营，它们是遍布整个地区的小型社区的金融支柱。

约克被派往堪萨斯州的色当小镇，他在那里长大，十几岁时在一家社区银行工作。银行里的每个人都叫他"约翰尼"，这是他的乳名。约克说："我是那个给董事会下最后通牒的官员，你知道……你会失败的。这太可怕了，特别是当他们叫我约翰尼的时候，因为只有我妈妈这样叫我。"霍尼格不得不亲自做出许多这样的判决。他没有逃避责任。"托马斯是德国人，他是严格的，做事遵循规则。"约克说。他这里指的是霍尼格家族的种族渊源。

霍尼格被咒骂，被大声呵斥，以尽可能明确的方式被告知，他的决定造成了灾难性的后果。在谈到银行家时霍尼格说："他们可能会变得相当紧张，并明确提出反对意见。你可以非常同情他们，也可以理解这些痛苦。生命在这种环境中被摧毁，人们在这种环境中失去了一切。我并没有责怪他们的大声呵斥和心急如焚。"

当泡沫破灭时，霍尼格本来有理由指责银行家。银行业大骗局的例子比比皆是，这就是在充满投机泡沫时会发生的事情。愚蠢和冒险在经济上行时盛行，然后在经济下行时造成痛苦。但霍尼格并不认为愚蠢的放贷行为完全是银行家的错，毕竟他们是在对宏观经济状况做出反应，比如不断上升的通货膨胀、相对较低的利率以及不断上涨的资产价格。

并不是银行家创造了这些条件，而是霍尼格任职的机构——美联储。霍尼格说："确实是（银行家）发放了贷款，但他们是在资产价值极其乐观的环境下做出这些决定的。实际上，这在一定程度上要归咎于十年来过于宽松的货币政策。"

在关于20世纪70年代的通货膨胀以及20世纪80年代的崩溃和衰退的讨论中经常会忽略这种情况。美联储因结束通货膨胀和救助幸存下来的、有偿付能力的银行而受到赞誉。但几十年后发表的新研究表明，美联储对整个灾难也负有责任。

关于美联储如何应对大通胀的最详细描述，或许要数《美联储史》(*The History of Federal Reserve*)了。[9]这本书的篇幅达2 100页，分为三卷，内容密集到几乎难以读懂的程度。作者经济学家艾伦·梅尔策利用联邦公开市场委员会的会议记录，结合其他公开文件以及详细的经济研究和数据，重现了美联储在20世纪70年代的决策过程。他对20世纪70年代的通货膨胀的判断非常明确：主要是美联储制定的货币政策造成了这个问题。[10]他写道："大通胀是由于政策选择更重视维持高就业或充分就业，而不是防止或减少通货膨胀。在这一时期的大部分时间里，这一选择既反映出了政治压力，也反映出了民意。"

就美联储的经济史而言，这个说法充满了挑衅和煽动性。梅尔策的意思是，美联储基本上不知道20世纪70年代自己在做什么。或许更具说服力的说法是，美联储并不像其所声称的那样是独立机构。联邦公开市场委员会的成员并不是明智的技术官僚，他们在高尚的经济理论指导下，做出有关货币供应的决定。他们本质上是人，至少在一定程度上受到政治压力的驱使。梅尔策说，美联储一直在努力通过印制更多的钞票来促进就业，这不是由经济方程式决定的，而是公众和政客希望美联储做的事情。联邦公开市场委员会认为，失业率本应接近4%，但在1975—1977年失业率从未降至6%以下，1978年仍接近6%。因此，美联储继续印制钞票，这助长了资产和通货膨胀泡沫，这些泡沫在20世纪80年代初造成了超过10%的高失业率。

这在一定程度上是无心之过。美联储是根据最终被证明是错误的数据做出决定的。直到数年以后，在数据被修改后，人们才发现了这一点。一个关键的错误数据是对价格通货膨胀的持续低估。这相当于炮兵专家在使用有故障的气象气球数据发射榴弹炮，外面的实际情况与掩体内团队所认为的有所不同。

但下面这个问题比错误的数据更为严重。[11]有强有力的证据表明，在20世纪70年代，美联储甚至没有真正理解货币政策是如何影响经济和引发通货膨胀的。在2004年的一份报告中，美联储经济学家爱德华·纳尔逊写道，20世纪70年代形成通货膨胀最有可能的原因是他所谓的"货币政策忽视"。基本上，美联储在这十年的大部分时间里都把脚踩在货币踏板上，因为它不明白更多的货币会造成更高的通货膨胀。这样做并非出于恶意，而是出于误解。美联储和当时许多著名的经济学家都认为，美国正在经历一种被称为"成本推动"的通货膨胀。该理论认为，一系列与美联储无关的外部力量推高了成本。例如，大型工会推高了劳动力成本。中东的卡特尔抬高了石油价格。正是这些成本推高了通货膨胀，而不是美联储。几十年之后，一种对通货膨胀的截然不同的理解在美联储占据了主导地位，这就是"需求拉动"理论。该理论认为，通货膨胀的罪魁祸首是美联储。通过增加货币供应，美联储刺激了人们对债务和贷款的需求，从而"推高"了通货膨胀。更便宜的资金意味着更多的贷款，以及对所有东西的更多需求，这进一步推高了价格。这个想法通常被描述为"太多的美元追逐太少的商品"，其大致意思是当你印更多的钱时，人们用这些钱买东西，从而推高了价格，同样的力量也推高了消费品价格和资产价格。

20世纪70年代，美联储把抗击通货膨胀的工作交给了其他人。白宫实施了价格和工资控制，以期降低成本。这给了美联储保持低利率和增加货币供应的自由。每当失业率上升或经济增长放缓时，美联储就会降息并印更多的钞票。这指出了所有问题中最深层的问题，至少在梅尔策对这次惨败的描述中是如此。美联储是在对短期压力做出反应，这样做等于是在注入新的资金，进而产生了长期风险。联邦公开市场委员会成员也像公众一样看新闻，他们不想被指责在种族骚乱、经济衰退和抗议活动不断的十年里让事情变得更糟。每当联邦公开市场委员会试图提高利率以降低通货膨胀时，该委员会都会因为失业率上升或经济增长疲弱而马上退缩。"尽管许多（联邦公开市场委员会）成员明白，降低通货膨胀需要持续的长期行动，但几乎没有证据表明他们有更长期的规划。"梅尔策写道。

银行业危机对托马斯·霍尼格来说是一次深刻的教训。[12] 在几十年之后，当他谈论量化宽松政策时，他显得执着又充满激情。霍尼格目睹了联邦公开市场委员会的决定是如何在一天之内，在一次投票中做出的。这种政策影响逐步渗透到银行体系和经济中，需要几个月甚至几年的时间才能在世界上完全显现出来。"货币政策是在他们所说的'长期和可变滞后效应'下运作的。"霍尼格后来说。这句话被他说了一遍又一遍，有时看起来像是要通过拍桌子来让别人明白他的观点。他的沮丧源于这样一个事实：这些来之不易的知识似乎总是被忽视。当出现短期问题时，比如市场下跌或失业率上升，美联储就会出手干预，它印了更多的钞票，降低了利率。它解决的是短期问题，但却滋生了长期问题。

第三章　大通胀（1980—1991年）

在20世纪80年代，霍尼格和他在堪萨斯城的同事被留下来解决美联储在70年代产生的长期问题。他们收拾的最大的烂摊子是宾州广场银行的倒闭，这家位于俄克拉何马州的银行在20世纪70年代曾发放了一系列高风险的能源贷款。当宾州广场银行破产时，它几乎拖垮了整个美国银行体系。它还揭示了第二个重要的模式，这个模式将在未来几年变得更加牢固。美联储不仅助长了资产泡沫，它还注定要救助那些在泡沫上升时获利最多的贷款机构。一些银行已经因发展得太大、联系过于紧密而不能倒闭。

宾州广场银行是由一个叫比尔·比普·詹宁斯的人经营的。[13]他是那种可以用牛仔靴喝啤酒来打动客户的人，所以他在石油业繁荣时期想出创造性的方法来发放无数贷款也就不足为奇了。宾州广场银行是证券化的早期先驱，即银行家创造高风险债务，然后将其出售给其他人。宾州广场银行的证券化模式是出售一种"参与贷款"（participating loan）。詹宁斯将贷款给一家石油公司，然后将大部分贷款"证券化"后出售给另一家银行，同时在自己的账户上保留一小部分债务。这个想法很简单，就是尽可能多地发放贷款，对每笔交易收取费用，并将贷款违约的实际风险转移到其他人的资产负债表上。这帮助宾州广场银行避开了要求其持有一定数量现金储备的规定。

宾州广场银行利用由环环相扣的空壳公司和合伙企业组成的复杂网络，规避了贷款金额的限制。例如，每人的贷款限额是3 500万美元，但宾州广场银行仍然设法借给了一位名叫罗伯特·A. 赫夫的石油公司高管1.15亿美元。1985年菲利普·L. 齐格写的《破产：宾州广场银行的崩溃》（*Belly Up: The Collapse of the Penn Square Bank*）介绍的就是这项计划的全部。结果很简单：在1974—1981年，宾州广场银行的资产从3 500万美元跃升至5.25亿美元。其中许多新资产是在经济乐观的预期下发放的能源贷款，前提是油价只会继续上涨。那个时候比普·詹宁斯被誉为金融创新者和迷人的冒险家。

保罗·沃尔克和美联储提高借贷成本的行为扼杀了人们对宾州广场银行所出售的贷款的需求，几乎把比普·詹宁斯变成了一个不折不扣的乞丐。詹宁斯和他的团队拼命向堪萨斯城联邦储备银行申请贴现窗口贷款，以维持银行的运营。和许多人一样，他们说只是需要更多的时间。这种努力在1982年夏天变得更加疯狂。宾州广场银行向堪萨斯城联邦储备银行和联邦存款保险公司求救，联邦存款保险公司是大萧条后成立的一家机构。当美联储的贴现窗口不再是一种选择时，联邦存款保险公司就成了冷酷的刽子手。该机构清算了资不抵债的银行，用纳税人的钱偿还在该银行拥有10万美元或更少存款账户的普通储蓄者。[14] 联邦存款保险公司和堪萨斯城联邦储备银行在宾州广场银行的问题上争论不休。美联储提供了数百万美元的紧急贷款，但霍尼格和美联储律师约翰·约克越来越怀疑这家银行能否继续生存下去。让宾州广场银行破产将使数百万美元的股权化为乌有，但让这家银行继续生存下去，并继续向美联储和其他机构借款，可能会让事情变得更糟。"这可能真的是一个错误，因为它可能导致更多的损失。"约克说。

1982年7月4日的那个周末，时间耗尽了。霍尼格在假期期间仍然工作，他仔细研究数字以帮助确定向宾州广场银行再贷款是否风险太大。美联储理事会也参与其中，那个星期日在华盛顿召开的紧急会议上，保罗·沃尔克对此事投了自己的一票：应该允许宾州广场银行倒闭。星期一，联邦存款保险公司、美联储和财政部货币监理署之间的一系列信函最终确定了这一裁决。联邦存款保险公司宣布宾州广场银行破产。堪萨斯城联邦储备银行宣布，宾州广场银行没有资格获得更多紧急贷款。

霍尼格负责向宾州广场银行通报这一消息。对于银行家的反应，霍尼格早已习以为常。"他们说：我们的失败都是你的错。如果你给我们更多的时间，我们可以解决这个问题。"他回忆说。

但真正重要的是宾州广场银行破产造成的破坏并没有得到控制。[15]这次破产只是一连串冲击中的第一个。还有那些"参与贷款"要对付。只有当这些贷款开始出现问题时，人们才清楚它们对银行体系的影响有多广泛。贷款风险表明，芝加哥一家名为伊利诺伊州大陆国民银行和信托公司（简称"伊利诺伊大陆银行"）的大型银行是宾州广场银行高风险债务业务线上的最大客户。伊利诺伊大陆银行在20世纪70年代末的短短几年内获得了价值10亿美元的贷款，这让每个人都大吃一惊。该银行被认为是一家保守甚至令人乏味的银行，它向中西部的汽车公司和钢铁制造商提供贷款，但大通胀期间释放的力量让它承受不了，伊利诺伊大陆银行沿着收益率曲线直接向俄克拉何马州推进。

伊利诺伊大陆银行已成为美国最大的商业和工业贷款机构，它在1984年拥有400亿美元的资产。当石油贷款变成坏账时，情况很快就恶化了。伊利诺伊大陆银行的问题源于芝加哥联邦储备银行，后者向该银行提供了36亿美元的紧急贷款。这还不够，纽约的摩根大通召集了一些贷款机构，为伊利诺伊大陆银行筹集了45亿美元的信贷额度，但仍然不够。伊利诺伊大陆银行的客户对银行失去信心，开始了一场银行挤兑，一年之内提取了约108亿美元，伊利诺伊大陆银行濒临倒闭。

就连保罗·沃尔克在面对伊利诺伊大陆银行的破产时也变得紧张起来。当银行摇摇欲坠时，他不断地与联邦存款保险公司沟通。他被告知伊利诺伊大陆银行的崩溃是无法控制的。这家银行实在是太大了，与其他银行的联系太紧密。联邦存款保险公司估计，有2 300家银行投资了伊利诺伊大陆银行，约有179家银行在伊利诺伊大陆银行存有大量资金，占了它们净资产的一半以上。这家银行的失败可能会把它们也拖下水。更令人担忧的是，这些银行中约有一半由联邦存款保险公司承保以防倒闭。这将给联邦存款保险公司带来前所未有的压力,而联邦存款保险公司已经处理了大约80家银行的倒闭。

联邦存款保险公司和美联储想出了一个替代方案。联邦存款保险公司提供了一个特别的救援方案,向伊利诺伊大陆银行注入了15亿美元。最重要的是,联邦存款保险公司承诺为超过先前设定的10万美元门槛的银行的损失买单,以此来保护所有的债券持有人和储户。对于那些在知道联邦存款保险公司只会为部分资金提供保险的情况下仍向伊利诺伊大陆银行投资的银行来说,这是安全网的巨大升级,现在所有这些都是由纳税人来担保。与此同时,美联储承诺将向伊利诺伊大陆银行提供紧急贷款,直到挺过危机。

伊利诺伊大陆银行的救助计划是大通胀的重要遗产之一。如果一家银行变得足够大,并能将足够的风险分散到其他银行,那么这家银行就会在危机中得到救助。之前存在的规则将被修改或重写,以拯救这家银行。这一先例为美国银行业带来了一个新词语。在一次关于伊利诺伊大陆银行救助计划的国会听证会上,来自康涅狄格州的共和党国会议员斯图尔特·麦金尼在一份简洁的声明中描述了这种情况:"主席先生,我们不要喋喋不休了,我们有了一种新的银行,它被称为'太大而不能倒'。"

保罗·沃尔克的主席生涯结束得并不愉快。[16] 他扑灭了通货膨胀,然后又被赶回了市井。沃尔克被联邦公开市场委员会成员投反对票的频率,几乎超过了美联储现代史上任何一位主席。在1987年任期结束后,沃尔克要求不再连任,他的成就直到后来才被承认。当时经济历史学家认为,在对抗通货膨胀中,他思想独立,其努力的效果独一无二,但他再也没有回到美国权力的中心。

霍尼格的情况好转了。堪萨斯城联邦储备银行所在地区的银行倒闭潮最终消退了。宾州广场银行的失败是最糟糕的。霍尼格在危机期间的表现引起了周围人的注意,比如约克,他们认为霍尼格在那段残酷时期表现出了正直和能力。堪萨斯城联邦储备银行行长罗杰·古菲在1991年宣布退休时，这种声誉的重要性得到了证明。

堪萨斯城联邦储备银行从未从自己的员工队伍中选拔过行长，但霍尼格还是报了名，同时大约有150人申请了这个职位。古菲将在堪萨斯城联邦储备银行董事会的帮助下选择接替他的人选，这一任命还需要得到美联储主席和华盛顿理事会的批准。

古菲曾近距离观察过霍尼格是如何处理宾州广场银行危机的，他认为霍尼格非常适合这份工作。霍尼格在获得了堪萨斯城联邦储备银行董事会的批准后，就飞往华盛顿与每一位美联储委员面谈。最后，霍尼格被领进了新任美联储主席艾伦·格林斯潘的办公室。格林斯潘是一位说话温和的经济学家，在华盛顿有几十年的从政经验，尼克松和福特总统任内曾在华尔街和白宫工作。格林斯潘在1987年股市崩盘前不久成为美联储主席，对危机的娴熟处理令他赢得了几乎所有人的赞誉。他以像外科医生一样优雅地操纵美联储的权力杠杆而闻名。格林斯潘戴着一副猫头鹰般的大眼镜，让人捉摸不透。在霍尼格的求职面试中，格林斯潘听的比说的要多一些。

格林斯潘问霍尼格有关货币政策的理论。霍尼格说，20世纪80年代的危机让他看到联邦公开市场委员会决定的重大后果。霍尼格曾在价格和资产价值攀升时监管银行，他也看到了当联邦公开市场委员会长期将货币维持在过低水平时，会出现漫长而多变的滞后现象。在沃尔克粗暴地结束了通货膨胀之后，处置那些破产银行的责任落在了格林斯潘身上。霍尼格回忆说："我是那种一直注意宽松货币政策影响的人。我认为应该非常谨慎地制定政策，并着眼于通货膨胀。"

更为重要的是，霍尼格认为，货币政策的制定需要有节制，需要有长远的眼光。"你采取的每一个行动都会产生长期的后果。"他说。霍尼格记得，格林斯潘对这件事保持沉默。但美联储主席显然同意霍尼格得到这份工作。

霍尼格当选行长的消息传出后，他的一位年迈的邻居带着一件礼物来拜访他。那是一幅裱有一张 50 万德国马克钞票副本的相框，纸币下方有一句简单的铭文："在 1921 年，这张钞票可以买到一座大房子。在 1923 年，这张钞票只可以买到一块面包。"这是德国恶性通货膨胀时代的纪念品。

霍尼格把它挂在位于市中心的办公室里，这很好地提醒了人们通货膨胀的破坏力，或者至少是第一种通货膨胀，也就是价格通货膨胀会让货币几乎一文不值。但霍尼格更担心他所见过的另一种通货膨胀——资产价格通货膨胀，他把宾州广场银行和伊利诺伊大陆银行的银行章程挂在墙上。这提醒他：当资产价格不断上涨时对借款人和贷款人意味着什么，以及当脆弱的泡沫导致整个金融体系停滞不前时会发生什么。

不到一年，霍尼格就以联邦公开市场委员会成员的身份，坐在埃克尔斯大厦美联储理事会办公室的大木桌旁，与艾伦·格林斯潘同桌。他从未忘记邻居在赠送礼物时对他说的话："我把它送给你，希望能够提醒你如果工作做得不好会发生什么。"

第四章　美联储式讲话（1991—2001年）

1991年10月1日，托马斯·霍尼格首次以联邦公开市场委员会现任成员的身份走进美联储会议室。[1] 在过往的职业生涯中，他一直在观察美联储政策对基层的影响。现在他将直接帮助指导美联储的政策制定，并且为之承担责任。这是霍尼格第一次以地区联邦储备银行行长的身份被专车送到大楼，并从侧门进入私人电梯。新环境的庄严使他明白了这一天的严肃性。埃克尔斯大厦的门厅是洞穴状的，有两层楼高。宽阔的走廊镶嵌着精美的黑白大理石棋盘图案，有两个楼梯通往夹层楼面，边上的白色圆柱一直延伸到天花板。走廊的尽头是会议室，联邦公开市场委员会成员围坐在一张大桌子旁，艾伦·格林斯潘就坐在中间。

格林斯潘说："大家早上好，托马斯·霍尼格正式加入我们了。托马斯，我想这是你就任行长的第一天。"

霍尼格回答："事实上是这样的，这是对你们所有人的一个警告。"

本着取笑新人的精神，费城联邦储备银行行长爱德华·博纳喊道："从现在开始，一切都将变得艰难！"

格林斯潘立即结束了这场闲聊。

"有人想更改8月20日的会议记录吗？"他问道。于是长达数小时的审议开始了，这是联邦公开市场委员会会议的典型特征，1991年底的审议比大多数人所知道的更为紧迫。

霍尼格是在美国经济史上一个非常奇怪的转折点加入联邦公开市场委员会。[2] 20世纪90年代被认为是经济繁荣时期：这十年，互联网爆发、股市暴涨、失业率几乎为0。但联邦公开市场委员会的成员一直对支撑美国实力的经济机制感到担忧，因为在表面之下有一个具有腐蚀性的弱点。在某种程度上，经济疲软是被隐藏起来的。经济正在增长，沃尔克加息和高失业率的黑暗日子早已被人们遗忘。20世纪80年代中后期是华尔街的淘金热，其特点是大量借贷和贪婪的消费。这是垃圾债券之王的时代，人们利用廉价债务收购公司，然后将它们与其他公司合并以获取利润，或者将它们分拆以快速出售。但在动荡的市场背后，有一个数百万美国工薪阶层能够感受到的潜在弱点，即汽油价格居高不下、裁员司空见惯、企业投资缓慢。1990年8月，美国经济陷入持续了8个月的衰退，直到霍尼格加入联邦公开市场委员会的几个月前才结束。经济衰退本身并不那么令人担忧。但接下来发生的事情让美联储感到不安，经济再次开始增长，但就业并没有恢复。这打破了自第二次世界大战以来经济周期的基本模式。就业岗位会在经济低迷时期消失，在经济恢复增长后又出现。这一次尽管经济实现了增长，但失业率仍然在上升。

这是格林斯潘在10月的会议上面临的难题。[3] 在失业率居高不下的经济复苏中，美联储应该做些什么呢？为什么会是这样呢？格林斯潘说："我们面临着一系列非同寻常的问题。复苏缓慢、投资缓慢以及招聘不足都不容易解释，这在很大程度上就像是一个正在提速的经济面临着时速 50 英里的逆风。"

一个关键问题是 20 世纪 80 年代的经济增长是依靠债务推动的,随之而来的就是银行倒闭。格林斯潘所描述的问题将会重演、加剧,并成为 21 世纪美国经济生活的一个决定性特征。廉价债务一度带来了快速增长,但随之而来的是一场长期的经济崩盘和一段时间的疲软增长。经济学家将加深对 20 世纪 90 年代这种新模式的理解。正如格林斯潘所怀疑的那样,他们确定 1990 年的经济衰退确实是不同的。企业和家庭不消费是因为它们仍在偿还 20 世纪 80 年代以来的债务。这相当于经济衰退时期的严重宿醉,破坏范围异常广泛,甚至影响到了白领工人,他们在以往的经济低迷时期很少受到裁员的影响。

1993 年,普林斯顿大学一位年轻的经济学家写了一篇论文[4],阐述了廉价债务的沉重负担所带来的风险。他的名字叫本·伯南克。在解释 1990 年的经济衰退时,他把债务问题称为"悬置"。他指出,公司债务在 20 世纪 80 年代激增,并在 1990 年使经济体系变得脆弱,当时经济受到海湾战争期间汽油价格上涨的冲击。从本质上讲,即使是很小的冲击也足以促使负债累累的公司迅速解雇员工,放弃扩张计划。伯南克写道:"当经济衰退导致销售和利润普遍下降时,负债和利息负担已经很高的公司将面临更为严重的现金流紧缩。"

1991 年 10 月,美联储还在试图弄清楚这一切。格林斯潘在结束霍尼格首次参加的联邦公开市场委员会会议时敦促各方保持谨慎。事情最终会变得更好,他只是不知道这需要多长时间,最终也确实花了很长时间。当霍尼格在 1992 年 1 月成为联邦公开市场委员会有投票权的成员时,经济仍然停滞不前。这是"失业复苏"时期的开始。霍尼格看到这种情况在他所在的地区上演。随着粮食价格的高涨和大量的新房建设,市场出现了强劲的复苏迹象。但制造业就业的持续低迷使中西部地区的许多高薪工作消失殆尽。霍尼格所在地区约有 1 000 名汽车工人被解雇。在他作为有表决权委员的第一次会议上,格林斯潘问霍尼格关于中西部经济的最新情况。"我认为我们地区的增长有些缓慢，它最多只能被描述为持平。"霍尼格说。在1992年的几乎每一次会议上，他都会用复杂、迟缓等词表达基本相同的意思。

甚至就连格林斯潘也感到困惑[5]，在1992年底的一次新闻发布会上，他的讲话听起来有些恼怒。他说美联储正在尽其所能地促进就业，但经济并未对此做出回应。格林斯潘说："没有任何模型可以解释我们目前的模式，这真的是一种非常困难的环境。"

如果说经济打破了过去的发展模式[6]，那么格林斯潘愿意让美联储做跟过去同样的事情。20世纪90年代初，他引导美联储在经济增长的情况下降息，这与传统模型中美联储应该做的事情背道而驰。美联储从1991年开始将短期利率从略高于5%降至1992年初的略低于4%，希望借此给经济开出一剂甜蜜的缓和药，以此抵销债务积压。但情况很快就清楚了，还需要更多的药物。在整个1992年，美联储一次又一次地稳步降息，最终在年底降至2.9%，这一紧急措施变成了常规操作。美联储将利率维持在3%左右直到1994年初。

与格林斯潘一样，霍尼格在他作为有投票权成员第一年的每一次会议上都投了赞成票。如果霍尼格是一个天生的持不同政见者，那么此时他很好地隐藏了这一点。在一些会议上，他确实表达了对通货膨胀的担忧。他说他有时不愿意继续让货币变得更便宜。20世纪70年代的教训仍在他的脑海中挥之不去。但1992年的经济疲软让他相信，无论衰退是否结束，美联储的干预都是合理的。

格林斯潘的行动不是短期的紧急反应，而是标志着宽松货币新时代的开始。与即将到来的情况相比，格林斯潘在1992年推行的宽松政策是温和的。美联储在1991年制造了大量坏账，但与后来制造的大量坏账相比，这一数字并不算高。格林斯潘在这些年成为一位重要的公众人物，可能是美联储历史上最著名的主席。尽管越来越多的人知道了格林斯潘是谁，但人们对他所做的事情了解得似乎更少。20

世纪 90 年代是美联储真正进入经济政策制定中心的十年，但格林斯潘非常努力地确保这一事实不为人所知。

美联储的创建方式使它的行动将不受选民的问责。但人们仍然普遍认为，美联储至少应该定期向国会的政界人士报告，解释它在做什么以及为什么这么做。这个想法导致格林斯潘时代出现了一种奇怪的仪式。这位睿智的主席，戴着大框眼镜，严肃地从他位于埃克尔斯大厦庄严肃静的办公室沿着国家广场走到国会办公室。在那里，他将坐在立法者面前，解释美联储的行动。听证会十分奇怪，因为根本不清楚国会对格林斯潘行使的是什么权力，国会不能削减对美联储的拨款，不能解雇格林斯潘，也不能让格林斯潘降级。格林斯潘参加听证会，听证会在 C-SPAN（美国一家提供公众服务的非营利性的媒体公司）上进行了电视转播。他容忍了民选议员们的提问和冗长的独白，然后发表了自己事先准备好的声明。在这些会议中，格林斯潘表现出一种外国皇室成员的气质。他礼貌地听着问题，回答了问题，然后他就走了。

一次典型的听证会在 1998 年 6 月 10 日召开[7]，格林斯潘在国会联合经济委员会做证。这次听证会被宣传为"美国经济的最新情况"。

在所有美国人的心中，艾伦·格林斯潘是最能决定和描述美国经济状况的人。他被形容为一位"圣人"，一位居住在经济巅峰、洞悉经济各个方面的大师。他把这个角色扮演得很好。格林斯潘身穿深色细条纹西装，里面搭配着白色衬衫，系着栗色领带。他独自坐在一张铺着白桌布、立着麦克风的桌子旁边。

在 6 月的那一天，共和党委员会主席、新泽西州众议员吉姆·萨克斯顿在听证会开始时发表了一份长篇声明，称赞格林斯潘对美联储的领导，这种赞扬是有充分理由的。20 世纪 90 年代初经济增长疲软、失业率上升的时期早已一去不复返。1993—1998 年，经济稳步增长，失业率降至 4.4%，工资稳步增加。当萨克斯顿开始讲话时，他表现出了良好的政治觉悟，他将繁荣的大部分功劳归于工人和企业家。然后他表示，如果说有哪个管理实体在推动经济增长方面发挥了作用，那就是美联储。"就政策因素的相关性而言，货币政策一直是维持经济扩张的主要因素，在我看来，美联储一直走在正确的道路上，我赞扬美联储的领导力。"他说。

当萨克斯顿表达他对美联储主席的钦佩时，格林斯潘低头看着桌子，把手放在下巴上，就像一个人在看电影时试图保持清醒。当民选议员的评论结束时，他往往会含糊地点头，并咕哝着表达自己的感激之情。当议员发言完毕后，财经媒体人就会坐直，保持警觉。现在轮到"圣人"说话了。如果他对美联储未来可能采取的行动有一丝一毫的暗示，他的话就可能会影响市场。格林斯潘只需针对美国国债收益率说几句话，或者对大宗商品价格通货膨胀发表一些漫无目的的评论，就可能发出信号，表明美联储是否即将收紧或放松货币供应。至少这是财经媒体人决定要相信的。他们仔细研究了他的每一个措辞，寻找可能成为头条新闻的内容，并且债券交易员可能会从中发现有用的模式。

那些不以交易债券为生的人仍然有充分的理由对美联储的所作所为感兴趣。美联储的行动影响了经济生活的方方面面，尽管存在长期和可变滞后性，但它的政策依然可能决定是繁荣还是灾难。如果有人渴望从艾伦·格林斯潘的言论中找到蛛丝马迹，那么他会巧妙地挫败他们的努力。他故意用一种极其难以理解的方式说话。这种类型的演讲在国会山赢得了一个绰号——"美联储式讲话"。这是一门充斥着术语和相互嵌套概念的语言，一个人需要拥有经济学博士学位（或多年的华尔街交易经验）才能理解它。当艾伦·格林斯潘开始讲话时，每个人的大脑都会立即降速，开始费力地爬坡，以努力弄清楚他到底在说什么。

例如，格林斯潘当天的证词包括这样一段话：

考虑到随着产品价格变得更加稳定，投资于生产性资本的风险溢价和经济抑制因素会减少，经济表现随着通货膨胀的消退而增强的事实不应令人感到意外。然而，在很长一段时间内，强劲的增长和高资源利用率与低通货膨胀结合在一起的程度是非同寻常的。事实上，最广泛的价格变化衡量标准表明，尽管经济实现走强，但通货膨胀率在今年第一季度会进一步下降。

这是非常典型的发言，这些言论似乎比格林斯潘在联邦公开市场委员会会议上所说的话更不透明，更加难以理解，而当时格林斯潘身边都是经济学博士。例如，1991年，当格林斯潘在霍尼格第一次参会结束时向联邦公开市场委员会成员发表讲话时，言简意赅地谈到了金融体系中的债务问题。诚然，他谈到了复杂的金融体系，即使是后来读到他讲话的外行人也能理解他的意思。但当格林斯潘在公众面前开口时，一切都改变了。他的话蒙上了一层阴云。

格林斯潘使用美联储式讲话产生了持久而重要的影响。它加速了将金钱政治从美国公共生活的中心移走的漫长过程，就像这些政治对国家经济变得越来越重要一样。普通公民认为无论美联储在做什么，都肯定是很复杂的，以至于不敢去谈论它，更不用说批评它了。我们不应该指责公民的这种想法，因为格林斯潘的演讲巩固了美联储作为一群天才级别决策者的形象，他们高居神坛，无私地与极其复杂的问题做斗争。

这种安排使一种紧张的气氛弥漫在公共话语的边缘，甚至在公开的国会听证会上也是如此。当吉姆·萨克斯顿声称美联储是20世纪90年代经济增长的主要推动力时，他的民主党同僚、纽约州的莫里斯·辛奇礼貌地驳斥了这一观点。辛奇在讲话中表示："我相信，货币政策将遵循财政政策。"这一评论凸显了一个重要的分歧，这个分歧很快就会扩大到无法修复的程度。分歧的一个方面是由美联储所控制的货币政策。另一方面是财政政策，这是由国会、白宫和州政府等民主机构控制的，财政政策涉及税收、公共资金支出和监管。

多年来，随着美联储实施货币政策的能力增强，美国实施财政政策的能力逐渐衰退。造成这种财政政策衰退的原因有很多：金钱政治、企业游说的兴起、有线电视新闻的诞生以及收入不平等的加剧等。关于行政和立法权退化的一个重要事实是，这并非不可避免。至少一个世纪以来，财政政策在美国发挥了引领作用，而拥有印钞能力的美联储紧随其后。

美国历史上最大规模的财政行动发生在大萧条和 1932 年富兰克林·罗斯福当选总统之后。[8] 在接下来的十年里，罗斯福和民主党占绝大多数的国会通过了一系列全面的、环环相扣的法律，这些法律被统称为"新政"。考虑到这一点很重要，因为它对经济及其赢家和输家的安排产生了影响。新政法律赋予工会权力，打破或对大型垄断企业进行监管，为华尔街制定了第一部透明的法律，并对银行系统严加管束。新政是具有对抗性的，它对抗了强大的利益集团，夺走了它们的权力。实际上，罗斯福就职后的第一天就暂时关闭了银行，因为银行多年来不计后果的投机行为导致了大萧条，罗斯福把这次银行暂时关闭称为"假日"，他利用这段时间派人去检查哪些银行有偿付能力，哪些银行没有。在那之后，政府以一种从未有过的方式对银行进行了重组和重新监管。

新政的银行法就像《圣经·旧约》中的诫命，简短、简单、覆盖面广。这些法律中最著名的是《格拉斯－斯蒂格尔法案》，它将整个银行业巧妙地划分为两个领域——商业银行业务（客户将存款存入银行）和投资银行业务（银行在市场上进行投资），这保证了储户在银行存款的安全。联邦存款保险公司的成立进一步提高了这种安全性，该公司创建了一个由政府支持的保险计划，以保护消费者的存款。

霍尼格所处的世界由此诞生，当时银行监管机构对银行贷款进行了强有力的监督。罗斯福在1936年的一次竞选演说中对这一冲突表示了欢迎。罗斯福说："我们必须与和平的宿敌——商业和金融垄断、投机以及不计后果的银行、阶级对立、宗派主义、战争暴利做斗争。在我们所有的历史上，这些力量从来没有像今天这样团结起来反对一位候选人。它们一致地仇视我，而我也接受它们的敌意。"

罗斯福"如愿以偿"。这些势力是真的仇视他，而且他们的仇恨延续了下来。在20世纪60年代，当林登·约翰逊担任总统时，这种仇恨甚至加剧了。约翰逊是新政的追随者，他通过的以联邦医疗保险和医疗补助等为内容的伟大社会计划，进一步扩大了政府的影响力。对这些计划和新政的强烈反对，激发了保守派运动，他们将在罗纳德·里根的两届总统任期内获得权力。在20世纪90年代中期，它推动了众议院议长纽特·金里奇领导下更激进的共和党控制的国会的崛起。它体现了新政批评者的反政府精神，并把他们的不满描绘成对小人物的保护。这催生了一个以战争和电视冲突为特征的政治新纪元，其特点是1995年的政府停摆。

美联储为民选政客提供了一个方便的逃生通道。[9]它可以在经济衰退开始时印制钞票，并在通货膨胀变得过于剧烈时收紧货币供应。这种方法引发的争执并不像强制实施金融立法那样多，似乎没有人需要为美联储获得更多权力和承担更多责任而付出代价。记者兼经济历史学家尼古拉斯·莱曼指出，以美联储为中心的模式遵循了著名经济学家约翰·梅纳德·凯恩斯的理论，凯恩斯认为，政府应该在经济衰退时期花钱来提振经济增长。"凯恩斯主义的经济管理没有直接的天敌。"莱曼写道。经济管理变成了把钱装满浴缸的艺术，在困难时期提高货币供给水平，在通货膨胀看起来有危险时降低货币供给水平。美联储的主要权力是让资金更便宜、更充足，而格林斯潘则慷慨地使用了这种力量。1989年时利率已经接近10%。[10]在20世纪90年代，通货膨胀率最低跌至3%，然后再次回升。1995—1998年利率保持在

5%左右。

霍尼格在这整个期间都是联邦公开市场委员会的成员，每三年担任一次有投票权的成员。他于1998年再次成为有投票权的成员。这也恰好是艾伦·格林斯潘行动更为激进的时期，20世纪90年代末的一系列降息助长了股市泡沫。降息表明，尽管使用美联储的权力可能不会产生任何天敌，但它确实给美国人民带来了非常高的生活成本。

事实上，在美联储式讲话的阴云背后[11]，20世纪90年代，联邦公开市场委员会内部出现了严重的政治纠纷。回顾过去，最重要的政策决定之一与通货膨胀有关。保罗·沃尔克曾提出通货膨胀的两个"堂兄弟"：消费品价格和资产价格。随着时间的推移，格林斯潘领导的美联储做出了相应的决定，只关注其中的一个——消费品价格通货膨胀。只要消费品价格不要涨得太快，美联储可以继续降息并继续增加货币供给，让资产价格按照其不受约束的本性涨跌。

似乎没有任何一次会议正式通过这一政策。随着时间的推移和政策的巩固，它变得越来越不适合霍尼格。霍尼格的货币哲学是建立在20世纪70年代他的困难经验之上的，当时资产通货膨胀和资产泡沫的破坏性非常严重，所以他对让资产价格失控持谨慎态度。但霍尼格也对艾伦·格林斯潘怀有真挚的敬意和钦佩。在1998年之前，他只在联邦公开市场委员会投过一张反对票。那发生在1995年的夏天，当时格林斯潘正在推动降息，而霍尼格认为利率已经足够低了。霍尼格被长期和可变滞后的规则，以及看着联邦公开市场委员会甚至在无意识的情况下制造大通胀的经历所困扰。降息通常被认为是应对未来经济低迷的一种"保险"形式，而这就是1995年降息的原因。

霍尼格在投出反对票之前说："我担心这种保险是有代价的。"他是唯一投票反对降息的成员，在接下来的一两年里，似乎证明了他的分析是错误的。降息帮助提振了经济增长，而令人担忧的通货膨胀迹象从未出现。这一经济形势加剧了霍尼格投反对票的痛苦。

霍尼格在联邦公开市场委员会任职期间学到的一个更微妙的教训是关于异见的不成文规定。联邦公开市场委员会的投票严重失衡是有原因的，而这与美联储的章程无关。至少在理论上，联邦公开市场委员会应该是一个有投票权的机构，这与最高法院没有什么不同。这可能会让人觉得，联邦公开市场委员会的投票结果会很接近，就像高等法院一样，那里的裁决有时几乎平分秋色。与最高法院一样，联邦公开市场委员会正在就复杂的问题进行投票，其结果并不明朗，但势均力敌的投票结果则是闻所未闻的。原因在于联邦公开市场委员会的文化，以及服从于美联储主席的传统。

霍尼格说："我要告诉你，有些情况下，人们对你可能投票反对主席感到有些惊讶。我不知道该怎么形容。有一种信息是，你要知道，投票反对主席是非比寻常的。你必须非常小心地做这件事……虽然没有一本手册会告诉你不能投票反对主席，但是如果你投票反对主席，你会在房间里感受到局促。"

在20世纪90年代的大部分时间里，霍尼格很容易投票支持委员会的决定，因为他认可格林斯潘的观点。但从根本上忽视资产泡沫的决定，让霍尼格很难再投出同意票。

格林斯潘有充分的理由只关注消费品价格通货膨胀。[12]首先，它更容易追踪：汽油、面包和电视机的价格信息很容易收集。其次，在政治上，对抗价格通货膨胀比对抗资产通货膨胀更受欢迎。如果美联储采取行动压低消费品价格，几乎没有人抱怨。然而资产泡沫的破灭会立即带来痛苦，尤其对于非常富有的家庭而言。财经记者塞巴斯蒂安·马拉比写道："在资产泡沫面前，加息总是要付出一定的代价，以阻止不确定的威胁，还有可能招致政客和公众的愤怒，他们最喜欢的就是飙升的市场。"他在关于格林斯潘的传记《格林斯潘传》中详尽地记录了格林斯潘领导下的美联储的政策历史。这表明，抗击价格通货膨胀而不是资产通货膨胀的决定是逐步做出的，在20世纪90年代，这一决定无疑是正确的。这在格林斯潘时代不仅仅是怪异的政策，更是树立了一种固定的框架。

格林斯潘因这一决定而得到回报，这有助于解释为什么两党议员都在公开听证会上称赞他。格林斯潘似乎是他这一代人中最有才华的金融工程师，这一成功的关键以及其中的奥秘在于，他在不加剧价格通货膨胀的情况下刺激了经济。

然而，到了 1998 年，资产通货膨胀已经失控，但这并没有引起公众的太多关注。当资产通货膨胀失控时，人们不会将其称为通货膨胀，他们称之为"繁荣"。20 世纪 90 年代末的大部分资产通货膨胀都出现在股市上，当时的股价涨幅如果用黄油或汽油的价格来表示的话，那将是可怕的。整个标准普尔指数在 1999 年上涨了 19.5%。衡量科技股的纳斯达克指数跃升了 80% 以上。财经媒体以 ESPN（娱乐与体育电视网）报道体育的方式（用短期、逐小时的叙述方式聚焦于哪个球员身价提高了，哪个球员身价降低了）报道这些市场活动。迈克尔·乔丹是其中的超级巨星，那些新诞生的科技股——雅虎、亚马逊、eToys 和 Value America 等新兴的互联网公司就如他一般。

人们较少讨论的是，这些股票价格与美联储向银行系统注入的不断增加的货币供应量之间的关系。不可否认的是，到了 1998 年，股市的繁荣与美联储的政策密切相关。当年 7 月，格林斯潘警告称，股价可能处于不可持续的高位，这让交易员们一想到美联储将加息并收紧货币供应就感到恐慌。在 7—8 月，股票市场价格下跌了大约 18%。作为回应，美联储在短短几个月内再次将利率从 5.5% 降至约 4.8%，股票市场反弹了。

这就是霍尼格在 11 月中旬抵达华盛顿参加联邦公开市场委员会会议时感到担忧的原因。[13] 这对美联储来说是一个关键时刻：通过降息让资金变得更便宜，并鼓励了更多的贷款和股票购买。美联储现在可以拭目以待，看看刺激计划如何在整个体系中发挥作用，或者它可能会进一步加速资金流动，抑或是有可能导致股市泡沫膨胀。霍尼格必须做出决定，如果格林斯潘推动再次降息，他是否会第二次投反对票。

美联储主席通常会淡化低利率对股市的影响，但格林斯潘在11月的会议上直言不讳地谈到了这种联系。他承认股市可能存在泡沫，这让他对进一步降息犹豫不决。格林斯潘说："令人遗憾的是，有一个领域的情况比我希望的要好，那就是股市。在某种意义上，这在我的判断中产生了一个重大问题，我们是否应该调整（利率）。如果道琼斯工业平均指数下跌200～300点，我认为有理由采取行动。再调整一次（利率），然后无限期地维持政策将是强有力的，我确实认为，对资产泡沫的担忧并非没有道理，这也是我对宽松政策最担心的地方。"

但即使面对这场资产泡沫，格林斯潘还是推动了另一次降息。他说，价格通货膨胀没有上升，劳动力成本也几乎没有上升。11月的降息也是有理由的，当时最大的担忧是俄罗斯日益恶化的债务危机，该国政府无力偿还贷款，国际货币基金组织似乎也不愿为其纾困。这可能会破坏外国市场的稳定，引起的混乱可能会波及美国。他认为，降息可能有助于为金融体系接种"疫苗"以抵御这些压力。格林斯潘说："保险的成本非常低，我觉得在这个阶段购买保险可能不是一件坏事，可以在这个时候停下来，按兵不动，观察未来几周甚至几个月的事态发展。"

圣路易斯联邦储备银行行长威廉·普尔表示，他将同意降息，但只是勉强同意。向银行系统注入更多资金可能存在风险。普尔说："我担心的是，我们是在给经济之火浇汽油，而不是水。"

轮到霍尼格发言时，他也表达了同样的担忧："我认为普尔行长说得很对，我们正在为经济加油。我担心泡沫经济综合征可能正在形成。"但霍尼格也表示，有三个很好的理由降息。首先，他认识到外债危机带来的危险。其次，他没有看到通货膨胀的威胁迫在眉睫的迹象。最后，他相信，如果降息被证明是不必要的，那么美联储可能会再次提高利率。

普尔和霍尼格投票支持了格林斯潘降息的决定。

无线通信公司高通的股价在1999年上涨了2 600%。[14]标准普尔指数在这一年上涨了19.5%，纳斯达克指数几乎翻了一番。在接受《纽约时报》采访时，光纤公司360Networks的首席执行官格雷格·马菲简洁地解释了那个时期的情况："我们有大量相对低成本的资金，当人们在某件事情上迅速投入大量资金时，这并不完全是理性的。"

物价上涨的迹象在1999年开始出现。格林斯潘在2000年初国会的一次公开听证会上警告说，前一年的小幅加息不足以减缓已经过热的经济增长。价格通货膨胀正在积聚力量，如果美联储不采取措施，它只会进一步上升。

在那之后，联邦公开市场委员会大幅加息[15]，从5.7%提高到6.5%。这相当于在地铁列车上踩下紧急刹车。交易员的思维迅速转变，因为他们需要适应一个资金和债务成本都将更高的世界。他们给买卖的资产的价值强加了一个新的框架。其中一项资产是旧金山一家名为Pets.com公司的股票，该公司于2000年2月上市。这些股票就像加尔布雷斯写过的佛罗里达地契。突然之间，交易员开始重新审视支撑纸质资产的现实世界资产的价值。他们看到Pets.com没有考虑到运输狗粮的高昂成本产生的后果。该公司最初发行的股票价格为每股11美元，但随后开始稳步下跌。这是一个信号，表明资产价值不断上升的自我强化逻辑已经结束，因为美联储正在加息。Pets.com于11月宣布破产。

2000年3—11月，股市崩盘导致280只互联网股票市值蒸发了1.76万亿美元。美联储在先是创造、然后摧毁价值数万亿美元的股市泡沫方面发挥了决定性作用。当市场崩盘时，银行家、交易员和政客都在向美联储寻求帮助。这场灾难似乎只是增强了格林斯潘作为金融救援艺术家的声誉。大家认为只有美联储拥有重新调整市场、避免更大灾难的权力。这一事实揭示了格林斯潘作为美联储主席的政策框架的第三个支柱。他选择控制价格通货膨胀，忽视资产通货膨胀，然后在资产价格暴跌时介入并拯救整个金融体系。对于一个直言不讳地反对政府干预的自由主义倾向思想家来说，这似乎是一个奇怪的策略。但多年以来，格林斯潘认识到，救助是不可避免的。眼睁睁看着大银行倒闭和负债累累的政府停摆，实在太痛苦了，简直无法想象。随着许多独立决策的积累，这是另一项发展缓慢的政策。正如塞巴斯蒂安·马拉比在他的《格林斯潘传》中所写的那样："美联储把自己的声誉押在了它能够在泡沫破灭后收拾残局的主张上，如果它成功地完成了这项任务，也许经济衰退会足够温和，足以让之前的'繁荣'变得值得。"

2000年和2001年的稳定局势工作是繁重的。[16]到了2001年8月，美联储开始迅速而有力地将利率降至3.5%。霍尼格再次成为联邦公开市场委员会有投票权的成员，他基本上支持这一行动。美联储是为了在危机期间提供廉价资金而建立的，没有人能否认市场崩盘是一场危机。但问题是美联储应该走多远。这就是霍尼格开始与格林斯潘分道扬镳的地方。

格林斯潘希望在5月将利率下调0.5个百分点，这是一个巨大的变化。霍尼格并不反对宽松的货币政策，但他认为美联储应该放慢行动速度，让之前的降息举措有时间发挥作用。霍尼格的立场并不激进，他主张将利率下调0.25个百分点，而不是下调0.5个百分点。霍尼格说："主席先生，我认为我们现在应该把油门松下来。我们为市场增加了大量的流动性。现在我们应该让它发挥作用，我们应该对进一步的行动谨慎一些。"霍尼格输掉了这场争论，那是他职业生涯中第二次提出反对意见，而且他是唯一投了反对票的成员。

2001年9月11日，恐怖分子用劫持的飞机袭击了美国，造成近3 000人死亡，经济陷入了混乱。这是在持续的经济紧张情况下发生的紧急情况。作为回应，美联储采取了更多的降息措施来缓冲冲击，没有人对此发出抱怨。但在12月，霍尼格投出了他当年的第二张反对票。当轮到霍尼格在联邦公开市场委员会会议上发言时，他再次建议谨慎和克制，担心长期和可变滞后性。他指出，利率已经从一年前的6%以上降至2%。他说："主席先生，我真的认为我们应该保持现状，2%的联邦基金利率是具有刺激性的。我们看到了一些改善的迹象，并不是所有的刺激措施都发挥了作用。虽然我认识到通货膨胀不是一个迫在眉睫的问题，我也理解这一点，但我仍然认为，目前我们需要有一点更长远的眼光。"

霍尼格输掉了这场争论，再次成为唯一的持不同政见者，最终美联储还是降息了。一个月之后，霍尼格轮换离开了联邦公开市场委员会有投票权成员的职位。在接下来的两年里，美联储的紧急状态几乎成为永久性的。2001年的降息仍然有效，短期贷款成本一直保持在2%以下，直到2004年年中。这个时代变得可以与20世纪60年代相提并论，当时的货币政策为经济崩溃铺平了道路。但这一次将会有所不同。格林斯潘控制物价上涨和忽视资产泡沫的政策在21世纪头十年达到了极端形式。美联储在助长最大的资产泡沫、导致自大萧条以来最严重的崩盘方面发挥了关键作用。霍尼格再一次全程参与。但这一次，他在这一过程中发挥了积极作用。他很少对自己在联邦公开市场委员会中的投票表示遗憾。但房地产泡沫时代是个例外，霍尼格帮助催生了泡沫。

第五章　权力过大的公民（2002—2010 年）

一切始于 2001 年[1]，在恐怖袭击和股市崩盘之后。美联储将利率维持在低位，霍尼格担心联邦公开市场委员会可能会再次助长中西部地区的资产泡沫。他在 2001 年 3 月举了一个具体的例子：房地产行业。霍尼格担心，低利率可能会将资金挤出收益率曲线，流入风险更大的建筑贷款。

霍尼格在当月的联邦公开市场委员会会议上表示："我们地区的银行开始在房地产领域大举放贷。如果利率保持在低位，我们可以看到，随着人们寻求配置资产，资金将相当戏剧性地转移到房地产行业，这可能会导致房地产领域出现一些过度建设（没有更好的词用来形容这种情况）。"

在会议期间，霍尼格与一位名叫大卫·斯托克顿的美联储经济学家发生了争执，斯托克顿当时正在向委员会介绍全国概况。霍尼格问低利率可能会对房地产市场产生什么影响，斯托克顿表示低利率确实可能导致一些投资"错误"。斯托克顿回答说："我很难预测银行可能犯下的错误，但它们在过去很长一段时间的经济强势时期肯定会犯这种错误。"房地产泡沫存在危险不是什么疯狂的理论，也不是低利率的意外后果。它们是可以预见的关于廉价债务的危险，但格林斯潘和联邦公开市场委员会的其他成员认为这种危险是可以接受的。

在接下来的几年里[2]，美联储通过用一个资产泡沫来取代另一个资产泡沫，也就是用房地产泡沫取代股市泡沫来刺激经济。其理论依据是，火热的房地产市场将产生溢出效应，创造就业机会，鼓励消费和借款，这一理论被证明是正确的。在2003—2004年，县域房地产业发展势头强劲，房价大幅上涨。就像20世纪70年代廉价贷款推高了农田价格一样，低抵押贷款利率让人们更容易借到钱来买房，这加剧了竞争，推动了房价的逐年上涨。人们对这种状况的讨论方式，通常与20世纪90年代末对股市通货膨胀的讨论方式相同，这被描述为"繁荣"。房子与股票一样，都被描述为中产阶级财富的关键来源和重要的退休投资，因此它们的价值的膨胀被视为一种纯粹的商品，从而受到欢迎。就像20世纪90年代一样，正是价格通货膨胀这个怪物越来越大，才迫使美联储考虑加息。

到了2004年，艾伦·格林斯潘担心利率过低的时间太长了。5月，在格林斯潘审阅的数据中，价格通货膨胀的痕迹显而易见。他推动联邦公开市场委员会收紧货币供给。2004年的前六个月，利率基本维持在1%。从6月开始，联邦公开市场委员会缓慢但稳定地上调利率，年底时上调幅度略高于2%。霍尼格在当年的每一次会议上都投票支持联邦公开市场委员会的决定。委员会正在朝着他认为谨慎的方向前进。直到后来回首往事，霍尼格才意识到那一刻已经造成了损害。美联储将利率维持在1%的时间太长了，当开始加息时，加息的速度太慢了，以至于它们仍然是"宽松的"，仍然刺激着投机和宽松的贷款。"这给我留下了深刻的印象，即使你在加息，但依然把利率保持在很低的水平，那就是在招揽泡沫。"霍尼格回忆道。

2003—2007年，美国的平均房价上涨了38%，达到了有史以来的最高水平。

艾伦·格林斯潘在2006年从美联储主席的职位上退休。[3]他离开的时候几乎没有任何污点。他被视为美国15年来几乎不间断繁荣的工程师。这就是笼罩在他的继任者本·伯南克身上的阴影。当伯南克上任时，美国人对他的印象并不是很深。他说话温和，甚至有些害羞，也不会引起他人强烈的反应，即使是在联邦公开市场委员会的其他成员中也是如此。伯南克自2002年担任美联储理事会理事以来一直在联邦公开市场委员会任职（他在美联储的任期从2005年开始短暂中断，当时伯南克是乔治·布什政府的白宫经济顾问委员会主席）。霍尼格对伯南克可能会如何领导该机构并没有太多的认识。霍尼格对这位前教授知之甚少，只知道他是一个"通货膨胀目标者"，这意味着他和格林斯潘一样，很可能会关注价格通货膨胀，而不是资产泡沫。

事实上，正是出于对价格通货膨胀的担忧，迫使伯南克和联邦公开市场委员会在2006年春季大幅提高了利率，将短期利率推高至5%左右，创下多年以来的最高水平。霍尼格当时并不是联邦公开市场委员会有投票权的成员，但他支持伯南克的做法。伯南克在6月提议进一步提高利率，将利率提高到5%以上。这时霍尼格第一次对伯南克的做法表达了严重的分歧，而对于那些认为霍尼格是通货膨胀鹰派的人来说，这种分歧没有太大意义。霍尼格认为，美联储应该停止加息。在6月的会议上，他觉得即使自己不是有投票权的成员，也有必要表达自己的担忧。在会议上，伯南克绕着大桌子听取了每位地区联邦储备银行行长的意见，然后让霍尼格发言。

"谢谢你，主席先生。我很高兴每个人都同意，一个好的委员会的力量在于有人不同意，因为根据对前景的评估，我的偏好是将利率维持在5%，如果我是有投票权的成员，我会据此投票。"霍尼格说。

他指出，美联储的实际操作可能超过了其目标，将利率提高到如此之高，以至于对经济产生的破坏性影响可能超出美联储的预期。霍尼格说："因此，我会暂缓，我有耐心并坚定地将利率保持在5%。"

伯南克回答道："霍尼格行长，我认为在座的每个人都应钦佩你始终如一的立场。"

这一评论在房间里引起了一片笑声。

虽然伯南克所说的"始终如一"并不完全是这个意思，但霍尼格认为这是指自己作为美联储"鹰派"的声誉。霍尼格回答说："这是一个慷慨的字眼，但还是谢谢你。"

伯南克是正确的，霍尼格在那次会议上所表达的关切有某种一致性。到了2006年，霍尼格对美联储应该如何实施货币政策有了一连贯的观点[4]，这是他在美联储工作30多年以后形成的。说霍尼格是通货膨胀鹰派，未免有些过于简单化了，但他也肯定不是鸽派。如果用一句话来概括出他的哲学，那就是"基于规则"的方法。这是一个强调克制、渐进主义和限制美联储应该在多大程度上行使其权力的方法。

该方法的第一个支柱是长期和可变滞后定律。如果说霍尼格学到了什么，那就是美联储的领导人也是人，他们倾向于关注短期事件和围绕这些事件的头条新闻。但美联储的行动发生在其有时间在金融体系中发挥作用之后，是长期在现实世界中表现出来的。当市场出现动荡时，美联储领导人希望立即采取行动，做点什么。但他们的行动总是持续数月或数年，并往往以意想不到的方式来影响经济。

霍尼格观点的第二个支柱是，美联储应该同时关注通货膨胀的两个"堂兄弟"——资产通货膨胀和价格通货膨胀。诚然，发现失控的资产通货膨胀比监测价格通货膨胀更难。而且，在不扰乱市场和导致价格下跌的情况下，遏制资产通货膨胀变得更加困难。但资产通货膨胀的结果是毁灭性的。当资产价格最终被修正时（通常是这样），会造成巨大的金融不稳定。如果美联储通过鼓励资产通货膨胀来实现 5% 的失业率，它将不得不与另一边修正后 10% 的失业率做斗争。这就要求美联储进行更大规模的干预，以修复资产泡沫所造成的损害。

霍尼格观点的第三个也是最后一个支柱是，美联储应该表现出克制，遵守它强加给自己的规则。它不应该把利率压得太低、太快，也不应该把利率维持太久。美联储应该在等式的另一边表现出克制：如果它担心通货膨胀，就不应该将利率提高得太高、太快，因为这可能会导致急剧的崩溃。由于存在长期和可变滞后规律，限制的必要性变得更加重要。由于美联储的行动要花很长时间才会产生效果，霍尼格认为，联邦公开市场委员会需要耐心地监测现实世界的状况，以衡量他们已经采取的措施的效果，然后再采取更多的行动。将他们的行动保持在一个狭窄的区间内，有助于确保他们在知道经济参与者将如何反应之前，不会在经济周期上行或下行时进行过度干预。这种限制曾一度由金本位制强加于美联储，但金本位制本身就是武断并且行不通的。[5] 如果金本位制奏效，人们仍将继续使用它。但在没有金本位制的情况下，央行领导人必须弄清楚如何对货币供给进行约束。实际上只有一个解决方案，他们不得不用自己的智慧和判断力来取代对黄金供应的专制限制。

霍尼格的这种观点与英雄主义截然相反。这是一种建立在令人不快的妥协之上的领导模式，即使专注几个月甚至几年都不会有明显的结果。它不受欢迎似乎是板上钉钉的事。没有人想赞美一位试图让美联储在美国经济事务中变得更无聊、更有限或更不重要的美联储官员。当伯南克发表评论后，笑声就平息了下来，霍尼格的"始终如一"被忽视了。短期利率又上调了 0.25 个百分点，达到 5.25%，并将在全年保持这一水平。此时，房地产市场中的某些部分开始显示出疲软迹象，特别是在风险较高的"次级"住房贷款类别中。

10 月下旬，霍尼格应邀在亚利桑那州图森市召开的年度研讨会上向一群银行董事发表演讲[6]，这是他日常工作的一部分。自1973年霍尼格加入美联储以来，他一直在与中西部各地的银行家打交道。但他在2006年接触到的银行与他之前打交道的银行有很大不同。它们比以往任何时候都规模更大，更深远、更紧密地相互交织在一起。在20世纪80年代的银行业危机后，国会放宽了禁止银行在多个州开展业务的法律，希望让幸存者更容易继续经营。放松了限制的《州际银行法》允许实力较强的银行收购实力较弱的竞争对手，为新一代银行巨头铺平了道路。

伊利诺伊大陆银行在20世纪80年代曾被认为太大而不能倒闭，但与美联储现在负责监管的一些银行相比，它只是一家小银行。当霍尼格前往亚利桑那州时，他担心的不仅仅是新银行的规模，还有它们在做什么。这些大银行正在发放与20世纪70年代末繁荣时期相同的贷款。当时，宾州广场银行发放高风险的石油贷款，并将其作为"参与贷款"出售。在2005年前后，抵押贷款机构发放高风险的住房贷款，并将其作为抵押贷款支持证券出售。

银行业大会的气氛往往是友好而独特的。10月的研讨会在图森市郊的万豪斯塔尔帕斯度假村举行，度假村给人的感觉就像一座岛屿。度假村内有一个高尔夫球场和一个游泳池，游泳池附近有一个室外用餐区，用餐区内有露台和小土坯火盆。客房设有阳台，客人可以从阳台上俯瞰西面连绵起伏的山脉。这是银行家聚集在一起谈生意和建立联系的地方。霍尼格在这样的地方如鱼得水，受到了皇室贵宾般的礼遇。他出席这样的活动带来了声望，让与会者觉得他们有机会接触到权力内部人士。

研讨会的议程上写着，霍尼格将发表题为"这次不一样"的演讲，这对银行家来说简直是小菜一碟。在2006年，它助长了一种普遍的感觉，即银行业和金融业是由新的、复杂的见解所驱动的。这是一个"量化分析师"的时代，"量化分析师"指的是使用软件算法买卖股票的分析师，以及通过收购和将企业扭亏为赢而赚取数十亿美元的私募股权大王。

当霍尼格演讲的时间临近时，银行家鱼贯进入会议室，坐了下来，准备听一听这一次的演讲有何不同。霍尼格走到讲台上，看了看台下的人群，然后开始讲话。接下来发生的事情，相当于一位亲戚出现在感恩节晚宴上，先站起来敬酒，然后就开始发表一篇冗长的演讲，讲述令奶奶身体虚弱的酗酒问题，以及酒精对餐桌上每个人造成的情感伤害。这篇演讲的目的并不是安慰人。

他开始说："资产价值正在升值，农田价值也很高，我们很清楚今年能源市场发生了什么。简言之，对这个国家、这个地区的许多人来说，现在是好日子。"但随后他指出，20世纪80年代初的情况也不错，当时资产价格也在上涨，但仅堪萨斯城联邦储备银行辖区就有309家银行倒闭。

"我想与你们分享一些我们在20世纪80年代从银行家和银行董事那里听到的说法。"霍尼格回忆道，银行家告诉他，"如果你能更好地理解这个，你就不会有疑问了"；"是的，我们在这个项目上贷款了100%，但每个人都知道抵押品的价值只会在施工期间上升"；"虽然这是非常规的，但我们的会计会说这是完全合法的"；"从长远来看，该公司的公务飞机将为银行节省资金。"

为了防止与会者误解自己的观点，霍尼格明确表示："贪婪、短视和傲慢等由来已久的行为是这些问题的核心，我要警告大家，它们今天仍然在我们身边，就像20世纪80年代一样。"

银行规模可能变得更大，可支配的金融工具也更复杂，但从根本上说，2006年的情况与以前并没有什么不同。当资产价格上涨，债务成本下降时，就会出现不计后果的行为。霍尼格讲述了宾州广场银行和伊利诺伊大陆银行的故事，以及一家银行的鲁莽行为是如何影响到其他银行的。他说："一个简单的事实是，有时候明智的做法是不要随波逐流。在某些情况下，最好是让大队伍与你擦肩而过。作为银行的董事，如果你的管理层不能全面、清楚地解释他们即将进入的业务领域，或者过于仓促地跳进去，你应该非常谨慎。"

霍尼格在演讲结束时表示，如果2006年的情况有所不同，那是因为银行的董事，也就是当晚在场的人，选择了更多的怀疑、更克制的态度、更专注的监管。

霍尼格回忆道："结束演讲时，我得到的是全场一片寂静。"

几个月之后，也就是在2007年3月，本·伯南克受邀在国会联合经济委员会做证。[7]伯南克并没有格林斯潘那样的名人地位，但他仍然是国会山值得信赖的声音。甚至在传达坏消息时，他似乎也能使用地道的英语，而2007年的消息并不好。他说："最近几个季度，美国的经济增长速度有所放缓，从去年春天开始的经济增长速度放缓的主要原因是房地产市场的大幅回调。"

尽管如此，伯南克依然向立法者保证，不必过于担心。经济增速放缓只意味着美国经济正在向更"可持续性增长速度"转型。他表示，美联储希望让经济增速放缓，而且也做得很好。伯南克承认，更高的利率可能会减少人们对房屋的需求，房屋止赎情况可能会增加，而且会造成一些损害。"然而，在这个节骨眼上，次贷市场问题对更广泛的经济和金融市场的影响似乎得到了控制。"他表示。

问题并没有得到控制。[8]在大约六年的时间里，美国的金融体系一直以源源不断的廉价资金为中心运转。当美联储在2006年和2007年提高利率时，其影响波及整个经济体系，并使其分崩离析。大震荡始于2007年8月，当时法国银行业巨头法国巴黎银行说，它无法准确地为一些基于住房贷款的证券定价。这意味着银行无法计算出这些贷款的真正价值，从而引发了对银行偿付能力所依赖的基础资产价值的质疑。在那之后，形势急转直下。平均房价在一年内下跌了10%，这对中产阶层来说是一次痛苦的向下修正。到了2009年初，房价总体下跌了20%。在短短两年时间里，美国人损失了大约10万亿美元的财富。大型银行和投资基金也感受到了损失，它们一直将抵押贷款视为账面上的宝贵资产。就像当伊利诺伊大陆银行的风险能源贷款价值修正时，许多人面临崩溃那样。股市在2008年底崩盘，当时银行业的惨状变得清晰可见，两年内蒸发了大约8万亿美元的财富。这是自大萧条以来最为糟糕的经济衰退。

2008年的崩盘突显了美联储的权力与国会、白宫等财政当局的权力之间已经存在的严重差距。财政当局被曝光为行动迟缓和效率低下，而美联储作为货币当局则表现得稳健、勤勉并快速采取行动。

奥巴马政府首先寻求确保大银行进行资本重组。财政部长蒂莫西·盖特纳此前曾担任纽约联邦储备银行行长。盖特纳处理危机的方法体现了现代民主党的银行监管理念。首要任务是保护银行的金融稳定，而不是像罗斯福在大萧条期间所做的那样关闭或重组银行。盖特纳曾将这一战略描述为"在跑道上撒泡沫"。他打算帮助银行平稳着陆，并尽快恢复元气。泡沫在奥巴马上任之前就出现了，当时国会通过了7 000亿美元的银行救助计划。为了修复对经济更为广泛的损害，新政府遵循了凯恩斯主义的道路：在私人部门收缩之际花掉政府的钱。其目标是刺激需求，以缓冲经济衰退，但共和党对政府开支的强烈反对阻碍了这一努力。奥巴马从妥协的立场出发，提出了一个他的政府认为可能会吸引共和党人的计划。在由此产生的刺激方案中，很大一部分是以减税形式出台的。一揽子计划的总金额约为7 870亿美元（尽管后来的估计表明实际金额总量为8 620亿美元），但这仍然远远不足以弥补已经失去的需求。

这些财政计划与美联储的行动相比相形见绌[9]，其规模和速度多年来都没有真正显露出来。当国会还在为经济刺激法案的措辞争论不休时，美联储已经印制和发放了超过1万亿美元的货币。正如彭博新闻社和经济史学家亚当·图兹后来披露的那样，美联储的这些钱有很多直接流向了面临倒闭危险的外国银行。美联储与外国央行（主要是欧洲央行）建立了"互换额度"，用新创造的美元以折扣价兑换这些银行的外币。美联储还积极为国内银行提供服务，美联储在 2008 年底首次实施量化宽松政策。美联储向银行购买了约 6 000 亿美元的债券，并将为购买债券而创造的所有新货币直接存入银行的准备金账户。

美联储的行动似乎非常复杂和精密，当紧急贷款计划被贴上诸如 TAF（定期拍卖机制）、TSLF（定期证券借贷机制）和 PDCF（一级交易商信贷机制）等难以理解的缩略语标签时，这种印象更加深刻了。但这是美联储式的说法。美联储的行动等同于一件基本的事实：它通过一小部分一级交易商的账户在华尔街创造了新的美元，而且以前所未有的规模做到了这一点。

通过将美联储的行动与中央银行在 20 世纪的所作所为进行比较，很容易掌握美联储行动的规模。[10] 1913—2008 年，美联储每年都以稳定渐进的速度印制更多的美元，增加新货币的供应量，并称之为"基础货币"。1960—2007 年，美联储增加了 7 880 亿美元的基础货币。

在 2008 年的救市行动中，美联储印制了近 8 750 亿美元钞票。它在短短几个月内将基础货币增加了一倍以上。衡量美联储干预规模的另一种方式是查看其资产负债表。当美联储购买某种东西时，它会将其计入资产负债表，这反映出美联储向银行系统注入了多少美元。在 9 月股市崩盘后的短短几个月里，美联储的资产负债表就增加了 1.35 万亿美元，是其账面上已有资产的两倍多。

所有这些都是基于这样一种理解：这些都是紧急行动，是为应对非同寻常的危险所做的非同寻常的尝试。2008 年的金融恐慌有可能使全球经济陷入深度萧条。金融系统瘫痪了，银行停止了彼此之间的业务往来，因为没有人知道谁破产了，谁还没有破产。美联储按照其设立初衷出手干预，及时化解了恐慌。当这些行动计划在一系列紧急会议上被提交给联邦公开市场委员会时，托马斯·霍尼格投票支持每一项行动。他认为这是美联储的职责。但对他来说，主要问题是当这种紧急情况过去之后会发生什么，这是必须做出艰难决定的地方。

当 2008 年的金融危机结束时[11]，人们立即意识到，其造成的损害将是长期的。本·伯南克亲自撰写了一篇论文，解释了 1991 年的经济低迷如何导致了无就业的复苏，部分原因是过多的坏账。2009 年的过剩规模几乎是难以想象的。这不仅仅是还清旧信用卡账单或汽车贷款的问题。数以百万计的人被驱出家门，这个令人心碎的过程持续了十年之久，2007—2016 年共有 800 万套抵押贷款被取消抵押品赎回权。当时有些人已经预见了长期的损害。加州大学洛杉矶分校的经济学家在 2009 年初估计，到 2011 年底，失业率仍将高于 9%，届时美国的就业岗位仍将比 2007 年减少约 400 万个。经济学家马克·赞迪等人也持相同观点，他估计，除非国会通过一项重大的刺激法案，否则失业率在 2014 年之前不会回落到 4%。巴拉克·奥巴马确实在一个月后签署了刺激法案，但这是应对经济崩盘的最后一次重大财政行动。在那之后，国会将精力转向通过《平价医疗法案》和一项名为《多德－弗兰克华尔街改革与消费者保护法案》（简称《多德－弗兰克法案》）的金融改革法案。在辩论这些措施的过程中，保守的茶党运动积聚了力量，并帮助共和党在 2010 年中期选举期间控制了众议院。

所有这些都给各国央行带来了更大的行动压力。[12]英国央行高级官员保罗·塔克亲身经历了这种压力。塔克在 2013 年离开央行后，写下了一篇相当于告密者对现代央行内部的报道。他在其作品《未经选举的权力》中主要讨论了民主机构越来越多地将权力转移给非民主机构的方式，如军队、法院和央行。央行是最后几家能够迅速果断采取行动的机构之一，这是设计使然，但央行也被设计成专注于在一个狭窄领域运作。塔克写道："最重要的约束是，当选的政客不应该仅仅因为他们自己无法达成一致或采取行动，就把财政政策委托给央行。"他指出，这样做会产生一种自我实现的预言，"央行能做的越多，当选的财政当局就越没有动力采取行动，从而与我们最深层次的政治价值观产生紧张关系。"

塔克写道，当这种情况发生时，央行就变成了"权力过大的公民"，能够在没有民主机构的民主问责制情况下，对国家生活进行彻底的改变。随着国会在2010年实际上停止运作，美联储承担起了刺激经济增长的任务，这项任务曾属于财政当局。如果美联储是一个权力过大的公民，那么联邦公开市场委员会的12位委员所投出的每一票都将面临更大的压力。

在担任联邦公开市场委员会委员近20年的时间里[13]，霍尼格共投了48票。他在此期间曾四次投出反对票，约占总数的8%。按照协商一致的委员会标准，看起来他似乎有很多异议，但这也意味着他仍在90%以上的时候投了赞成票。

霍尼格在2010年重新成为有投票权的联邦公开市场委员会成员。

当霍尼格投票反对伯南克主席时，他能感觉到会议室里的不安情绪。[14]当他在2010年的每一次会议上都对美联储主席投反对票时，这种不安情绪几乎蔓延到了他职业生涯的每个角落。他的每一张"反对票"都向外界传递出美联储内部至少存在某种程度的分歧，这或许会破坏人们对美联储行动的信心。这也电告外界，美联储正在做出政策决定，但这一决定还有待讨论。在专业会议上，霍尼格的同行以提问的形式表达了他们的不安情绪：你确定你做的事情是正确的吗？你真的认为应该这样做吗？

"这根本不是因为你在（联邦公开市场委员会）会议期间受到游说，只是由于你一直投反对票，人们会把你的行为看成'这很不寻常'，甚至媒体也说这很不寻常。因此，不难听出其中的态度，这是一个非常严肃的问题，你确实在影响着经济，因此也影响着许多人的生活，成为局外人并不是最安全的做法。"霍尼格回忆道。

霍尼格对2004年将利率维持在过低水平的记忆感到痛心疾首。美联储在2010年将利率维持在零，并给出了"前瞻性指引"，向银行家保证利率将在很长一段时间内维持在零，让他们更有把握地进行投机押注。零利率刺激了银行家追求收益率并发放高风险贷款。美联储再次试图通过煽动资产泡沫来刺激经济增长，并押注如果这些泡沫破灭，美联储可以收拾残局。

2010年8月，本·伯南克宣布了进一步推动美联储努力的计划，通过量化宽松向银行系统注入6 000亿美元，尽管经济已经开始再次增长，但失业率仍然很高，而且经济学家知道，失业率到2010年底仍将居高不下。美联储领导层认为有必要对此采取一些措施，随着经济复苏可以放宽条件，这被认为是一种可以在需要时逆转的保险政策。

11月3日，这一主张被提交给联邦公开市场委员会。伯南克点名，现在轮到霍尼格投票了。

第六章　货币炸弹（2010—2012 年）

"恕我直言，不同意。"

投完票[1]，托马斯·霍尼格在联邦公开市场委员会会议结束时完成了所有手续。会议结束后，委员会成员和工作人员一边礼貌地交谈着，一边走出走廊，走向电梯。霍尼格的车在楼下等着他，他搭上了去堪萨斯城的航班。回到了密苏里州，从机场开车到霍尼格的家大约需要 45 分钟，这是一座庄严的红砖都铎式建筑，坐落在历史悠久的布鲁克赛德社区一条绿树成荫的大道上。辛西娅知道她的丈夫什么时候处于极度压力之下，因为那时他会变得非常安静。2010 年，当霍尼格参加完联邦公开市场委员会的会议回到家时，他就表现得很安静。他回到了书房并关上了门。霍尼格不能谈论华盛顿发生的事情，因为联邦公开市场委员会的会议内容是保密的。但是辛西娅会在媒体上看到有关否决行动的消息，因为最终的投票结果已经公诸于世。

"我可以看出，不得不这样做让他的身体有些疲惫。谁不希望在事情上达成普遍共识呢？"辛西娅说。很久之后，辛西娅和霍尼格参加了一次社交活动，她无意中听到他向一位同事描述了作为唯一持不同政见者的感受。他说："这是你所经历过的最令人畏惧的事情。坐在一个房间里，你的投票结果出来了，你说了'不'。他说你永远不能掉以轻心。"

霍尼格知道，他的投票实际上不会改变任何事情。联邦公开市场委员会甚至在会议开始前就几乎决定采取量化宽松政策。他投出反对票是因为他觉得这是他的责任。但这么做还有另外一个原因，那就是他在向美国公众传递一个信息。他的投票是一个信号，表明人们实际上会对美联储即将采取的行动持不同意见。此前曾有过关于量化宽松的争论，至少有一个人认为量化宽松的风险太高，而且无法证明其合理性。

非常不幸的是，霍尼格的信息只能通过一种方式传达给公众——有线电视新闻节目、报纸文章、金融通讯社和越来越受欢迎的党派网站等美国媒体生态系统。这种媒体体系在2010年出现了断裂和退化，反映并加速了美国民主制度的衰败。这就是量化宽松和零利率是这十年来最重要的经济政策，同时也是最少被讨论的话题之一的主要原因。

只有一小部分保守派人士困扰于美联储的政策[2]，而其他所有人几乎完全忽视了这些政策。多年之后，一位名叫卡罗拉·宾德的经济学家利用一个包含30多万条新闻报道的数据库，分析了2007—2011年媒体对美联储和量化宽松政策的报道。分析结果显示，美联储的政策几乎没有成为新闻。例如，美国总统巴拉克·奥巴马是所有新闻报道中8%的主要新闻人物。本·伯南克在0.13%的新闻报道中成为主要新闻人物。只有在有某种现成的新闻发布会召开时，美联储才会被报道，比如伯南克在国会做证。联邦公开市场委员会会议几乎从未被报道过。唯一定期报道美联储的媒体是专业的金融新闻服务机构，如彭博新闻社。该机构会派记者去报道美联储的一些次要活动，比如地区联邦储备银行行长的演讲。但他们的报道往往集中在一件事上：美联储即将采取什么行动，以及它将如何影响市场。这些报道是写给华尔街交易员看的，而且几乎不用英语，这些内容并没有渗透到更广泛的讨论中。宾德说："我可以说，大多数人根本不知道量化宽松政策是什么。"

就在霍尼格发表反对意见的当晚[3]，《福克斯新闻》播出了一个关于量化宽松政策的片段，持续时间超过 14 分钟，以电视新闻的标准来看，这是一个永恒的片段。它的影响将是不成比例的，因为大约 47% 的美国保守派人士的主要新闻来源都是福克斯。美国的自由派则没有相应的网络，他们将注意力分散在国家公共广播电台、CNN（美国有线电视新闻网）、《纽约时报》和 MSNBC（微软全国广播公司）等媒体。福克斯关于量化宽松的黄金时段节目触达了数百万观众。它是由该电视网最受欢迎的人物之一，前电台节目主持人格伦·贝克主持。他对美联储的理解就像一个嗑了药的人坐在汽车旅馆的房间里，试图透过墙壁偷听隔壁房间的人谈论中央银行。他有时会说一些与事实相近的话，但他最终让观众对美联储的了解远不如他开始讲话时那么多。

贝克最喜欢穿的电视出镜服装是一套皱巴巴的西装和一双网球鞋。他的厚框眼镜和平头让人想起 20 世纪 60 年代初的高中社会研究老师。观众对他的信任几乎达到了宗教虔诚的程度。贝克是茶党运动的主力军，他的专长是描述广泛而恶毒的阴谋。11 月 3 日晚上，贝克在黑板上潦草地写下了一串长长的数字：600 000 000 000。这代表了美联储刚刚宣布将购买的债券的价值。贝克说："这就是他们所说的量化宽松。"然后他走到一块新的黑板前，黑板上画着一幅令人困惑的流程图，上面有一系列卡通化的大箭头，似乎表示美联储新计划背后的资金流动、影响力或类似的东西。令人困惑的是，整件事始于有组织的劳工活动，描绘的是一个戴着保龄球帽的工会老板，嘴里叼着一支雪茄。从那时起，事情变得更加奇怪，也越来越不准确。流程图上的最后一幅漫画展示了一群戴着大礼帽的银行家，此时，贝克发表了他最后的、推向高潮的爆料。

"我还以为我们讨厌银行家，对吧？不，不，不。这实际上是美联储。"他说道，并逐渐变得兴奋起来，大声说出了自己的想法，"美联储是什么？别担心，他们只是一群大银行家而已，你知道的，就是诸如高盛这类的。我们真的不确定，因为他们不允许我们查看。哦，这听起来很真实！所以你去找银行家，银行家说：'别担心！我们要去财政部印更多的钞票，我们会印更多的钞票。然后我们会从印刷机上把这些钱拿出来，买你们的债券。'"贝克总结道："你知道这会把我们带到哪里吗？身无分文！"这个说法的大部分内容是错误的。美联储不是由一群大银行家组成的，它不依赖财政部印钞；量化宽松政策不会让美国破产，而是恰恰相反，会向金融体系注入数万亿美元的新资金。贝克唯一做对的重要事情是，指出量化宽松会伤害那些存钱的人。但总的来说，他的演讲是一场重大的悲剧。他的广播内容帮助制定了保守派在 2010 年关心的议程。

保守派对美联储的关心远远超过了自由派。11 月 3 日，量化宽松成为保守派媒体"德拉吉报道"网站的头条新闻，上面用红色大字写着："新的大泵。"相比之下，自由派的《赫芬顿邮报》在量化宽松政策宣布后的几天里，似乎没有在其主页上发表过任何有关量化宽松政策的报道。但保守派媒体以一种特殊的方式报道了量化宽松政策——深切关注价格通货膨胀。报道的重点是该计划可能会使美元贬值，这听起来有点儿不爱国，好像它削弱了这个国家。格伦·贝克在他的长篇演讲中反复提到恶性通货膨胀的威胁。"这将是魏玛共和国的时刻。"贝克说，他指的是纳粹党崛起前困扰德国的恶性通货膨胀。

事实上，美联储是在试图让美元贬值。[4] 达拉斯联邦储备银行行长理查德·费舍尔在联邦公开市场委员会的内部辩论中指出了这一点。"主席先生，正如您昨天概述的那样，另一个预期的好处是让美元贬值，以刺激对我们出口产品的需求，我认为我们永远不应该公开说出这一点。"费舍尔说。在联邦公开市场委员会内部，人们并不认为美元贬值都是坏事。它使美国产品在海外更便宜，这可能会刺激出口并创造就业机会。但对美联储持保守批评态度的人士认为，货币贬值近乎叛国。保守派作家詹姆斯·里卡兹在 2011 年出版了一本名为《货币战争》的书。里卡兹曾是对冲基金长期资本管理公司的律师，当 20 世纪 90 年代末经济崩溃时，长期资本管理公司几乎摧毁了金融体系。他的书将对贬值的担忧推向了最极端的结论，警告称，这将导致俄罗斯等国共同协调努力，抛售美国债务，让本国货币贬值，并破坏美国经济的稳定。《货币战争》的成功催生了里卡兹的一系列书，这些书的封面和标题风格都很类似，比如《反收割》《后果》《货币死亡》。

这些书和其他保守派的报道，有助于抑制对美联储和量化宽松的批评，因为批评该计划的人看起来像是右翼怪人。像里卡兹这样的人预测了最具灾难性的可能结果，比如恶性通货膨胀，但这些结果在接下来的十年里从未发生过。美联储的行动确实迫使其他国家的央行跟随它的脚步，通过自己的量化宽松计划印更多的钱，但这很难说是一场货币战争。而且，就像过去十年的情况一样，价格通货膨胀从未上升到严重水平，更不用说恶性通货膨胀了。保守派的极端观点很容易被驳回。这些论点将霍尼格的反对意见卷入其中。这就是霍尼格在接下来的几年里一直反对量化宽松的原因，它会导致价格通货膨胀或恶性通货膨胀。对价格通货膨胀的关注使得量化宽松的支持者每年都能宣布，物价没有大幅上涨就是一种胜利。

本·伯南克帮助巩固了这种说法。[5]

在 11 月 3 日投票后不久，伯南克出现在《60 分钟》节目中。这是伯南克第二次在该节目中亮相。他在前一年接受了一次很长的采访，其中一段是在伯南克的家乡南卡罗来纳州的狄龙县拍摄的。他和《60分钟》的主持人斯科特·佩利坐在伯南克祖父曾经经营的药店外面的一张长凳上。"我来自这条街，这就是我的背景。"伯南克说。

2010年，伯南克为美联储正在进行的史无前例的试验进行辩护。佩利准确地概述了量化宽松将如何发挥作用，但当他问伯南克该计划可能存在的负面影响时，佩利只关注了一件事：价格通货膨胀。"对伯南克领导下的美联储的批评者说这6 000亿美元，再加上压低的利率，可能会使正在复苏的经济过热，导致价格上涨失控。"佩利说。这明确定义了向伯南克发出质疑的界限，极大地缩小了霍尼格、理查德·费舍尔、查尔斯·普洛瑟和凯文·沃什在联邦公开市场委员会会议上提出的真正批评的性质。伯南克没有纠正这种误解。

"嗯，我认为这种对通货膨胀的恐惧被夸大了。我们已经非常、非常仔细地研究过，并从各个方面进行了分析。"伯南克说。然后伯南克说了一些话，误导了人们多年来对量化宽松的理解。他说："一个流传甚广的说法是，我们正在做的是印钞票。我们没有印钱，流通中的货币量没有变化，货币供应没有发生任何重大变化。"

这种说法从根本上来说是不真实的。货币供应量已经发生了重大变化，并且永远不会回到11月3日的高水平。最了解这一事实的是像霍尼格和伯南克这样的人，他们了解美联储的权力机制是如何实际运作的，也了解美联储在联邦公开市场委员会投票后实际开始做什么，还了解美联储在联邦公开市场委员会投票之后的实际行动。

从2010年11月4日开始，美国金融体系围绕一个位于曼哈顿下城自由街33号的中心枢纽展开[6]，这是纽约联邦储备银行的地址，量化宽松政策的新时代将从这里开始。

纽约联邦储备银行聘用了一批金融交易员，他们通常很早就到公司上班，有时天还没亮就到了，以为9：05举行的例行晨会做准备。

交易大厅安静而祥和，低低的交谈声和键盘敲击声不绝于耳。长长的隔间里坐满了分析师，以年轻人居多，牛仔裤并不少见。隔间的装饰与各地的办公小隔间如出一辙，摆放着一些小的个人用品，以此努力克服无趣的一成不变。一面墙上贴着鲜红的罗格斯校旗，另一面墙上贴着家人的照片。窗台上的植物在微弱的光线下挣扎求生。这里在许多方面都与曼哈顿下城的其他交易大厅相似，但美联储的交易员拥有特殊的权力。他们的第一项权力是能够获得令大银行羡慕不已的信息。由于每家银行都在美联储内部开设了准备金账户，美联储的交易员可以看到每家银行在准备金账户里存了多少钱。美联储还可以监控银行之间的隔夜贷款，因为这些贷款是通过美联储自己的交易系统发放的。这些私人信息再与彭博终端等场外数据服务相结合，使美联储交易员对美国银行系统有了全方位的了解。这种知识会与美联储交易员享有的第二种影响深远的权力相结合。他们是世界上唯一可以通过创造新的美元来购买东西的交易员。这是美联储有能力影响经济和银行系统的基础。

  人们常说联邦公开市场委员会"设定"短期利率，在某种程度上确实如此。联邦公开市场委员会为短期利率设定了目标。正是纽约联邦储备银行的交易员让这一目标成为现实。几十年来，他们以恰到好处的数量来买卖证券，使资金成本达到联邦公开市场委员会所希望的水平。如果联邦公开市场委员会希望利率下降，那么纽约的交易员就会用新发行的美元购买国债。这样做的效果是将国债吸进美联储，并反过来推出新的美元。这意味着有更多的美元可供流通，从而降低了借贷成本，也就是说它降低了货币的短期利率。当联邦公开市场委员会希望利率上升时，交易员就反其道而行之，卖出国债，在此过程中吸收现金，使资金更加稀缺，因此借贷成本更高，表现为更高的利率。纽约联邦储备银行的交易团队以如钢琴调音师般的技巧和专业知识做到了这一点，设法将货币供应量保持在适度从紧的水平，以实现联邦公开市场委员会要求的利率。与美国的许多基础设施不同，美联储影响金融市场的体系是崭新的，并得到了精心维护。它的力量和影响范围令人叹为观止。

美联储将在 11 月 4 日启动第二轮量化宽松政策时，把这一机制投入新的用途。现在美联储不只是试图控制短期利率，它还试图刺激整个美国经济。这个程序是在交易大厅一角一个小得惊人的房间里进行的，美联储交易员在这里买卖东西，以控制货币供应。在约定的时间（有时是一周两次），美联储交易员走进房间，关上了身后的门。他们坐在一个终端前，进入美联储的专有交易系统——联邦交易系统。几十年来，美联储几乎每天都在使用这个系统，从世界上最排外的金融机构手中买卖短期证券。大约有 24 家一级交易商拥有直接与美联储做生意的特权，包括高盛、摩根大通、花旗集团和瑞士信贷等大银行和投资机构，以及野村国际证券和坎托·菲茨杰拉德等较小的交易商。

在交易终端上，美联储交易员对一种特定的资产（长期国债或抵押贷款支持证券）发出报价，然后等待着哪个一级交易商愿意以最好的价格出售。美联储总是为其拍卖吸引竞标，原因很简单：它是世界上最强大的买家。它可以简单地创造出完成交易所需的资金。当美联储和摩根大通就价格达成一致，比如 100 亿美元的国债时，摩根大通的交易员就会把国债交给美联储。就在这一刻，美联储交易员在计算机终端上按几下键，就为交易创造了货币。当摩根大通的交易员检查该行在美联储的准备金账户余额时，似乎已经有 100 亿美元为这笔交易提供了资金，这就是美联储在华尔街创造货币的方式。它吸收了一项资产，并通过在一级交易商的准备金账户中创造新的美元来支付这笔交易。

从 11 月开始，美联储的交易员一遍又一遍地做着这样的交易，直到他们在华尔街的准备金账户中创造了数千亿美元。在这个过程中还有一个更重要的部分需要理解。一级交易商不只是出售它们手头碰巧持有的国债和抵押债券。如果是这样的话，美联储可以向银行系统注入的资金就会受到限制（即使是一级交易商，它们手头上的此类资产也是有限的）。相反，美联储建立了某种传送带，利用一级交易商作为中间人。传送带始于美联储之外，从非一级交易商的对冲基金开始。这些对冲基金可以从大银行借钱，购买国债，然后让一级交易商将这些国债卖给美联储，以换取新的现金。通过这种方式，对冲基金可以借入并购买数十亿美元的债券，并将其出售给美联储以获取利润。一旦传送带启动并运行，它就开始神奇地将债券转化为现金。这些现金并不是静止在一级交易商的准备金账户中，而是开始流入银行系统，寻找一个合适的去处。

这些资金通过改变已经持有大量资金的个人和机构的行为来改变世界。量化宽松创造的每一美元都会给已经存在的美元带来压力，就像水被倒进了已经满溢的水池一样。美联储已经将短期利率维持在零水平，这一事实加剧了这种压力。美联储本质上是在强迫对冲基金、银行和私募股权公司创造债务，并以风险更高的方式运作。这一战略就像一场军事上的钳形攻势，从两个方向包围对手：一个方向是这些新的资金，另一个方向是用低利率惩罚那些存钱的人。华尔街人士为这一策略起了一个名字——零利率政策（zero interest rate policy，ZIRP）。经济学家从利率的角度谈论零利率政策，但在华尔街，人们对新货币和低利率的综合作用有着更深层次的认识。对冲基金和投资者可以看到零利率政策是如何重塑世界的，因为他们是代表零利率政策做这件事的人。

为了理解零利率政策的影响[7]，我们有必要从一个贪婪的对冲基金经理的角度来思考整个事情。这位对冲基金经理不得不在零利率政策创造的世界里谋生。他可能参与了债务转现金的传送带，向美联储出售了美国国债，获利100万美元（100万美元债券的利润对对冲基金的所有者来说小得不切实际，但在这种情况下，整数是有帮助的）。

当这 100 万美元进入对冲基金经理的账户时，他首先要考虑的是现行利率。利率为他提供了一个观察其他一切的镜头，因为利率是他什么都不做就能靠 100 万美元而得到的收益。如果长期美国国债的利率是 4%，那么对冲基金的所有者把钱投资于美国国债，每年就可以赚 4 万美元，这基本上没有风险。

许多人会去拜访这位对冲基金经理，以说服他不要把钱放在美国国债上，而是把钱投到这位特定访客恰好推广的其他投资项目上。这些人中有来自得克萨斯州的过分乐观的石油高管，正在为钻探水力压裂井筹集资金；有来自迈阿密的商业房地产开发商，正在计划建造新的豪华公寓。有一些股票投资组合经理如此频繁地使用"多元化"这个词，以至于它听起来像一个神圣的咒语。这些人在会议室里走来走去，展示他们的幻灯片，他们头上总是挂着一把利剑，这把利剑就是 4% 的利率。他们需要非常有说服力的理由，证明自己的项目无论是什么都会产生高于 4% 的利润，这是十年期美国国债的无风险回报。这是维持了几十年的情况，但 2010 年后就不再是这样了。

多年以来，短期利率一直维持在零水平，这意味着其他利率也处于历史低位。量化宽松以一种有意的、战略性的方式强化了这一效应。量化宽松计划的主要目标是确保储蓄的长期收益逐月下降。纽约联邦储备银行的交易员通过购买某些美国国债，即较长期债券，如十年期美国国债，实现了这一效果。这是新鲜事。美联储早些年通过只购买短期国债来控制货币供应。美联储之所以购买长期债券，是因为这样做就像关闭了华尔街投资者可以存放资金的一个保险箱。在 2007 年的金融危机之前，投资十年期美国国债的回报率为 5%。到 2011 年秋季，美联储将其回报率降至 2% 左右。[8] 零利率政策的总体效果是创造了一股现金潮，并疯狂地寻找新的投资场所。经济学家称这种动态为"追求收益"或"达到收益"，这个曾经晦涩难懂的术语后来成为描述美国经济的核心词。那些真正有钱的人，也就是拥有数十亿美元的人，开始寻找收益大于零的投资。

现在，当一位过于乐观的水力压裂领域的冒险者访问这家对冲基金时，他展示的幻灯片包括油井产能的数据，这些数据看起来可能有被夸大的风险。但这位对冲基金经理更有可能会想：有何不可呢？它总比零强。另一位迈阿密共管公寓开发商只谈到了对新单元需求的粗略预测，但在这个项目上碰运气仍然胜过零收益。还有一位衣着光鲜的投资组合经理，他正在推动看似贵得离谱的股票，与支撑公司的实际利润相比，这一投资的收益也超过了零。对收益的追求不仅给渴望风险的对冲基金经理带来了压力，它还给最保守、最富有的机构带来了压力，比如大型养老基金和保险公司。这些机构拥有巨额现金，它们依靠利息收入来维持偿付能力。当利率为 4% 时，养老基金可能只需持有 1 000 万美元的国债就能履行所有支付义务，因为这 1 000 万美元会定期支付利息。当利率被推到接近零的水平时，养老基金突然资不抵债，必须开始寻找新收益。现在，即使是养老基金也将认真审视水力压裂油井和豪华公寓开发项目。

这就是零利率政策导致资产价格上涨的原因。当人们追求收益时，他们会购买资产。这种增长的需求推高了公司债券、股票、房地产甚至艺术品的价格。资产价值通货膨胀并非量化宽松的意外后果，这就是目标。当时人们希望更高的资产价值可以创造一种"财富效应"，这种效应会渗透更广泛的经济领域，创造新的就业机会。美联储的高层领导人非常清楚，要实现财富效应，零利率政策必须首先让美国最富有的人受益。根据美联储的分析，这是因为美国人并没有普遍持有资产。2012 年初，最富有的 1% 的美国人拥有大约 25% 的总资产。底层一半的美国人只拥有全部资产的 6.5%。当美联储推高资产价格时，它是在帮助极少数处于社会顶层的人。

从这种安排中获益最多的人往往谈论得最少。似乎很少有对冲基金经营者急于抱怨零利率政策扩大了收入不平等，助长了投机性债务泡沫。事实上，华尔街有一条潜规则：内部知情人不会现身。如果一笔交易正在赢利，那么了解它的人就不会谈论它，因为这样做可能会吸引一群人，并增加交易本身的风险。因此，围绕量化宽松政策的公开言论仍然由通货膨胀末日论者主导，他们只关注从未实现的价格通货膨胀。像霍尼格这样的人提出的论点大多被忽视了。在2010年之后，他将不再负责在联邦公开市场委员会内部制定这些政策。

2011年初，65岁的霍尼格从堪萨斯城联邦储备银行退休了。[9]

当美国国家公共广播电台报道此事时，他们称他为"美联储持不同政见者托马斯·霍尼格"，他的名声已经固化了。1月，霍尼格在堪萨斯城向当地的一个商业团体发表了演讲，这基本上是他作为堪萨斯城联邦储备银行行长的告别演讲。他没有利用这个机会来强调自己反对量化宽松或零利率的论点。相反，他发表了一个简短的演讲，谈到了美联储内部异议的价值。他指出，联邦公开市场委员会的委员包括来自全美各地的成员，而不仅仅是由华盛顿任命的美联储理事会理事。"在这种结构中，关键是要记住，每个（联邦公开市场委员会）成员都有投票权，而不只是扮演顾问的角色，一个审议机构不会在决策最困难的时候，通过隐瞒异议来获得公信力。"霍尼格说。

霍尼格持不同意见，但他输了。货币试验现在正在进行中。

他说："就我而言，我认识到委员会中的多数人可能是正确的。事实上，我希望是这样的。但我是根据以往的经验、当前的数据和经济史得出自己的政策立场的。如果我不能通过投票表达自己的观点，我就没有对你们和委员会负责。"

从2010年11月到2011年6月[10]，美联储通过量化宽松政策向金融体系注入了6 000亿美元。2010年11月到2011年6月，美国的基础货币——只有美联储才能创造的新货币的核心池——总共增加了7 200亿美元。在大约7个月的时间里，美联储向银行系统注入的资金超过了2008年之前30年的总和。银行的现金储备比历史上任何时候都多。到了 2011 年夏天，银行系统的超额现金储备价值达到 1.6 万亿美元，是危机前水平的 800 倍。

起初，有令人欣喜的迹象表明，零利率政策可能会帮助更广泛的经济。在量化宽松结束后的几个月里，失业率开始缓慢而稳定地下降。

但随着时间的推移，伯南克和其他人所希望的更广泛的好处被证明是难以实现的。2010 年 11 月推出量化宽松政策时，失业率为 9.8%。当它在 2011 年夏天结束时，失业率仍为 9%。按照美联储的衡量标准，经济增长仍然乏力且不确定。为了获得这些微小的收益，美联储扭曲了金融体系，而这种扭曲是不容易消除的。

本·伯南克专注地推动采取更多措施。如果新一轮量化宽松政策只是略微奏效，那么另一轮规模更大的量化宽松政策可能会更好。如果在零利率政策的压力下，银行没有像美联储希望的那样放贷，那么零利率政策可能会加强。这就是伯南克在 2012 年夏天提出的做法。但这一次，伯南克将面临比 2010 年更多的反对。在 2012 年夏天的一次联邦公开市场委员会会议上，12 名联邦公开市场委员会成员中有 6 人对启动新一轮量化宽松表示怀疑。如果这些成员中有 3 人投票反对伯南克的计划，这将向世界表明，美联储对自身的政策并没有信心。伯南克努力工作以确保这种情况不会发生，他开始在联邦公开市场委员会内部进行政治活动，为自己扩大美联储的干预计划争取支持。

对伯南克最强烈的反对来自 3 位美联储委员[11]，他们开始联手减缓或阻碍他的计划。事实证明，其中一位委员是零利率政策的有力批评者，至少在联邦公开市场委员会的闭门会议上是这样。他的名字是杰罗姆·鲍威尔，2012 年由巴拉克·奥巴马任命，是美联储理事会中相对较新的成员。

鲍威尔提出了许多与霍尼格同样的担忧，但他是从不同的角度提出这些担忧。他的职业生涯是在私募股权交易领域度过的。他通过创造和出售高风险债务而变得富有。在加入美联储后，他开始指出这些债务对整体经济的风险有多大。

与霍尼格不同，鲍威尔的意见会被倾听。事实上，鲍威尔将上升到美联储内部的最高权力级别。在他升任美联储主席的那几年里，他对量化宽松可能变得多么危险发出了一些非常明确的警告。

第二部分

ZIRP 时代

第七章 量化泥潭（2012—2014年）

鲍威尔加入了世界上极为奇怪、极为与世隔绝的工作场所之一——美联储理事会。[1]美联储的理事在设备齐全的办公室里工作，这些办公室在埃克尔斯大厦里一条长长的走廊上排成一行，靠近宽敞华丽的理事会会议室。虽然在同一幢大楼的同一层工作，但理事们并不走进彼此的办公室寻求建议或分享想法，讨论是通过理事助理预约进行的。鲍威尔当理事时的邻居之一是伊丽莎白·杜克，她曾是银行高管，也是美国银行家协会主席。杜克说，她对美联储理事的孤立感感到震惊。"那是我做过的最孤独的工作。"她回忆说。

当时的社交气氛很紧张，但鲍威尔成功地融入了其中。这是他生活的主要技能之一。鲍威尔很有魅力，很聪明，甚至还很谦虚，带着一种无法掩饰的谦逊幽默。大家都叫他"杰"。他的职业生涯是在美国的权力走廊里度过的，在大政府机构和大财团之间来回穿梭。

当时鲍威尔身边都是很有权势的人，他知道该说什么、怎么说。他在华盛顿特区富裕的郊区长大，就读于乔治城大学法学院，然后在华尔街的投资界工作。在那之后，他在乔治·布什总统领导下的美国财政部担任高级职位，然后跳槽到一家非常强大的私募股权公司凯雷集团。凯雷集团实力超强，由一群权力巨大的华盛顿内部人士经营，以至于产生了许多阴谋论，比如只有美联储能超越它。离开凯雷集团之后，鲍威尔变得非常富有，并加入了华盛顿的一家智库。作为妥协协议的一部分，他被奥巴马提名为美联储委员。奥巴马还提名了一位自由派人士——哈佛大学教授杰里米·斯坦。

鲍威尔于 2012 年 5 月来到美联储，当时联邦公开市场委员会正进入紧张的辩论期。本·伯南克正在推动新一轮规模大得多的量化宽松，但他在委员会内部面临着前所未有的异议。那年夏天，联邦公开市场委员会的内部辩论显示出对伯南克计划的高度怀疑和彻底反对。在 7 月下旬的会议期间，大约一半有投票权的联邦公开市场委员成员表达了对量化宽松政策的担忧。伯南克开始努力反对这种不同意见，因为经济增长仍然疲软，失业率仍然很高，这时距离 2008 年金融危机已经过去了将近四年。由于房地产泡沫遗留下来的巨额债务，这种长期的疲软增长是完全可以预料的，但伯南克感受到了采取行动并将美联储保持在提振美国经济努力的中心的压力。为了实现这一目标，伯南克推动美联储使用曾经被认为是试验性的，甚至是激进的工具，但现在这些工具是美联储唯一可以支配的工具。

鲍威尔上任时，美联储已经使用了两种极为强大的工具。[2] 第一种是"前瞻性指引"，即美联储保证将利率保持在低位，鼓励更多的借贷和投机。2012 年 1 月，美联储曾暗示将在近三年的时间里保持零利率，这是对该指引的一次非同寻常的升级。第二种工具是"扭转操作"，这是一个类似量化宽松的债券购买计划，但两者有一个重要的区别。扭转操作并没有向银行系统注入更多现金，只是试图通过压低长期国债利率来鼓励更多放贷。[3] 美联储在 2011 年底推出了一项新的扭转操作，并于 2012 年延长了该项操作的时间。

随着夏季的到来，伯南克需要更多的东西。他求助于最后一个、最强大，也是最具争议的工具：量化宽松。伯南克开始推动规模更大、持续时间更长的新一轮量化宽松，他辩称，新一轮量化宽松可能会实现上一轮未能实现的目标。量化宽松现在已成为一种正常的货币政策工具，甚至在美联储和华尔街有了自己的"昵称"，人们将其简称为 QE。但就在量化宽松正常化之际，联邦公开市场委员会内部对量化宽松的反对意见也在不断增加。伯南克面临来自美联储委员和多位地区联邦储备银行行长的阻力。这场愈演愈烈的争端给鲍威尔带来了压力，要求他迅速弄清楚自己的立场。联邦公开市场委员会在 7 月、8 月和 9 月的一系列投票中决定美联储和金融体系的未来走向。

鲍威尔开始与杜克密切合作[4]，后者是对量化宽松政策直言不讳的批评者。鲍威尔和杜克都是从私人银行和金融领域进入美联储的，所以他们对美联储如何影响对冲基金和银行的现实世界有着一定的敏感性和技术上的理解。似乎正是这种认识让他们对新一轮量化宽松持怀疑态度。杜克在联邦公开市场委员会的几次会议上反复有力地表达了自己的担忧。她担心，更多的量化宽松只会在金融体系中积累更多风险，而不会为实体经济提供多大帮助。她还对美联储似乎没有退出计划深感担忧。量化宽松很容易实施，但很难逆转。量化宽松规模越大，逆转量化宽松就越困难。两位地区联邦储备银行行长，即达拉斯的理查德·费舍尔和里士满的杰弗里·拉克尔强化了杜克的担忧。费舍尔认为量化宽松鼓励了高风险投机和资产泡沫。而拉克尔担心，更多的量化宽松将使美联储更难再次提高利率。

鲍威尔在这场辩论中有着巨大的影响力，因为他是美联储委员。

伯南克把精力集中在游说委员支持他的计划上，他想以一种安全的方式中和来自脾气暴躁的地区联邦储备银行行长的任何反对意见。杜克回忆说："这就是伯南克领导下的美联储的运作方式，没有任何一位委员提出异议……伯南克认为这是一件特别重要的事情，他说他不想出现异议。"

当伯南克游说美联储委员时[5]，游说针对的是一个特定的目标，就是让委员一致支持一种被称为"选项B"的方案。当联邦公开市场委员会成员召开正式会议时，他们通常会考虑三个政策选项，然后再就其中一个进行投票。这些选项被贴上"A"、"B"和"C"的标签，排列方式正好，对货币供给的影响从最热到最冷。选项A通常是最激进的，比如价值1.5万亿美元的一轮量化宽松，而选项C则非常保守，就像根本不实施量化宽松。选项B的结构总是恰到好处。伯南克利用会议间隙制订了一个B方案，既能让委员满意，又能保证他们在会议召开时投赞成票。杜克说："会议的目标始终是拿出备选方案B。"伯南克愿意接受地区联邦储备银行行长的一张反对票，但仅此而已。

在鲍威尔参加的第一次联邦公开市场委员会会议上[6]，他表现得老练且热情，他投了选项B。但鲍威尔也暗示，他的想法将更接近杜克的，而不是伯南克的。鲍威尔以一种后来成为习惯的方式开始了他的讲话，他谈到了自己在私人部门的朋友和联系人所说的话。他经常精确而严谨地审视自己的联系人。在一次会议上，像盖洛普民意调查一样，他按百分比分析了他们的回答。在5月的第一次会议上，鲍威尔表示，量化宽松应该作为一种备用工具，一种"作为未来防御武器"的工具。他暗示现在可能不需要这种武器。他的业内熟人说经济增长缓慢，但他不相信这种缓慢会持续到2013年。这一批评并不像会议期间反对量化宽松的其他批评那么尖锐，但这表明鲍威尔的支持不能被视为理所当然。

伯南克在会议间隙游说委员很容易，因为委员的办公室离他的办公室只有几步之遥。他像政治家一般游说他们，为自己的事业争取支持，并试图孤立可能阻碍他的反对者。联邦公开市场委员会的讨论是公开的，并会被记入史册，但伯南克的私人会议可不是这样，这使得人们可以畅所欲言。杜克非常喜欢这些会议，即使她不同意伯南克的观点。她是个很好的倾听者。当伯南克试图说服美联储委员时，她表现得恭敬而明智。她向委员展示自己的研究，并阅读他们提供的研究资料，作为回应她还会出乎意料地打电话给他们。他们互发电子邮件进行辩论，这个过程并不一定存在争议。杜克作为对象之一很享受这种交流方式。

杜克和她的同事对量化宽松并不买账。"每个人似乎都认为自己的福利在下降。"她回忆说。这些微小的好处伴随着巨大的风险。她说："人们担心的是，如何退出以及怎么停下来。"

伯南克游说的秘密武器之一是他的副主席、旧金山联邦储备银行前行长珍妮特·耶伦。[7] 耶伦是伯南克坚定而令人信服的代理人。她主张广泛扩大美联储的权力。杜克很早就与耶伦关系密切。她们在一次私人晚宴上交谈，并对身为美联储委员所面对的奇怪的孤独和压力表示同情。耶伦开玩笑说，她可能会在埃克尔斯大厦办公室里倒地而死，而在好几天内都没人发现她的尸体。耶伦在强调自己的观点时表现得很友好，甚至是愉快的，但她毫不含糊。

耶伦是无限制"量化宽松"最强烈的倡导者，杜克回忆道："珍妮特非常强硬、非常自信，在推广这一观点方面非常有力。"耶伦和伯南克都很有说服力，他们的论点基于一个简单的观点：面对不确定性，美联储不得不在采取行动方面犯错。伯南克向杜克和其他犹豫不决的联邦公开市场委员会成员推介了这一观点，如克利夫兰联邦储备银行行长桑德拉·皮亚纳托、亚特兰大联邦储备银行行长丹尼斯·洛克哈特和明尼阿波利斯联邦储备银行行长纳拉亚纳·柯薛拉科塔。

所有这些游说意味着，当地区联邦储备银行行长前往华盛顿投票时，关键的政策决策基本上已经完成。地区联邦储备银行行长似乎意识到了这一点，他们调整了自己的批评，以免影响未来的投票，或者为可能想要打破常规的美联储委员提供掩护。达拉斯联邦储备银行行长理查德·费舍尔在这方面已经驾轻就熟。在 7 月下旬的联邦公开市场委员会会议上，他发表了一篇慷慨激昂的长篇演讲，反对伯南克推行越来越深入的干预政策。费舍尔不仅就美联储零利率政策的哲学价值进行了辩论。他还提出了一个具体、详细的案例研究，说明这些政策已经在经济中造成了危险的扭曲。

费舍尔说，他最近与德州仪器的首席财务官进行了交谈[8]，后者解释了公司在零利率政策时代是如何管理资金的。该公司刚刚借了 15 亿美元的低息贷款，但他不打算用这笔钱建厂、投资研究或雇用工人。相反，该公司用这笔钱回购了自己的股票。这是有道理的，因为股票的股息为 2.5%，而债务的借贷成本仅为 0.45% ~ 1.6%。这是一项精心策划的金融工程，增加了公司的债务，推高了股价，并给股东带来了可观的回报。费舍尔通过讲述他与首席财务官的谈话内容，把这一点讲得很清楚。"他允许我转述他的原话——我不会用它来创造一个工作岗位。"费舍尔说，"我认为这就是问题所在。我们的工作假设是，降低资本成本和提供廉价资金，可以鼓励企业提高杠杆率，并利用这种杠杆率扩大（资本投资）和创造就业，这是我们使命的一部分。我不相信会发生这种事。"

费舍尔具体描述了零利率政策是如何在没有创造一个就业机会的情况下，在经济中积累系统性风险的。伯南克很少直接回应这类声明，但这一次他破例了。

伯南克说："谢谢，费舍尔行长，我知道在座的各位都非常重视坊间传闻，而且往往功不可没。但我确实想提醒大家，不要过分看重那些没有受过经济学训练的私人部门人士的宏观经济观点。"

伯南克的这番言论似乎给费舍尔造成了联邦公开市场委员会文化中最具羞辱性的伤害。他暴露了费舍尔的不谙世事。费舍尔和德州仪器首席财务官都没有获得经济学博士学位。这让他们在理解量化宽松等计划的效果时处于所谓的劣势。美联储的领导层有时表现得好像只有美联储的训练有素的经济学家大军，包括美联储主席，才能理解美联储行动的设计和效果。经济学家的隐含优势在美联储是一种非常真实的力量，在每次联邦公开市场委员会会议上都会得到展示，比如受过博士培训的工作人员就手头的政策选择发表冗长而详细的演讲。美联储历史学家彼得·孔蒂·布朗展示了这种优势是如何帮助伯南克及其他美联储训练有素的经济学家巩固手中权力的。孔蒂·布朗在2017年出版的《美联储的权力与独立性》一书中写道："根据一位美联储前委员的说法，如果没有经济学博士学位，'美联储的工作人员在技术上就能把你耍得团团转'。"这种力量也是针对鲍威尔和杜克这样的批评者的，他们来自银行界，而不是学术界。

在7月的会议上[9]，鲍威尔采取了审慎的做法。他坦率地承认，量化宽松将首先通过推高资产价格来刺激经济增长。鲍威尔说："我怀疑我们现在所使用的主要是资产价格渠道，它可能根本不像我们的模型所说的那样有效。"他继续指出，量化宽松正在给经济带来风险，但这些风险可能是可控的。不过，他认为没有必要再推出新一轮量化宽松。他说："对我而言，新一轮大规模LSAP的门槛很高，但尚未达到。"LSAP是QE的另一种缩写（LSAP代表"大规模资产购买"，美联储的人将其与QE互换使用）。

伯南克确实认为已经达到了实施标准，但到7月底，他仍然无法推动联邦公开市场委员会同意自己的观点。那次会议批准的B方案是一份不温不火的声明，没有承诺进行新一轮量化宽松。在8月下旬，伯南克有机会改变这种局面，当时他受邀在著名的度假胜地杰克逊霍尔发表演讲。他在2010年曾利用这一场合为量化宽松政策争取支持，现在他会再来一次。

当精英经济学家和央行行长抵达杰克逊霍尔时，那里的天气非常好[10]，伯南克的演讲被视为重头戏。但是，伯南克有理由感到沮丧。与会者对伯南克推出更多量化宽松政策的态度并不比联邦公开市场委员会的成员更友好。即使在杰克逊霍尔，人们对美联储的所作所为也有很大争议。一些经济学家认为，量化宽松甚至没有实现降低长期利率的主要目标。另一些人则认为，量化宽松已经实现了这一目标，但并没有为经济带来任何有意义的收益。面色阴沉、颇具影响力的哈佛大学经济学家马丁·费尔德斯坦在杰克逊霍尔的大部分时间都在四处走动，向所有愿意倾听的媒体唱衰伯南克的政策。由于费尔德斯坦是共和党总统候选人米特·罗姆尼的顾问，因此各家媒体都想听听他的观点。在接受《福克斯商业》采访时，费尔德斯坦说，美国经济已经深陷泥潭，但他指出，低利率和廉价贷款对于解决困扰美国的真正问题无济于事。费尔德斯坦在接受《华尔街日报》采访时说得更直接："我不认为美联储能做什么，美联储已经到了再来一轮量化宽松政策就是个错误的地步。"

  伯南克那年的演讲是对美联储自 2008 年以来行动的评估。[11] 演讲有一个中性的标题：自危机爆发以来的货币政策。伯南克声称要权衡量化宽松、前瞻性指引和扭转操作等政策的收益和成本。他似乎非常谨慎，不使用大众化的说法，也不以任何没有经济学高级学位的人可能误解的方式来谈论美联储正在做的事情。伯南克在描述量化宽松对市场的影响时说："人们认为量化宽松影响经济的一种机制是所谓的投资组合平衡渠道……这一渠道背后的关键前提是，出于各种原因、不同类别的金融资产并不是投资者投资组合中的完美替代品。"

  伯南克非常有深度的演讲概述了量化宽松的潜在优势与劣势。正是因为量化宽松的收益和成本太难衡量了，这种方法帮助他为量化宽松赢得了更多的支持。一位经济学家的资产泡沫是另一位经济学家的健康市场。他的演讲在这个模棱两可的领域中蜿蜒前行，直到伯南克说出了一句真正打动市场的话。他表示："但总体而言，对证据的平衡解读支持这样的结论，即央行购买证券为经济复苏提供了有意义的支持，同时也逐渐化解了通货紧缩风险。"

这是《华尔街日报》头条关于杰克逊霍尔会议的报道。伯南克说的是量化宽松奏效了。他还表示，美联储将"不排除进一步使用此类政策的可能性"。这向华尔街发出了一个明确的信号，交易员试图套上他们的马，准备策马扬鞭了。

伯南克的讲话压倒了联邦公开市场委员会内部表现出的深刻分歧，加剧了所谓的"公告"效应。当美联储采取新行动的暗示改变了投资者的预期，进而导致市场价格开始变化时，就会发生这种情况。伯南克曾在 2010 年受益于这种效应，当时他助长了人们对新一轮量化宽松即将到来的预期，导致一些股票和债券价格上涨。这意味着，不启动新一轮量化宽松将导致价格下跌，从而给任何可能投反对票的联邦公开市场委员会成员带来沉重负担。

伯南克不仅慢慢地将联邦公开市场委员会压缩到一系列狭窄的选择之中，还通过指出国内外两个非常大的经济威胁来为自己的所作所为辩解，他认为这些能证明他的计划是正确的。国外的威胁来自欧洲，而美国国内的威胁则来自国会。

2008 年的金融危机在欧洲从未真正结束[12]，欧洲的债务负担简直令人震惊。在 2008 年之前，只有三家欧洲银行背负了如此多的债务，它们的资产负债表规模占全球 GDP 的 17%。欧洲经济多年来处于停滞状态，欧洲银行和政府的债务都是美元债务，但是欧洲央行不能像美联储那样创造更多美元来救助它们。美联储一直在努力止血，延长向欧洲注入大量美元的"互换额度"，但所能做的就只有这么多了。到了 2012 年，欧洲面临进入"厄运循环"的风险，政府贷款失败将损害银行，进而使其遭受巨额损失，拖累经济增长，从而使各国政府更难偿还进一步的债务。这一如既往地会威胁到美国经济，因为欧洲的大规模经济低迷将减少对美国商品的需求。

第二个威胁是国内威胁，这甚至更加紧迫。茶党运动实际上已经使国会失去了作用。在茶党领导人看来，唯一可以接受的公共政策计划是减税、削减政府支出和减少政府监管。2011年夏天，茶党将其运动推向了新的领域，他们威胁称，如果奥巴马政府和民主党控制的参议院不采纳茶党的政策，就会拖欠联邦政府的债务。这场斗争的焦点是例行投票（曾经用于支付政府账单），即所谓的"提高债务上限"投票。这个术语具有误导性，投票并不是为了增加整体支出和债务，而只是为政府已经承诺的支出提供资金。这种细微差别对茶党来说毫无意义，因为他们不会投票支持支付资金。标准普尔下调了美国政府债券的评级，这一资产曾被认为是一种无风险的押注。债务违约在美国历史上尚属首次。只有当白宫和茶党达成非常奇怪的妥协时，这场灾难才得以避免。国会同意支付账单，但前提是联邦预算中安装了"定时炸弹"，这个"定时炸弹"是一系列自动削减开支的举措，这些措施如此严厉且不负责任，以至于许多共和党人都无法忍受。当时的理论是，削减开支的疯狂程度将迫使国会和白宫在债务引爆之日之前达成一项新的、更好的妥协。这个日期恰好被定在2013年1月1日。伯南克把即将到来的总额约为5 000亿美元的预算削减称为"财政悬崖"。这些预算削减相当于美国全部经济增长总量的3%或4%。经济学家担心这样的削减措施会使美国立即陷入经济衰退。

  面对这些危险，伯南克认为美联储需要有采取行动的勇气。他正在帮助确保联邦公开市场委员会别无选择，只能采取行动。在杰克逊霍尔演讲结束后的几天里，公众开始更加坚定地认为，更多的量化宽松政策即将到来。华尔街交易员开始将注意力集中在美联储9月的下一次会议上，他们预计届时美联储将宣布量化宽松政策。

  在此之前，这项措施需要得到联邦公开市场委员会的通过，最好是不超过一张反对票。之前伯南克在公开场合使用密集的经济语言来宣传量化宽松。现在，他的团队将在内部对联邦公开市场委员会使用同样的方法。美联储的经济学家已经在准备一份充斥着数字和图表的报告，以在下一次会议上发表。该报告讲述了一个关于量化宽松的故事，这个故事充满希望，但也几乎是完全错误的。

9月12日，联邦公开市场委员会成员齐聚华盛顿，召开例行政策会议。[13]伯南克已经为新一轮量化宽松政策做好了准备，但新计划的范围和形式仍不明朗。伯南克和耶伦正在推动一个开放式计划。选项B的早期版本在经过精心打磨后，要求一个没有确定结束日期的量化宽松计划。该计划的开放式本质是对那些反对者的妥协。当时的想法是，如果该计划被证明是不必要的，美联储可以重新调整甚至终止该计划。

会场内弥漫着一种不可避免的气氛。伯南克在杰克逊霍尔的演讲让华尔街产生了第二天就会宣布新一轮量化宽松政策的预期。但对于联邦公开市场委员会来说，基于这种不可避免的感觉就进行投票是不够的。设立该委员会的全部理由就是让其成员在冷静辩论后就政策进行投票。会议以两位美联储经济学家的长篇陈述开场，这似乎是为了消除人们对新一轮政策的疑虑。研究报告的框架是以科学严谨的方式预测新一轮量化宽松政策可能产生的效果，以及持续多长时间。它使用了严谨的学术语言，充满了精确的测量和图表。尽管这份报告详尽无遗，但它所做的几乎所有重要预测都出现了灾难性的错误。令人震惊的是，这些严重错误都指向同一个方向，而这个方向将有助于伯南克推动他的论点。

该报告由赛斯·卡彭特和米歇尔·埃泽尔撰写。[14]卡彭特向联邦公开市场委员会介绍了他们的研究成果。他是一位相对年轻的经济学家，但普林斯顿大学博士学位和多年美联储研究员的工作经历使他对复杂问题有很强的驾驭能力。他的举止和使用的措辞都表明他具有专业知识和冷静处事的能力。他使用的专业术语麻木得惊人，正如他在演讲开始时指出的那样："研究人员的分析是从一个期限结构模型开始的，该模型将国债和MBS（抵押支持证券）的供应因素作为收益率曲线的决定因素。"

尽管有专业术语，但报告要点很简单。该预测估计短期利率将保持不变。

2013年和2014年，随着新一轮量化宽松的推出，利率一直为零。但该预测预估利率将再次开始攀升，一直上升到2017年前后达到历史正常水平。到2018年前后，情况将完全恢复正常，届时短期利率将回到约4.5%或更高水平。

这是一种神奇的想法。实际上，直到2016年底，联邦基金利率一直保持在0.4%。2018年年中，这一利率仅上升至不到2%，即预测增长率的一半。

同样的错误模式也适用于其他关键指标，比如30年期住房贷款的平均利率。根据预测，这一比例一开始会下降，但随后会稳步上升，2020年时利率将在6%以上。但在现实当中，住房贷款利率在2013年上升，随后停滞不前，并稳步下降，直到2015年达到3.6%。这一增长率从未达到预测的6%，到2020年初仅为3.5%。

最严重的错误与美联储的资产负债表有关，反映了美联储将购买多少债券，反过来，这也反映出美联储将向金融体系注入多少新美元。卡彭特和埃泽尔关注的是纽约联邦储备银行交易员使用的账户的价值。据美联储预计，其持有的美国国债将在2013年迅速扩大，然后在美联储完成债券购买后稳定在3.5万亿美元左右。在那之后，随着美联储出售其购买的所有资产，资产负债表规模将开始逐渐萎缩，到2019年将降至2万亿美元以下。

在现实中，美联储账户中的资产价值暴增的速度和规模远远超出了美联储的预期，到2016年达到4.2万亿美元。直到2018年2月，该账户一直保持在这个高水平，几乎没有变化。换句话说，SOMA（系统公开市场账户）规模大约增加了一倍，它从未以美联储预测的方式缩水。

卡彭特的报告最后存在一个重要的错误。它假设价格通货膨胀率在2012年将下降，但随后又开始上升，并在2015年趋于平稳，徘徊在2%左右，这恰好是美联储政策的目标水平，但这种情况从来没有发生过。在2012—2020年的大部分时间里，通货膨胀率都低于美联储2%的目标。到2019年12月，这一比率仍为1.9%。

最后一个错误带来了影响深远的后果。价格通货膨胀率基本上是零利率政策的唯一外部调节手段。如果消费者价格指数开始上涨，那么美联储将面临提高利率、取消量化宽松政策的外部压力。但如果这种情况没有发生，美联储将把利率维持在零，并继续购买债券。

卡彭特在演讲中加入了告诫和警告。他试图解释说，预测只是有根据的猜测。预测是基于理论模型，而这些模型是基于对世界运行方式的某些假设。他在演讲结束后说："但是，为了获得这些效果，需要将模型进行层层叠加。"

多年之后，当被问及这次演讲时，赛斯·卡彭特几乎有点儿不好意思。"我当然会因此被嘲笑。"他笑着说。美联储错误的原因是系统性的，这表明了美联储是如何利用其无与伦比的研究能力的。在试图弄清未来时，卡彭特依赖于一种名为FRB/US模型的宏观经济模型。该模型假设，随着时间的推移，经济状况将恢复到历史正常状态。利率、通货膨胀率和失业率都将倾向于回到过去十年的水平。卡彭特说："大多数宏观经济模型的缺点在于，它们中的绝大多数都假设随着时间的推移，情况将恢复到普遍的'常态'。"

综合来看，新一轮量化宽松似乎将是一项紧急行动，能够迅速提振增长并创造就业，然后可以取消这一政策，这样一切都可以恢复正常。如果这是真的，那么量化宽松将像美联储使用的其他工具一样，（比如降息）可以强制实施，然后随着情况的变化而迅速撤回。事实却恰恰相反，量化宽松造成的扭曲是深刻而持久的，该计划一旦实施，基本上将永无止境。

这些预测错误并非孤立事件。[15]世界各地的央行一直在量化宽松的影响上误导自己。根据美国国民经济研究局 2020 年的一项研究，与外部研究人员进行的研究相比，银行高估了量化宽松对整体经济产出的积极影响。研究发现，报告量化宽松政策影响较大的央行研究人员往往在职业生涯中进步更快，这可能是因为研究人员向推动这些计划的央行领导人进行了汇报。

这一预测帮助伯南克提出了这样的论点，即联邦公开市场委员会只是做出了有限和灵活的承诺。但其他委员会成员仍对该计划持强烈的批评态度。亚特兰大联邦储备银行行长丹尼斯·洛克哈特显然对此耿耿于怀。他表示："我对走上新的量化宽松道路持保留态度。在我看来，这一次我们面临的是一个更为传统的需求不足问题，我不相信降低一般市场利率会刺激大量信贷扩张和支出。"

克利夫兰联邦储备银行行长桑德拉·皮亚纳托表示，新一轮的量化宽松政策不会像前一轮那样起作用，而且一旦开始就很难结束。

与理查德·费舍尔和埃斯特·乔治等无投票权的委员会成员的论点相比，这些论点显得有些枯燥乏味[16]，埃斯特·乔治曾接替霍尼格担任堪萨斯城联邦储备银行行长。他们认为，该计划将是无效的，退出该计划将是困难的，而且美联储正在积累难以衡量的长期风险，更不用说减轻风险了。

伯南克对这些担忧的答案与金融危机以来的答案一样。美联储必须有采取行动的勇气，国会显然是在袖手旁观。量化宽松的好处可能很少，但如果美联储有能力获得哪怕是很少的好处，那么它就有义务这样做。他说："我们想说服我们的同事，这当然是值得称赞的，但事实是，没有人确切地知道是什么在阻碍经济，正确的应对措施是什么，或者我们的工具将如何发挥作用。"

伯南克承认，新一轮量化宽松政策基本上是"孤注一掷"。但他认为，不这样做是有风险的。而且，同样重要的是，一旦伯南克出手，他们都需要支持。他说："我真的认为，从某种意义上说，我们团结起来支持我们所做的任何努力都是非常重要的。"当天的投票结果似曾相识。尽管有顾虑,但 11 位联邦公开市场委员会成员还是对该计划投了赞成票,只有一人投了反对票。这次投反对票的是里士满联邦储备银行主席杰弗里·拉克尔。拉克尔的反对并不重要。这可以解释为一个脾气暴躁的地区联邦储备银行行长的固执行为。更为重要的是杜克和鲍威尔等美联储委员都支持了这一计划。

杜克之所以被争取到,是因为 B 选项的设计方式给了美联储灵活性。该选项没有设定结束日期或具体的债券购买数量,这让联邦公开市场委员会可以根据经济状况自由地加强或削弱该计划。她后来回忆道:"我真的相信这是一个临时计划,我们的资产负债表将恢复正常。"

她几乎马上就被证明是错的。

当美联储宣布其量化宽松计划将没有期限时[17],华尔街投资者将这种模棱两可的说法解读为这是美联储计划大干一场的信号。在推出该计划的三个月内,美联储的根本性错误开始显现。2013 年 1 月,华尔街的普通交易商预计美联储将在 2013 年底前继续购买资产,并在这一年年中购买约 1 万亿美元的证券。美联储当年实际上只计划购买约 5 000 亿美元证券,而且只计划购买到 6 月。

这对杜克来说尤其令人沮丧。她之所以投票支持这个计划,只是因为她认为它会受到限制。然而现在市场期待的是更大的东西。"我们对一个 5 000 亿美元的计划感到满意,但市场上没有人知道这是一个 5 000 亿美元的计划。它立刻涨到了 1 万亿美元,1 万亿美元!"杜克后来回忆道。如果美联储坚持原来的计划,那将是令人失望的,市场可能会下跌。

这迫使联邦公开市场委员会做出选择。该委员会要么扩大这项计划,要么告诉投资者他们错了。杜克说:"要么,我们最终会推出一个从未想过的计划,因为我们不想让市场失望;要么,市场最终对计划的规模感到失望，这两种情况总有一种会发生。"她知道联邦公开市场委员会的一些成员，比如珍妮特·耶伦会接受1万亿美元的第三轮量化宽松政策，但杜克并非如此。

很明显，鲍威尔也不是。在联邦公开市场委员会2013年1月召开的会议上，鲍威尔改变了温和的语气，对量化宽松的危险和扭曲发出了警告，这种警告直言不讳，甚至令人震惊。鲍威尔表示，美联储可能会在公司债券和杠杆贷款等债务市场制造资产泡沫。而且，一旦出现调整，可能会造成极大的破坏。他说："许多固定收益证券目前的交易价格远高于基本面价值，最终的回调幅度可能很大，而且是动态的。"他的措辞是克制的，但传达的信息却不是。鲍威尔显然是在说，美联储可能正在为另一次金融危机（或如他所说的"大规模动态"事件）奠定基础。

在杜克和鲍威尔联合起来反对伯南克的时候，与鲍威尔一起成为美联储委员的前哈佛大学教授杰里米·斯坦也加入了他们的行列。鲍威尔处理这个问题的方法给杜克留下了深刻的印象。

联邦公开市场委员会会议结束后，杜克会重读伯南克的评论，想想他的评论。三位委员开始会面并交换意见。他们偶尔会在马丁大厦共进午餐。他们为了一个共同的目标团结起来——迫使美联储坚持其最初设想的计划。这意味着他们希望在6月前后开始逐步减少资产购买。伯南克知道这场小型起义，他很快就把杜克、鲍威尔和斯坦称为"三友组"。他们给伯南克提出了一个政治难题。如果他们一致提出异议，可能会导致该计划的结束。

在3月的会议上，鲍威尔介绍了他个人对75位投资经理进行调查的结果。其中许多人服务的正是受到零利率政策推动，进行风险越来越高的投资的机构：养老基金、保险公司和捐赠基金。其中64%的人表示，美联储正在激励人们进行不合理的投资。74%的人担心，即使美联储想退出量化宽松计划，也不会轻易退出。84%的人认为美联储抬高了企业垃圾债务等资产的价值。他们普遍支持美联储采取宽松政策的努力，但对量化宽松政策的效果表示怀疑。

鲍威尔也对此表示怀疑。"我认为我们需要重新控制局面。"他在会上表示。目前美联储每月购买 850 亿美元的资产。美联储工作人员在 2013 年 1 月曾估计，新一轮量化宽松最终将使美联储的资产负债表规模增加 7 500 亿美元。但到了 3 月，如果美联储不缩减或结束购买计划，即使是 7 500 亿美元看起来也像是一个保守的估计。

伯南克会见了斯坦和鲍威尔。他继续与杜克协商。三位委员的态度非常坚定。他们希望联邦公开市场委员会对该计划实施纪律处分，并减少购买。斯坦就量化宽松的内在风险发表了公开演讲。鲍威尔和杜克在联邦公开市场委员会会议召开期间继续向伯南克施压。最终，伯南克与"三友组"达成了妥协。在 6 月的会议结束后，伯南克将宣布，美联储可能会开始放慢新的量化宽松计划。其目标是明确告诉华尔街交易员，量化宽松计划不会超过 1 万亿美元，更不会像一些交易员认为的那样永远持续下去，杜克和鲍威尔同意了这个安排。

6 月的会议结束后，伯南克走到新闻发布室宣布了这一消息。[18] 杜克和其他委员经常聚集在埃克尔斯大厦的一间会议室里，观看美国消费者新闻与商业频道对伯南克讲话的实况转播。伯南克是第一位定期召开新闻发布会的美联储主席。他从 2011 年 4 月开始采取这种做法，以帮助平息量化宽松政策引发的政治反弹。"在 2010 年 11 月我们推出第二轮量化宽松政策引发反弹之后……我们需要比以往任何时候都更清楚、更有效地解释我们的政策。"他后来在回忆录中写道。这一策略非常有效，研究媒体对美联储报道的经济学家卡罗拉·宾德发现，除非伯南克召开新闻发布会，否则大多数媒体从未报道过联邦公开市场委员会会议。当这种情况发生时，摄像机将焦点放在伯南克本人身上，让他来塑造信息。

2013 年 6 月，在新闻发布厅里，伯南克站在舞台上，台上灯光明亮，这是为摄像机准备的。他径直走到讲台后面的一张椅子前，坐了下来，打开一个文件夹，取出一些文件放在面前的讲台上。

"下午好。"伯南克说完抬头看着坐在长方形桌子后面的几排记者，这些长方形桌子排成一排，延伸到房间的后面。记者是一群穿着考究的人，表情严肃。大多数人面前的桌子上都放着一台打开的笔记本电脑。他们已经输入的内容和提出的问题，正在传递给世界各地盯着电视机的金融交易员。

伯南克以一份事先准备好的声明开场，他在声明中表示，量化宽松在本质上是暂时的。如果经济增长保持强劲，美联储可能会逐步减少资产购买，并会考虑在 2014 年 6 月前后结束该计划。伯南克尽可能地软化了这一声明，强调美联储仍将把利率维持在接近零的水平。

伯南克的第一个问题来自美国消费者新闻与商业频道的"斗牛犬"记者史蒂夫·利斯曼。利斯曼立即瞄准了美联储将缩减量化宽松的想法。他说："我不想用我的问题来要求你澄清一些事情，但当你说'逐步减少购买'，从今年晚些时候开始，到明年失业率达到 7% 时结束，那是什么？是联邦公开市场委员会的决定吗？"

伯南克的回答含糊其词："显然没有变化，没有变化。这里涉及的政策变化只是一个澄清，帮助人们思考政策将在哪里演变。"

虽然伯南克的措辞仍然模棱两可，但在他讲话时华尔街的交易员正在根据他的话执行订单。他们听到了一件最重要的事，量化宽松政策将会缩减，而且缩减的时间可能是越早越好。

接下来发生的事情经常被描述为一种市场冲击[19]，或者是一种意想不到的波动。但事实上，这是对美联储将放慢量化宽松步伐非常慎重的反应，这种反应后来被称为"缩减恐慌"。

缩减恐慌是众多市场冲击中的第一个。这些冲击将说明零利率政策和量化宽松给金融体系嵌入了多么严重的脆弱性。把金融体系想象成跷跷板有助于理解这一点，跷跷板的一端是高风险投资，比如股票或公司债券；另一端是非常安全的投资，比如十年期国债。资金在跷跷板上来回流动，从一端到另一端，取决于投资者有多大胆。自2010年以来，美联储一直在推动资金远离跷跷板的安全端——十年期国债。这就是量化宽松的意义所在，迫使投资者将资金推到跷跷板的风险端，因为美联储通过大量购买十年期国债，将利率保持在较低水平。[20]当伯南克表示美联储将减少购买十年期国债时，资金开始回到跷跷板的安全端，远离风险资产。这就意味着当跷跷板倾斜时，随着美联储的干预变得更加极端，其速度会越来越快。

缩减恐慌最明显的情况是股市价值突然下跌。美联储主席发表讲话后，道琼斯工业股票平均价格指数几乎立刻下跌了1.35%。但股市实际上只是一个小插曲。真正的危险出现在全球金融体系的基石——十年期美国国债市场。在伯南克宣布这一消息的当天，十年期美国国债利率飙升了0.126个百分点。这听起来可能不算多，但在超安全的美国国债领域，这是一场振聋发聩的运动。利率将在几周内从伯南克新闻发布会前的2.2%跃升至2.73%，涨幅超过0.5个百分点。对于大多数美国人来说，这场运动并没有被认为是一场金融危机，甚至不是一场市场崩盘。但这感觉就像是华尔街内部危机的开始。每个人都可以看到，如果资金开始涌入跷跷板的安全端，而让高风险投资用更少的现金生存，将会发生什么。风险的平衡正在迅速发生变化。美国国债收益率的上升意味着华尔街可能又有了储蓄账户，投资者不需要把钱留在收益率曲线的风险端。

当这一事实变得明显时，投资者转过身来看他们已经购买的所有高风险垃圾，如杠杆贷款和公司垃圾债券，现在就可以抛售了，把钱投到更安全的地方。这就是6月底和7月初开始发生的事情。这种情况发生在美联储量化宽松资金流向的那个神秘市场。随着抵押贷款利率的调整，房地产投资信托基金开始强行出售所持有的资产。资金逃离公司债券，负债公司的利率在上升。

甚全在新闻发布会结束后的几个小时内[21]，杜克就在她办公室的电视机上观看了缩减恐慌的上演。她还拥有一台提供实时金融数据的彭博计算机终端。当她看到美国国债利率飙升时，她的心都沉了下来。这反映出美联储刚刚做的所有工作几乎在瞬间化为乌有。为了压低国债利率，曾有数十亿美元被注入银行系统，而现在利率的下降正在消失。她说："在这一点上，它迫使美联储更加致力于继续下去，继续购买，当时几乎没有任何选择。他们必须继续，而是必须向市场保证他们将继续下去。"

缩减资产购买的计划被放弃了。

新一轮量化宽松始于 2012 年的一个小承诺。它被作为一份保险单和一份可以撤回的应急计划推出。2013 年 1 月，联邦公开市场委员会的一份内部备忘录将量化宽松计划描述为一项将于 2013 年 6 月结束的计划，并且将使美联储的资产负债表增加 7 500 亿美元。然而，该计划一直持续到 9 月，然后又一直持续到 12 月。直到那时，美联储才开始缩减每月的购买规模，而且并没有停止购买。量化宽松计划一直持续到 2014 年 6 月，然后又一直持续到当年 10 月。最后美联储在当月停止了购买。

这项 7 500 亿美元的计划最终以 1.6 万亿美元的规模告终。

赛斯·卡彭特在演讲中预测的快速撤出计划从未实现。直到 2017 年 10 月，美联储甚至都没有尝试开始减持，即使在那时，这一努力依然停滞不前，而且基本上没有成功。伯南克和联邦公开市场委员会从根本上重建了经济格局和货币政策规则。杜克于 2013 年 7 月宣布离开美联储理事会。她的辞职与量化宽松政策上的分歧无关。她在美联储工作了五年，往返于华盛顿特区和位于弗吉尼亚海滩的家，她已经准备好开始新的生活。在 6 月的最后一次会议上，她说她想投反对票。量化宽松政策持续的时间太长了，规模也太大了。但她投了多数票。她说："一开始就应该反对。"美联储被锁定在资产购买上，该计划在美国企业中创造了新的债务水平，同时也抬高了资产价格。这并非量化宽松的意外后果，这就是目标。

美联储内部经济学家戴维·赖夫施耐德在 2012 年的一次联邦公开市场委员会会议上明确解释说[22]，零利率政策通过三个渠道促进经济增长：资本成本、财富效应和汇率。换句话说，这意味着量化宽松使债务变得更便宜，刺激了资产价格，并使美元贬值（这可以促进出口）。在同一次会议上，经济学家威廉·英格利希表示，量化宽松会推高资产价格，而增加更多的量化宽松会将资产价格推向更高。2013 年 3 月，美联储经济学家梁内利告诉联邦公开市场委员会，低利率已经推高了资产价格，可能助长了资产泡沫。这不是基于模型的预测，而是基于美联储无与伦比的市场监督的评估。那些最可怕、最具先见之明的警告来自鲍威尔。

"虽然金融状况是积极的，但也有理由对我们持续的资产购买造成的日益严重的市场扭曲感到担忧。"鲍威尔在 1 月的联邦公开市场委员会会议上说。他警告称，美联储认为自己可以在泡沫破灭后收拾残局的想法是错误的。他说："在任何情况下，我们都应该保持较低的信心，因为我们的政策可能会导致大型动态市场事件。"

鲍威尔特别关注的一个市场是奇特的高风险公司债市场。这是私募股权公司和对冲基金用来收购其他公司的那种债务。这些债务有时以"杠杆贷款"的形式被打包并转售，就像 21 世纪头十年的住房贷款一样。住房贷款当时被打包成担保债务凭证。公司债务在 2013 年被转售为贷款抵押债券。

当鲍威尔谈到杠杆贷款和收购时，就是在描述自己的人生经历。他在职业生涯的大部分时间里都在设计他现在警告的那种高风险债务。碰巧的是，鲍威尔在私募股权领域的经历与他在美联储的经历直接交织在一起。

第八章 筹划者（1971—2014 年）

在鲍威尔还是高中生的时候[1]，他的同学中有一位未来的国会议员和一位未来的巴拿马驻美大使。乔治城预科学校还有其他学生后来也成为美国参议员、说客、联邦法官和企业高管。两位未来的最高法院法官尼尔·戈萨奇和布雷特·卡瓦诺于 20 世纪 80 年代中期毕业于乔治城预科学校。

乔治城预科学校的校园距离鲍威尔童年时在华盛顿郊区切维蔡斯的家很近。切维蔡斯的街道两旁种满了雄伟的橡树，庄严的房屋后面是宽阔、茂盛的草坪。鲍威尔是一个天主教大家庭的六个孩子中的一个。他的父亲是一位著名的公司律师，曾在最高法院出庭辩护。鲍威尔的母亲帕特里夏在乔治·华盛顿大学获得了文科硕士学位，她是切维蔡斯附近知名的志愿者，同时还在共和党全国委员会兼职。这家人是切维蔡斯俱乐部，同时也是华盛顿一家名为苏尔格雷夫俱乐部的会员。在高中时期，鲍威尔每天早上都会被送进乔治城预科学校的封闭式校园。进入校园后，学生们要经过一个高尔夫球场、一个网球场和一个警卫室，才能到达以一个长满草的四合院为中心的主教学楼群。这里看起来就像一所常春藤联盟大学的校园。乔治城预科学校的课程非常严格，但真正的教育是在课间进行的，它所教授的课程是其他地方无法复制的。在乔治城预科学校，一个人能学会如何与世界上最有权势的人相处。精明的学生会掌握无数不言而喻的暗示和微妙的礼仪规则，这些规则影响着非常富有和有影响力的人之间的互动。这些行为准则很难被量化，一个人必须活学活用才行。

作为一个成年人，鲍威尔知道如何在事务的中心运作。[2] 他几乎整个职业生涯都是在美国权力顶峰的一个非常具体的地方度过的，即公共政府和私人资金的交会点。他占据着联结华盛顿和世界的办公室。他是一名筹划者，帮助大资本和大政府之间的事务顺利运作，他在这个精英世界里建立了非常好的声誉。鲍威尔是一个有判断力的人，而且他非常可靠。但他从来不是权力殿堂里的主要推动者，也不是民选官员或首席执行官。他的工作无懈可击，虽然他从未出名，但他在那些重要的圈子里深受尊重。当鲍威尔最终在2018年被任命为美联储主席时，几乎没有引起任何争议。最为重要的是，人们认为他是一位卓有成效的经营者。2017年接受《华盛顿邮报》采访时，一位名叫迈克尔·法尔的投资经理在谈到鲍威尔时说："他既不是鹰派，也不是鸽派。"鲍威尔使用的措辞定义了美联储委员在抗击通货膨胀方面的立场。当时鲍威尔已经担任了大约五年的美联储委员，参与了一些关于美联储政策的最棘手、最复杂的讨论。然而，法尔和其他人认为鲍威尔是一个没有固定信仰的人，只是渴望把事情做好。法尔说："他是个实用主义者，只追求经济利益，对政治则充耳不闻。"

鲍威尔从未对政治充耳不闻。他的耳朵很灵敏，判断也很敏锐。他走的是一条认真倾听并在每一步都吸取教训的职业道路。他经常被描述为"律师"，因为他获得了法律学位。但他的职业生涯远不止于此。

1971年高中毕业后，鲍威尔就读于普林斯顿大学。毕业后，他成为国会山的一名立法工作人员，然后进入乔治城大学法学院，获得了学位，之后在纽约的一名联邦上诉法院法官那里做书记员。鲍威尔追随父亲的脚步，成为一名公司律师，加入了达维律师事务所。然而，在1984年，31岁的鲍威尔做出了一个重要的举动。他离开了法律界，加入了投资银行界。鲍威尔受雇于一家名为狄龙－里德的公司，这是他在公司债务领域走向巨额财富的漫长道路的起点。

当记者描述狄龙－里德公司时[3]，他们几乎不可避免地使用诸如白鞋、精英和专属之类的术语。自19世纪以来，该公司一直以这样或那样的形式存在。作为狄龙的合伙人，里德是大笔资金的忠实仆人。例如，当两家大公司想要合并时，它们会请狄龙－里德公司来处理细节；当一座城市需要通过发行债券借钱时，该市的政客会要求狄龙－里德公司将债务打包出售给银行，这样的交易为该公司的合伙人赚取了数百万美元的费用。

像鲍威尔这样的律师会加入一家投资公司可能看起来很奇怪。[4]但从公司法向高级金融的过渡是很常见的，因为律师可以处理棘手、极其复杂的合同，这些合同使大笔交易成为可能。法律背景训练了像鲍威尔这样的人在狄龙－里德公司取得成功所必需的一套关键技能：谨慎。鲍威尔任职期间担任该公司董事总经理的凯瑟琳·奥斯汀·菲茨回忆道："企业文化非常注重隐私。"谨慎的理由是具有战略性的。当一家上市公司开始与另一家公司进行合并谈判时，保密是关键。如果狄龙－里德的合伙人泄露了交易细节，可能会为某人非法进行内幕交易打开大门。大公司之所以与狄龙－里德合作，是因为它们相信该公司的合伙人在帮助谈判这笔交易时会保持沉默，而且这种沉默可能会持续几个月。

狄龙－里德公司成功的另一个关键因素是忠诚。该公司与客户建立了持久的关系，这种关系即使没有几十年，也有数年之久。菲茨说，狄龙－里德公司的合伙人就像汉萨同盟的成员（汉萨同盟是 13 世纪一个在北欧经营的商业联盟）。菲茨说："他们的口号是'与长期合作伙伴认真合作'，这也是对狄龙－里德公司的完美描述，它们非常安静地做着自己的事情，谨慎就是一切，它们非常看重长期的关系。"狄龙－里德公司专注于有利可图但不浮华的交易，该公司与能源公司、制造商和城市基础设施部门打交道。这是一项乏味但高利润的工作，需要在人们认为不利于发挥创造性的生活领域中发挥一定的创造力，比如会计、债券还款计划和贷款契约的撰写。如果能在这个领域有效地运作，回报是巨大的。所有迹象表明，鲍威尔在这个环境中茁壮成长。

鲍威尔在狄龙－里德公司时就了解到了发行公司债券的细微机制。在量化宽松和零利率政策实施的十年里，这种形式的债务开始在美国经济生活中发挥核心作用。当鲍威尔在 2013 年警告贷款价值被夸大并可能崩溃时，他指的是公司债券，他的警告反映了他对金融界中一个曾经由狄龙－里德等精英公司主导的角落的深刻了解。因为鲍威尔多年来一直帮助创建和出售公司债务，所以他应该有所了解，债务的结构很奇怪，最终会对全球金融体系构成严重威胁。

公司债务有两种基本类型：公司债券和杠杆贷款。[5] 这些东西听起来很复杂，但其实不然。公司债券在很多方面与一般的银行贷款相似。一家公司可以通过发行债券借入 100 万美元，债券利率为 5%。这种债券有一个期限，就像 30 年的房屋贷款，到期后必须全部还清。但相似之处仅此而已。公司债券有一个奇怪的结构，与信用卡债务或汽车贷款不同。对于公司债券，公司只在债务有效期内支付利息，然后在债务到期日偿还全部债务。因此，债务不会像按揭贷款那样逐年还清。公司债券的公开秘密是，公司几乎从不打算真正偿还债务。相反，它们通常会"滚动"债务，也就是说，它们会在债务到期前聘请银行出售债务，然后用新的贷款来替代。债券到期，但债务仍然存在，并被转为新的债券，公司随后将出售并再次转为新的债券。公司多年来不断滚动偿还公司债务。这就是它们面临风险的原因。如果在滚动债务的时候利率上升，公司就会陷入困境。它们面临两个糟糕的选择：要么一次性还清全部债务，要么将债务转化为利率更高的债券，因此成本也更高。

尽管存在这种风险，但公司债券的买卖市场仍然十分活跃。债券是标准化的，就像股票一样受证券交易委员会监管。债券的价格可以涨跌。（债券价格通常用借款人偿还债务的可能性来表示。一只好的债券的交易价格可能是面值的95%，这意味着人们预计债券将几乎被全额偿还。）人们购买债券，甚至是风险很大的债券，是因为如果你能承受一定的风险，那么这就是一个稳定赚钱的好方法。利息是定期支付的，无论谁拥有债券，都能获得巨大的现金流。债券的风险越高，支付的利率就越高，以弥补借款人可能违约的风险。像沃尔玛这样安全的大借款人支付的利率较低，而负债累累的小公司支付的利率较高。风险最大的公司发行的债券被称为垃圾债券。

另一种公司债务被称为杠杆贷款。它在某些方面与公司债券相似：杠杆贷款可以买入和卖出，它的利率反映了其风险。主要区别在于杠杆贷款更有针对性。它们往往由银行直接发放给公司，而且不像债券那样标准化。

狄龙－里德等公司利用公司债券和杠杆贷款来推动企业收购、兼并和并购，鲍威尔在这一行业中茁壮成长。30多岁的他看起来就像那种你会信任的人，你可以让他来操作数百万美元的公司秘密收购交易。他的男中音透着自信和权威，狭长的脸庞和凹陷的下巴将英俊和可靠融为一体，他身上唯一不和谐的地方是他那一头像条纹一样直竖着的白发。鲍威尔在狄龙－里德公司表现出色，但在尚未赚到足以吸引公司律师跳槽到华尔街的财富之前，他在公司债务方面的业绩就中断了。1988年，公司董事长尼古拉斯·布雷迪被罗纳德·里根总统聘为财政部长。[6] 乔治·布什当选总统后，布雷迪的工作得到了保障，鲍威尔离开了狄龙-里德公司，加入了布雷迪的财政部。没有比鲍威尔早年在私募股权领域的成功更能说明问题的了。菲茨说："如果他去了财政部，那显然是得到了布雷迪的信任，布雷迪不是傻瓜。"

几乎就在鲍威尔抵达华盛顿特区之后，布雷迪对鲍威尔的信任立即得到了验证。财政部内部爆发了一桩丑闻，涉及刑事欺诈、高风险衍生品合同和一家大到不能倒的华尔街投资公司。鲍威尔被要求帮助解决这一混乱局面，这为他提供了在华盛顿的权力之路方面的经历。

问题始于鲍威尔监管的庞大的官僚机构内部。[7] 他是负责国内金融的助理财政部长，负责发行政府债务。他所在的部门负责实际发行美国国债。从某些方面来说，这份工作平凡到一眼能看到尽头，有点像管理印刷机。美国的债务体系已经建立并且运行良好，因此鲍威尔的工作就像车站经理一样，必须确保列车顺利通过一个繁忙的车站。他所在的部门与纽约联邦储备银行密切合作，后者负责将国债拍卖给华尔街的一级交易商。

1991年2月，纽约联邦储备银行的交易员报告了一件怪事。在他们的一次国债销售中，有一个小细节似乎出了问题。在那次拍卖中，美联储将国债卖给了两个客户：一家名为水星资产管理集团的不知名投资公司和另一家名为华宝集团的公司。令人奇怪的是，这两家公司竟然是同一家投资公司的不同子公司。如果这两家公司代表它们的共同所有者购买国债，那就是非法的。政府对任何一家公司购买国债的数量都有严格限制，这样就没有人可以垄断市场。这笔交易看起来很可疑，让人怀疑一家大银行可能试图通过看似独立的空壳公司购买国债，从而规避限制。这些可疑的报价是由一家名为所罗门兄弟的一级交易商提交的。

鲍威尔所在部门的一名低级别员工写信给所罗门兄弟询问：这是怎么回事？所罗门兄弟知道这两个客户其实是一个客户吗？

在所罗门兄弟公司内部，这封信很快被转交给了负责监督公司国债购买的债券交易员保罗·莫泽。莫泽很快向他的上司坦白，承认他一直在进行一场骗局，他利用附属公司购买足够多的美国国债，使公司可以悄悄地在特定拍卖中积累超过35%的国债，这是法律规定的上限。其目的是获得更多的国债，然后所罗门兄弟就可以在二级市场上对其他购买债券的公司施加压力。这并非灰色地带，而是一场犯罪阴谋。但莫泽没有被解雇，所罗门兄弟掩盖了他的行为。公司给财政部回了一封信，解释说可疑的购买行为是一次失误。莫泽继续实施这一计划，占领市场并挤压竞争对手。1991年5月，所罗门兄弟利用这一骗局购买了大量国债，控制了94%的国债供应量。与此同时，财政部似乎对所罗门兄弟的解释非常满意，认为没有任何问题。鲍威尔的部门继续通过纽约联邦储备银行拍卖国债，所罗门兄弟则继续在市场上投机。

鲍威尔的上司尼古拉斯·布雷迪部长碰巧与所罗门兄弟公司华盛顿办事处董事总经理史蒂夫·贝尔是好朋友。[8]贝尔并不是债券交易员。他在华盛顿工作多年，似乎认识所有人。例如，贝尔与布雷迪成为朋友是因为当布雷迪短暂当选新泽西州参议员时，贝尔是美国参议院预算委员会的幕僚长，两人关系十分密切。贝尔是布雷迪在马里兰州乡村庄园的常客，两人经常在那里猎鸽。贝尔是个很好的狩猎伙伴。他既聪慧过人又玩世不恭。当贝尔还是参议院工作人员时，他最大的成就是帮助里根政府创造了一种叫作"和解"的新颖立法策略，使总统能够以微弱的多数票通过参议院的预算，绕过了阻挠议事。和解策略后来被用来通过了奥巴马的医改法案和特朗普的减税法案，这让贝尔在国会声名狼藉，几十年后他自豪地宣传了这一事实。贝尔回忆说："几天前我和某人聊天，她说：'你就是那个发明了和解的浑蛋，对不对？'"贝尔的所罗门兄弟办公室设在威拉德酒店，就在财政部大楼的对面。这意味着，当所罗门兄弟的犯罪行为暴露在公众视野中时，贝尔就站在"起点"上。

所罗门兄弟操纵投标的行为在 5 月 22 日的拍卖后被公开，当时所罗门兄弟购买了大量国债，控制了 94% 的市场份额。这种行为实在是太恶劣了，不可能不被注意到。美国证券交易委员会和美联储的监管机构这一次没有相信所罗门关于一切正常的说法。操纵投标的行为肯定会受到刑事指控和巨额罚款。但对所罗门兄弟来说，更严重的是财政部有可能撤销所罗门兄弟作为一级交易商的资格。如果没有这个资格公司就会破产。贝尔说："这是一种生存威胁。"

贝尔认为，有一个人能帮助解决威胁，他就是鲍威尔。

操纵投标事件曝光后，所罗门兄弟的首席执行官下台了，取而代之的是该公司最大的股东、奥马哈投资者沃伦·巴菲特。贝尔和所罗门兄弟的团队相信，巴菲特的声誉可以帮助挽救公司。巴菲特立即承认公司有罪，并禁止贝尔的团队聘请那种可能有能力与美国证券交易委员会和财政部开战的华盛顿高价的律师事务所。巴菲特来到华盛顿，在贝尔办公室的厨房里通过电话与财政部就所罗门兄弟的生存问题进行谈判。贝尔回忆说，电话另一端的人正是鲍威尔。巴菲特传达了一个简单的信息：他将帮助整顿所罗门兄弟，但他需要财政部表现出宽容。巴菲特当时说："我会承担这项任务，但如果你让我们无法生存，我就不干了。"

尼古拉斯·布雷迪仍然暂停了所罗门兄弟作为一级交易商的资格，在贝尔眼中这就是死亡判决。贝尔认为，如果公司被宣判死刑，它就会连累华尔街的其他公司，他的意思很简单。贝尔说："如果你把最大的一棵树砍倒，那么这棵大树把森林里的许多其他树都撞倒了怎么办？"鲍威尔在华尔街的工作背景使他能够理解这种说法。贝尔说："我认为他清楚，鉴于所罗门兄弟在衍生品和其他工具方面的巨大头寸，全球金融市场会出现一些实质性的混乱。"虽然贝尔对鲍威尔知之甚少，但他知道鲍威尔的建议在布雷迪那里会有很重的分量，贝尔说:"布雷迪需要他自己的人,布雷迪把鲍威尔带到了财政部。"鲍威尔对市场了如指掌,他早先曾与布雷迪共事,并得到了部长的信任。

沃伦·巴菲特直接打电话给布雷迪为所罗门兄弟求情,财政部很快就改变了决定,恢复了所罗门兄弟的一级交易商资格。贝尔一直认为鲍威尔是这场胜利的功臣,是他让所罗门兄弟得以生存。贝尔说:"我知道,鲍威尔在影响布雷迪部长的决定方面起到了关键作用。这一裁决给了巴菲特时间来实施他对公司的整顿计划。"

但更加令国会当权者担忧的问题是监管部门的失误让所罗门兄弟作弊,甚至在其交易首次引起怀疑后继续作弊。众议院于9月就此事举行了公开听证会。在华盛顿,这样的听证会相当于一场仪式性的殴打,让议员有机会公开表达他们的愤怒。财政部派出的做证人,令人大跌眼镜。美国证券交易委员会派出了主席,纽约联邦储备银行派出了行长,布雷迪派鲍威尔做证。鲍威尔是吸引火力的靶子。他穿着灰色西装、白衬衫,打着灰色领带出席听证会。他的长篇大论就像法庭文件一样冷若冰霜。他在听证会上遭到了议员的粗暴对待,新闻界对听证会的报道使用了"殴打"和"审讯"等字眼。但鲍威尔似乎从未激动过。财政部未能发现所罗门兄弟的阴谋,并听任其继续下去。但鲍威尔以一种不带任何血腥的方式解释了一切,这似乎耗尽了审讯者的激情。听证会结束后,鲍威尔监督撰写了一份关于丑闻以及促成丑闻的监管者角色的长篇报告。结局最终几乎没有任何改变。财政部修改了国债拍卖的方式,转而采用"荷兰式拍卖",这种方式被认为更难将其玩弄于股掌之间。莫泽被定罪入狱。所罗门兄弟的首席执行官约翰·古弗兰被罚款10万美元。

鲍威尔得到了晋升。他在39岁时成为财政部副部长。不过,由于小布什竞选连任失败,鲍威尔的任期被缩短了。鲍威尔并没有失业太久。他在狄龙-里德公司的工作背景,再加上他在财政部多年的服务经历，使他成为世界上稀有工作之一的理想人选，他受聘成为凯雷集团的合伙人，这份工作将使他变得异常富有。

利用华盛顿内部人士的关系和影响力是凯雷集团极为成功的商业战略的核心。[9] 该公司于1987年由吉米·卡特的幕僚大卫·鲁宾斯坦创立，他表示，公司位于美国首都华盛顿，这使其在当时的250家私募股权公司（其中大部分位于纽约）中极具优势。凯雷集团的专长是收购和出售依赖政府支出的企业，并聘请前政府官员提供帮助。凯雷集团合伙人包括财政部前部长詹姆斯·贝克三世和国防部前部长弗兰克·卡卢奇。前总统乔治·布什曾是该公司的顾问。凯雷集团在2001年聘请了美国证券交易委员会前主席、联邦通信委员会前主席和世界银行前首席投资官。这些人帮助将交易引向凯雷集团，凯雷集团则帮助这些人将他们在其曾经监管的行业中积累的细微知识和人际关系转化为货币。

凯雷集团与其他私募股权公司一样，从富人和机构投资者（如养老基金）那里募集资金，这些投资者将大笔资金投入凯雷集团的现金池，凯雷集团将运用这些资金来收购公司。其基本目标是"投资、改善和出售"，凯雷集团一般会持有那些规模较小的公司五年左右，然后将其出售，理想情况是能从中获利。债务是这种商业模式的关键。投资资金池总是被杠杆贷款和公司债券所叠加。凯雷集团会拿出自己的部分现金，然后借入更多资金来为交易提供资金。最为重要的是债务被分摊到了凯雷集团收购的公司身上。然后，这些公司就必须通过努力工作来偿还贷款。这就好比能买到一栋可以赚取现金并能自己还贷的房子。

凯雷集团的成功合伙人必须具备的关键素质是对外交往。理想的凯雷合伙人必须在政府机构中有人脉；必须认识合适的银行家以能够安排和组织大量的杠杆贷款；必须认识有才能的人，引进并帮助经营他们所收购的公司，以便使它们在数年内做好被出售的准备。

鲍威尔于 1997 年加入凯雷集团，当时他只有 40 多岁。他的办公室位于宾夕法尼亚大道的凯雷集团总部大楼二楼，离白宫并不是很远。按照私募公司的标准，凯雷集团的办公室算不上豪华。华尔街公司通常把硬木饰面和精美的艺术品挂在墙上来装饰他们的办公空间。凯雷集团的审美是功利性的，公司挂的是印刷品而不是原画，合伙人在简陋的会议室里开会，这种会议室在任何一家律师事务所或保险公司都能找到。凯雷集团前合伙人兼董事总经理克里斯托弗·乌尔曼回忆说："我们的办公室非常乏味而朴素[10]，这简直就是个笑话。合伙人始终把重点放在市场上，市场也回报了他们，众多银行来到凯雷集团为待售公司做广告。"

鲍威尔等人的工作就像翻阅商品目录一样，筛选出最有潜力的交易。2002 年，一笔交易引起了他的注意。总部位于密尔沃基的一家名为莱克斯诺的工业集团正在寻找新东家。莱克斯诺生产用于重工业的昂贵高精密设备，如特种滚珠轴承和传送带。自 20 世纪 80 年代末以来，该公司一直由一系列投资者拥有，每一个投资者都让公司背上更多债务，然后把债务交给下一个投资者来从中获利。即使是在这种债务和转售的循环往复中，该公司依然具有吸引力。私募合伙人最看重的是它能产生稳定的现金流，这样就可以偿还即将背负在身上的债务。

鲍威尔最终认为莱克斯诺值得他冒这个险。他组建了一个团队负责收购事宜，并帮助安排资金以实现收购。凯雷集团从其收购基金中拿出 3.595 亿美元进行投资。鲍威尔利用这笔资金作为首付款，获得了另外两笔总价值 5.85 亿美元的贷款，用于支付其余的收购款。这次收购标志着鲍威尔的私募股权事业达到了顶峰。这也让他对公司债务的用途和风险有了第一手了解。

莱克斯诺的总部位于密尔沃基市中西部的一个大停车场旁边[11]，是一幢不起眼的两层砖楼。在主办公楼后面，是该公司的一个工厂和一个高大的烟囱，烟囱的侧面用白字印着 CHAIN BELT，这是该公司最初的名称，这个名称可以追溯到 19 世纪末（莱克斯诺这个名字是大约 100 年后，经过多次合并后诞生的）。工厂周围都是工薪阶层居住的普通住宅。

汤姆·詹森于 20 世纪 80 年代开始在莱克斯诺的会计部门工作[12]，经过多年的打拼最终成为公司首席财务官，但这个职位与他的职责范畴并不呈比例，许多首席财务官只负责公司的财务工作，但从 20 世纪 80 年代末开始，随着公司多次易手，詹森还负责塑造和重塑整个公司。詹森的工作非常辛苦，他曾一度辞职，但一年左右又被召唤回来。在私募股权的世界里，担任莱克斯诺的首席财务官是一件令人兴奋的事情。该公司已成为由私募股权进行债务驱动的美国资本主义模式的研究案例。早期的收购大王之一杰弗里·斯坦纳用垃圾债券买下了莱克斯诺公司，削减了公司的成本，然后在 20 世纪 90 年代中期以 630 万美元的价格将其出售。此后，莱克斯诺被不断易手。在一次收购之后，新东家一纸命令解雇了詹森之上的整个管理团队。他被要求帮助重建公司，并在此过程中与下一任首席执行官罗伯特·希特建立了密切的关系。

莱克斯诺的各个部门在 2002 年再次被该公司最新的私人资本所有者——一家总部位于伦敦的公司分拆，并出售了部分资产。詹森和希特策划了一场"路演"，以宣传莱克斯诺作为公司资产的优点。他们聘请投资银行家在私募股权投资者中宣传，他们很快就向一大群前往密尔沃基的投资者进行了推介。詹森回忆道："来参观的人五花八门，你一眼就能看出其中有抄底者。"抄底者希望收购莱克斯诺，将其剥离，然后迅速卖掉，从中获利。抄底者让鲍威尔和凯雷集团脱颖而出。凯雷集团冷静、沉着，散发着大资金带来的自信。当詹森起身发表演讲时，他解释说，在全国几乎所有的工厂、炼油厂和采矿场里都可以找到莱克斯诺的产品，即使没有人知道这家公司是做什么的。

詹森开玩笑说："你们不知道什么是莱克斯诺，根本就没听过这个东西，但莱克斯诺的产品线中却蕴藏着巨大的商机，这些产品包括高度工程化的传送带和飞机专用的滚珠轴承。"詹森解释，"它生产的东西是人们所需要的，能让世界运转起来。"莱克斯诺的商业模式就像剃须刀公司使用的模式一样，剃须刀很便宜，但替换刀片却很昂贵，而且利润很高。当至关重要的传送带出现故障或昂贵的滚珠轴承磨损时，莱克斯诺通过销售替换零件赚取真正的利润。公司的年销售额非常可靠，约为 7.55 亿美元。每年的息税前利润超过 1.13 亿美元。

鲍威尔和他的团队被说服了。出乎詹森意料的是，鲍威尔话锋一转，开始向莱克斯诺团队宣传由凯雷集团控股的好处。詹森回忆道："他们的说辞是，我们想帮助你们，我们希望帮助你们成长。"凯雷团队承诺不会进行微观管理。凯雷集团将把他们的人安排到莱克斯诺的董事会，由他们来指导公司的发展，但他们会给予当地管理团队自主权。

这笔交易于 2002 年 9 月完成，交易的资金主要来自莱克斯诺公司资产负债表上的公司债务。莱克斯诺公司的债务水平瞬间从 4.13 亿美元跃升至 5.81 亿美元，每年的债务利息支出也从 2002 年的 2 400 万美元增至 2004 年的 4 500 万美元。在凯雷集团拥有莱克斯诺的每一财年中，莱克斯诺支付的利息成本都超过了利润收入。

债务给莱克斯诺带来了压力。[13] 2003 年初，为了说服管理团队不要将 70 个工作岗位迁至北卡罗来纳州，密尔沃基的员工同意接受平均每小时 3 美元的减薪，并做出其他让步。密尔沃基的员工加入了工会，因此将这些工作岗位转移到没有工会的南部州可能会为莱克斯诺节省开支。但詹森说，凯雷集团团队对这种行动可能造成的头条新闻非常敏感。"他们十分清楚，如果必须进行裁员，我们必须在尊重员工的前提下进行，他们根本不希望因为这件事而引起任何负面的报道。"他回忆说。

鲍威尔加入莱克斯诺董事会后[14]，经常前往密尔沃基与詹森以及管理团队的其他成员会面，就公司的战略、预算和运营进行长时间的会议。他们并不在工厂附近的莱克斯诺总部开会。相反，他们在市中心的普菲斯特酒店等地租用会议室，该酒店是一座拥有百年历史的建筑，中庭有四层楼高，大理石柱鳞次栉比，穹顶为玻璃天花板。董事会每年大约两次在迈阿密的多拉尔乡村俱乐部（该俱乐部后来被特朗普收购）召开为期数天的战略会议。度假村是思考问题的好地方，游泳池和高尔夫球场附近有宽敞的露台，就在鳞次栉比的酒店群外面，看起来就像南方的哥特式豪宅。游客可以租用酒店内的会议室，会议室四周都有窗户，可以看到连绵起伏的果岭和棕榈树。董事会在这里进行战略分析，包括优化现有战略、增加现金流、提高利润和偿还债务。其中关于偿还债务的部分是关键，这也是私募股权业务像一台自动启动的永动机一样的原因。莱克斯诺的员工努力工作，偿还凯雷集团用来收购公司的债务，在偿还债务的过程中，他们通过使债务消失来增加凯雷集团所持股份的价值。如果一切顺利，凯雷集团将在几年内出售该公司。

不幸的是，这笔交易几乎一开始就走了样。2003年经济增长放缓，工厂、矿山和炼油厂纷纷减产，导致对莱克斯诺零件需求的减少。凯雷集团在这笔交易中投放了近10亿美元的现金和贷款。詹森并不完全确定这个赌注能否得到回报。他不得不把这个坏消息直接告诉鲍威尔和其他董事。詹森对他们的反应感到惊讶，没人用拳头砸桌子，尤其是鲍威尔，他问了很多问题。詹森说："我认为杰罗姆可能是提问最尖锐的人。我想我可以把他归类为一个深思熟虑的人。"当鲍威尔得知莱克斯诺快要倒闭时，他只有一个主要问题：你们的计划是什么？詹森和希特在迈阿密的度假胜地开了几天会，讨论如何解决这一问题。

在休息时间，董事会成员和高管会打高尔夫球。詹森认为，他在高尔夫球场上真正了解了鲍威尔。高尔夫球可以让人沮丧到近乎歇斯底里。一杆看似正中球道的好球，可能马上就会莫名其妙地打歪，以令人心碎的角度打进长长的草地。鲍威尔在打出完美的一杆时似乎并不自大，而当他把球打偏时也并不痛苦。这听起来微不足道，但却很能说明问题。一个人不可能一连几个小时都装出这种样子。詹森回忆说："和他打球就像和朋友打球一样。"和许多与鲍威尔共事过的人一样，詹森对他有一种亲切感。詹森说："我不认为他是中西部人，但他看起来就是中西部人。"

詹森从鲍威尔那里得到启示，鲍威尔在市场下挫时并没有惊慌失措。为了降低成本，他帮助支付了 2004 年 4 500 万美元的利息费用，莱克斯诺从 5 285 名员工中裁员 385 人。当年订单开始反弹，加上管理费用降低，莱克斯诺的利润猛增。鲍威尔对管理团队的信任是有道理的。

但莱克斯诺仅靠年复一年地提高销售额并削减成本来生存是不够的，这并没有给凯雷集团这样的投资人带来足够的投资利润。私募股权公司追求的是两位数的利润率，通常是在五年左右的时间内出售一家公司。这些数字很难通过发明新产品或打入新市场来实现。更常见的策略是承担更多债务，收购更多的公司。这虽然会给现有企业带来更多债务，但立即增加了新的产品线和客户，同时在公司合并时提供了一种快速削减成本的方法。托马斯·霍尼格将此描述为"资源配置不当"。当贷款变得更容易时，公司就会用贷款进行合并或开展私募股权收购。这些活动使能够获得资金的人受益，但很少激发创新、创造新的就业机会，或给劳动者加薪。

2005 年初，莱克斯诺仍然背负着超过 5.07 亿美元的债务[15]，支付的利息成本是利润的两倍。但是，鲍威尔和公司董事会认为，莱克斯诺还有更多的借贷空间。一家公司的收购引起了他们的注意，那是另一家位于密尔沃基的名为福克的老牌制造公司，福克公司已有 100 多年的历史，主要生产齿轮传动装置和联轴器等工业零部件。莱克斯诺的管理团队设计了一项交易，以杠杆贷款的形式借入 3.12 亿美元，这笔贷款被计入莱克斯诺的资产负债表，使公司的年利息支出从 4 400 万美元增加到 6 200 万美元。莱克斯诺的债务总额从 5.07 亿美元跃升至 7.5 亿美元。尽管如此，这次收购还是使莱克斯诺对外部买家更具吸引力。该公司已经实现了产品线的多样化，扩大了业务范围，并且仍能从运营中获得稳定的现金流。现在是凯雷集团套现的时候了。

首先，莱克斯诺曾有过上市的想法[16]，它们想在华尔街发售股票。但由于没有足够强烈的兴趣，莱克斯诺并没有跟进此事。真正的机会发生在另一家名为阿波罗管理公司的私募股权公司身上。阿波罗并不害怕莱克斯诺沉重的债务负担，因为阿波罗相信莱克斯诺可以借到更多的钱。阿波罗制订了一个像凯雷集团一样的计划，它们通过联合新的杠杆贷款并将其分摊到莱克斯诺上，阿波罗在这方面的雄心壮志令人瞩目。公司筹集到了 18.25 亿美元，是四年前凯雷集团筹资金额的两倍多。

鲍威尔和他的团队得到了巨大的回报。[17] 凯雷集团的人几年后会谈论莱克斯诺的交易，但很难确定鲍威尔到底从这笔交易中获得了多少利润，因为凯雷集团没有披露这样的数字。但阿波罗的收购价比凯雷集团当初的价格高出 9 亿多美元。根据凯雷集团的投资规则，80% 的利润将流向为收购提供资金的有限合伙人，20% 归凯雷集团。在凯雷集团的资金中，45% 流向了它们所说的公司"母舰"，55% 将流向鲍威尔的团队。莱克斯诺在密尔沃基的首席财务官汤姆·詹森也从阿波罗的交易中获利。在这一点上，他已经经历了多次所有权变动，并认为自己将摆脱"旋转木马"。

2006 年的莱克斯诺收购交易改变了一个人的一生，按照大多数人的标准，鲍威尔的父亲一直很富有，他在切维蔡斯拥有一套房子，送孩子上私立学校，还加入了一个乡村俱乐部。但鲍威尔在职业生涯中获得的财富到 2018 年估计在 2 000 万～5 500 万美元，这让他进入了另一个经济领域。他最终在莱克斯诺的交易结束后离开了凯雷集团。鲍威尔断断续续地在私募股权领域摸爬滚打了几年，之后他加入了华盛顿特区的一家智库，随后被提名为美联储委员。

莱克斯诺公司本身的情况并不尽如人意。鲍威尔走后，公司负债累累。其债务总额在一年内从 7.53 亿美元上升到 20 亿美元。每年的利息支出从 2005 年的 4 400 万美元增至 2017 年的 1.05 亿美元。在十多年的时间里，该公司每年支付的利息超过了其利润收入。莱克斯诺已成为私募股权界的一家标志性公司。它不再是一家利用债务实现目标的公司，而是一家以偿还债务为目标的公司。

2011—2020 年，债台高筑的莱克斯诺将与美联储的零利率政策交会。当鲍威尔用杠杆贷款和公司债券收购莱克斯诺时，它们是精密行业的独家工具。零利率政策实施的十年将改变这一点。它把这些债务工具变成了零售商品，通过商场出售给大众投资者。瑞士信贷银行就是其中之一，它建立了一个通过销售杠杆贷款蓬勃发展的部门。尽管债台高筑，但莱克斯诺将成为瑞士信贷银行作为交易撮合者的一座金矿，后者为莱克斯诺承销了多笔大规模债务交易。这些交易是美国新经济的一部分，由美联储在 2010 年开始释放的大量资金推动。

有一个名叫罗伯特·赫图的人帮助承销和安排了莱克斯诺的循环系列贷款。[18] 他曾是瑞士信贷银行的董事总经理，帮助承销了阿波罗管理公司收购莱克斯诺公司的贷款，因此赫图对大额贷款并不陌生。在华尔街工作的这些年里，他见过不少大场面。但他从未见过量化宽松政策开始后的债务市场。大量现金流入银行系统，没人知道该如何处理。但可以预见的是，瑞士信贷银行和其他公司确实想出了一些办法。这就是所谓的贷款抵押债券，它帮助创造了美国历史上最大规模的公司债务。

第九章 风险机器（2010—2015 年）

莱克斯诺最赚钱的产品并不是在公司的工厂里生产出来的[1]，而是在数百英里外的一幢宏伟的摩天大楼里创造的，大楼入口处有拱门，位于纽约市曼哈顿区中心麦迪逊大道和第二十五街区的拐角处。赫图在大多数工作日会早早来到这里，以便在他担任瑞士信贷银行常务董事的一天中能快速进入工作状态。他所在的部门负责创建和销售杠杆贷款，其中许多贷款来自位于密尔沃基的莱克斯诺公司总部。莱克斯诺公司可能是一家默默无闻的公司，在破旧的街区拥有老旧的厂房，但它为华尔街的债务工程师提供了源源不断的业务源泉。

从赫图的办公室可以俯瞰麦迪逊广场花园[2]，但到了上午 10 点左右，每个人都会因工作得太辛苦而无法欣赏风景。像赫图这样的董事总经理的私人办公室被安排在一圈隔间的中央，工作人员是一支由初级分析师和助理组成的超负荷工作团队。赫图在几年之前就是这些员工中的一员，他已经习惯了这份工作带来的压力。这份工作一周要工作 7 天，很多初级员工几乎每天都在工作，有时会连续工作数年，在星期日下午疯狂打电话，敲定债券发行或杠杆贷款的细节。即使在赫图晋升为董事总经理后，他也是早上7点左右到公司，晚上7点离开，这样他就有几个小时的时间在孩子睡觉前看看他们，然后他又开始接听电话了。

赫图有一次休假去了中国香格里拉的一个豪华度假村。他和家人一起坐上一辆旅游面包车去看乡村风光，最后却在用手机与律师开会；他记得在进行电话谈判时，面包车停了下来让一群猪穿过马路。赫图回忆说："这就是生活方式，你会因此得到回报，但也要付出代价。"

过这种生活的动机是显而易见的，瑞士信贷银行的总经理一年就能为银行创造价值数千万美元的费用收入，并从中分一杯羹。可以赚取的费用收入永远不会少，因为公司债务的世界是一个不断转动的新贷款轮子，随着债务一次又一次地展期，不断有新贷款取代旧贷款。例如，当阿波罗收购莱克斯诺公司时，它通过反复滚动的杠杆贷款借入资金。每一次再融资都会给瑞士信贷银行带来费用收入。莱克斯诺获得的好处是以相对较低的利率维持其债务。这就是像赫图这样的人总是在打电话，而且通常是和律师通话的原因。2012年3月，赫图帮助莱克斯诺进行了10亿美元的债务再融资，交易合同长达344页，这344页中的所有内容实际上都是在严格审查、谈判和焦虑的情况下完成的。一份成功的债务合同包含诸多内容，它们必须紧密地结合在一起，而且不受法律质疑，这样才能吸引外部投资者购买债务。出售债务是对商业模式至关重要的工作。瑞士信贷银行安排了杠杆贷款，但从未想过要保留大量贷款，赫图说："他们做的不是仓储生意，而是搬家生意。"

搬家生意通常很红火。赫图和他的团队安排债务交易，然后组成银团贷款将其出售给养老基金等机构投资者。当阿波罗在2006年收购莱克斯诺时，这还只是一项小众业务。养老基金或保险公司等大型投资者对杠杆贷款避而远之，因为它们认为这种贷款既不透明又有风险。这种情况在 2010 年发生了变化，当时美联储开始了第二轮量化宽松政策，并将利率维持在零。当美联储向银行系统注入数万亿美元，并严厉惩戒任何试图拯救银行系统的机构时，现金被迫流向瑞士信贷银行的办公室。赫图清楚地看到了这种变化。现金是如此之多，而现金的去处却如此之少。赫图说："有了更多的可用资金，你就必须找到产品。"

在这种情况下，产品就是像莱克斯诺这样愿意承担更多债务的公司。这类公司的供应在美国几乎是无限的。如果说企业家的乐观主义是美国最大的资源，那么杠杆贷款市场就是在收割这种资源，为任何能够想出花钱办法的人提供债务。然而，这个系统有一个天然的限制，那就是银行系统对风险的承受能力。瑞士信贷银行从事的是移动业务。它并不想把杠杆贷款留在账上，而是想从出售的贷款中获取费用收入。如果瑞士信贷银行想扩大业务，就需要外部买家的供应。

量化宽松的现金浪潮涌向华尔街，为瑞士信贷这样的银行创造了一个新的机会，一个将其杠杆贷款业务扩大到前所未有规模的机会。而这一切都要归功于一种叫作"贷款抵押债券"的东西。

对于 2008 年金融危机的忠实粉丝来说，贷款抵押债券这个名字可能很熟悉。[3] 在 2008 年，一种名为担保债务凭证的奇特债务产品导致市场崩溃。担保债务凭证是将一揽子住房贷款（或基于住房贷款的衍生品合约）堆积在一起，然后出售给投资者。担保债务凭证创造了一条无缝流水线，允许抵押贷款经纪人创造高风险的次级住房贷款，并迅速打包出售给投资者，这反过来又允许抵押贷款经纪人发放更多新贷款，从而使住房崩盘成为可能。低级的贷款抵押债券当时是债务市场中不被注意的"继子"。在 2008 年全球金融危机期间，金融机构就发行了价值 3 000 亿美元的贷款抵押债券，而仅在 2006 年就发行了约 1.1 万亿美元的新担保债务凭证。但贷款抵押债券的重要之处在于，它们没有遭受担保债务凭证那样的损失。2010年前后，当华尔街从金融危机的废墟中走出来时，担保债务凭证获得了相对安全投资的美誉。

瑞士信贷银行是贷款抵押债券的主要生产商。[4] 从2010年到2014年上半年，它共发行了11笔贷款抵押债券，总价值达67亿美元，是美国第三大贷款抵押债券交易商。赫图发现自己正处于这台新债务组装机的中心。他和他的团队在安排新的杠杆贷款方面拥有深厚的专业知识，他们可以将这些贷款出售给贷款抵押债券管理者，制造新杠杆贷款的障碍已经被打破。

瑞士信贷银行的另一位高管对打破这一障碍至关重要，这是因为贷款抵押债券机器之所以如此重要，不仅在于其规模和数量，还在于交易的结构方式。杠杆贷款曾经是凯雷集团和阿波罗等私募股权公司的天下，它们对长达344页的债务协议中复杂而非标准化的条款感到满意。贷款抵押债券使杠杆贷款成为现成的连锁店产品，这要归功于瑞士信贷银行贷款抵押债券部门负责人约翰·波普。

波普看上去是一个值得信赖的人。[5] 他穿着优秀银行家常穿的细条纹西服，留着一头浓密的灰发，脸上带着稚气的微笑，凸显出高高的颧骨。波普在2012年5月发布了一份文件，基本上是邀请人们将退休储蓄投入贷款抵押债券。这份文件被称为"白皮书"，由瑞士信贷银行的信贷投资集团发布，白皮书解决了保守的机构投资者面临的一个棘手问题：当美联储将利率维持在零时，它们该如何从现金池中获得收益？这关系到养老基金和保险公司的生死存亡。在利率为零的世界里，这些公司突然资金不足。它们依靠利率每年支付一定数额的资金，几十年来一直是这样。波普对这个问题很敏感，他的报告从一个有点平淡的问题开始："当十年期国债的实际收益率为负时，投资者该怎么办？"幸运的是，波普有办法解决这个难题。他的报告委婉地建议机构投资者考虑投资一种曾被视为过于神秘和不透明的债务，比如杠杆贷款。如果投资者愿意承担更大的风险，它们可以投资中级品种的公司债券，这些债券的利率约为 4.4%，而最安全品种的公司债券的收益率为 1.2%。风险最高的公司贷款收益率约为 5.6%。

养老基金一直依赖于安全的国债，因为这些债券是标准化的，就像福特的 T 型汽车一样。这些债券受美国证券交易委员会监管，并在交易所交易，人们是了解它们的。然而，杠杆贷款非常严格，合同条款可能千差万别，而且不像股票和债券那样受到监管机构的监督。贷款抵押债券解决了这个问题，它将使杠杆贷款标准化，让养老基金感到了安全。

贷款抵押债券的关键创新之处在于如何使其内部的杠杆贷款标准化。[6] 贷款抵押债券将贷款按风险等级分为三组。这三组贷款的风险程度是根据所有者在收取所有借款人利息时的排序来确定的。第一组最安全，被评为 AAA 级。拥有 AAA 级贷款的人是借款人的第一还款人，如果相关贷款破产，贷款所有人将是第一个排队拿回钱的人。这些 AAA 级投资者可以高枕无忧，但他们在贷款抵押债券中的份额支付的利率却很低，因为它们非常安全。风险偏好较高的投资者可以购买贷款抵押债券的下一块，也就是风险第二大的组，被称为夹层组。拥有这些贷款的人得到的是第二顺位报酬，如果贷款出了问题，他们会排在 AAA 级的人后面收钱，这意味着他们可能拿不回所有的钱。由于存在这种风险，他们获得了更高的利率。最后，贷款抵押债券的第三组也是风险最大的组，称为股权组。股权所有者最后才能拿到钱，如果贷款失败，他们可能会全军覆没。

这意味着养老基金可以像在麦当劳点餐一样订购贷款抵押债券，在套餐中的 AAA 级、夹层组和股权组之间进行选择。这为罗伯特·赫图和他的杠杆贷款制造者团队开辟了一条新的渠道。在瑞士信贷银行和其他地方，贷款抵押债券的激增创造了它们一直在寻找的稳定买家。莱克斯诺的债务被分割，并被分配到波普部门提供的各种基金中。买家们冲进瑞士信贷银行的贷款抵押债券商店拼命寻找收益。莱克斯诺的债务仍然被评为垃圾债务，这意味着大型信用评级机构认为这笔债务的风险太大，以至于低于投资级。莱克斯诺的债务像木材一样被切开，然后堆积成各种各样的基金，出售给投资者。莱克斯诺的债务最终成为瑞士信贷银行的产品，名称包括瑞士信贷高收益债券基金、瑞士信贷资产管理收益基金和瑞士信贷浮动利率高收益基金。所有这些基金都包含许多公司的债务，这些公司像莱克斯诺一样，背负了沉重的杠杆贷款，发行了公司债券。大多数贷款抵押债券的所有者都是大型机构投资者，如保险公司、共同基金和银行。例如，莱克斯诺的债务最终进入了州雇员养老基金的投资组合，这些基金支付了南卡罗来纳州、宾夕法尼亚州和肯塔基州政府工作人员的退休金。莱克斯诺的债务甚至被管理共同基金和退休账户的巨头投资公司富兰克林邓普顿抢购。贷款抵押债券帮助创造了比以往任何时候都更多的杠杆贷款，同时整个金融体系比以往任何时候都更广泛地发放这些贷款。

  这些贷款有一个关键属性，即对投资者来说是安全的，但对莱克斯诺等借款人来说风险更大。杠杆贷款通常采用浮动利率，这意味着贷款利率可能在贷款到期前发生变化。在利率上升时，也可以保护投资者，因为它将更多的风险转嫁给了借款人。如果利率上升，那么借款人的利息支出就会大幅增加。在实施零利率政策的几年里，这些似乎都不是问题，因为利率被压得很低。

  瑞士信贷银行帮助莱克斯诺公司多次进行债务展期[7]，使公司在需要偿还全额债务的那一天提前一步续债。莱克斯诺的利率一直很低，瑞士信贷银行在每次再融资中都能赚取手续费。整个华尔街都是如此。随着量化宽松资金不断涌入金融体系，全球投资银行业务收费稳步增加，在 2014 年 6 月达到每月 111 亿美元的峰值，超过了 2007 年夏天创下的 107 亿美元的纪录，当时正值金融危机前夕。

正是在 2014 年[8]，一位名叫维基·布莱恩的垃圾债券分析师注意到企业债务市场发生了关键性的变化，垃圾债券和杠杆贷款的旧规则似乎不再适用。布莱恩回忆说："市场变得脱节了，完全脱离了经济现实。"作为一名垃圾债券分析师，她的工作就是寻找借入垃圾债券的公司存在欺诈或名不副实之处，然后向客户发出警告。她的整个商业模式都依赖于这样一个事实：当分析师发布重要信息时，市场就会受到影响。当布莱恩揭露一家公司的不当行为时，她的客户如果持有这家公司的风险债券，就可以将其出售，或者要求以更高的利率来承担持有这些债券的风险。

布莱恩日常就是从事这项工作的，直到零利率政策的实施，它从根本上改变了公司债务市场的格局。大约在 2014 年或 2015 年，布莱恩注意到，她可以为市场带来新的启示，但这似乎已经不再重要了。她说："这是美联储从 2010 年开始做的事情的结果，后来美联储依然这样做。已经有一个人为设定的底部了，而高于底部的部分是由美联储设定的。所以你在这个市场上不会输。如果你不会输，那就不是真正的市场。"

所有资金都被认为不会亏损[9]，然后开始涌入杠杆贷款和贷款抵押债券这一新市场。截至 2010 年底，美国的贷款抵押债券市场价值略低于 3 000 亿美元，到 2014 年底已达 4 000 亿美元，到 2018 年达到 6 170 亿美元。

这给瑞士信贷银行的赫图等人带来了大量工作。有太多的现金在追逐银行可以出售的每一笔杠杆贷款。赫图看到了这种情况的后果。贷款越卖越多，投资者愿意接受的风险也越来越大。

赫图形容这种情况就像被困在老虎钳中一样。[10] 一边是养老基金等投资者要求放贷的压力，另一边是如凯雷集团这样的私募股权公司，它们是这些新贷款的最佳来源。私募股权公司拥有杠杆，它们开始利用这一点为自己谋利。

当凯雷集团这样的私募股权公司达成收购莱克斯诺这样的公司的交易时，典型的杠杆贷款就诞生了。私募股权公司是永恒债务的最初源泉，在华尔街被称为贷款的发起人。在凯雷集团发起了一笔交易后，它接洽了瑞士信贷这样的银行，并向该行提供了一个机会——安排一群投资者为这笔交易提供资金。赫图就是银行的中间人，他的杠杆贷款经常依赖于发起人。随着时间的推移，发起人的要求越来越高。他们知道银行急于获得更多的杠杆贷款。发起人有时会采取一些令人恼火的手段，比如坚持要求他们可以选择瑞士信贷银行聘请哪家律师事务所来监督交易。赫图不喜欢发起人规定他可以聘请哪位律师，他怀疑发起人挑选的律师在审阅文件时很可能会同情发起人。但他又能怎么办呢？凯雷集团等公司占了上风。

发起人以更重要、更令人担忧的方式发挥其议价能力。他们开始出售杠杆贷款，这些贷款的契约（即保护投资者的合同条款）非常宽松。典型的契约可能会规定，像莱克斯诺这样的借款人不能立即举借更多的债务，否则就很难偿还之前的贷款。契约还可能会规定，借款人在出售资产之前必须获得贷款人的许可，这类契约一直很常见，但杠杆贷款的发起人开始坚持削减这些条款。赫图回忆说，发起人最后变得非常大胆，他们开始发送详细的贷款条款清单，大概有 20 页之长，坚持要求将这些宽松条款纳入交易中。赫图回忆说，这些条款给予借款人更多的灵活性，并删除了保护投资者的契约。这种情况变得如此普遍，以至于华尔街为被剥离了契约条款的贷款起了一个绰号，称其为"低门槛贷款"。

赫图的工作就是把低门槛贷款推向市场，看看有没有人愿意买。他有时会向发起人坚称，如果找不到买家，他会重新加入一些条款以保护投资者。但他并不需要这样做，因为买家总会有的。10 亿美元的贷款产品会有 20 亿美元的买家。这种情况屡屡发生。人们对低门槛贷款的需求非常强烈，这只会促使交易发起人更加坚持。因为有太多的资金在寻求收益,所以投资者不可能要求高标准。

赫图说:"这很艰难,你看到人们同意了什么,你就会想,哦,我的天,你知道你在同意什么吗?这些交易越来越激进,因为市场上又有了大量现金供应,贷款抵押债券必须让资金发挥作用。进入市场的交易数量有限。他们都很喜欢,于是买了下来。"

赫图知道杠杆贷款业务固有的风险,但他也知道其中的好处。这些贷款被发放给全美各地的公司,为它们提供信贷,让它们可以用来扩大生产规模、雇用工人或发明新产品。将贷款捆绑成贷款抵押债券,可以分散投资者的风险,在少数贷款出现问题时降低投资者的损失,从而帮助投资者降低风险。购买贷款抵押债券的机构投资者都很老练,当它们进入低门槛贷款市场时,它们知道自己在做什么。

低门槛贷款曾经是一种奇特的债务工具[11],后来却成为行业标准。它们在 2010 年杠杆贷款市场中的占比不到 10%。但到 2013 年,其占比超过 50%,2019 年,其占所有杠杆贷款的 85%。尽管更宽松的契约取消了对投资者的保护,但对此类贷款的需求仍在增加,发放此类贷款的机构的竞争也更加激烈。凯雷和其他私募股权公司,如阿波罗、贝恩资本和 KKR(科尔伯格·克拉维斯·罗伯茨),甚至成立了自己的贷款部门来满足需求,也就是自己创建和管理贷款抵押债券,而不依赖瑞士信贷等银行。市场对贷款抵押债券的需求很大,部分原因是这些债务组合在 2008 年危机期间表现得非常好,在其他信贷产品遭遇重创时仍实现了保值。

银行家和私募股权公司并不是唯一竞相发行公司债券的组织机构。加入它们行列的还有一种曾经默默无闻的投资公司——商业发展公司,它是美国国会在 20 世纪 80 年代创建的。商业发展公司可以享受税收减免,向那些风险极高、无法获得传统银行贷款的小企业提供贷款。商业发展公司将这些贷款打包出售给投资者,投资者可以在公共证券交易所购买商业发展公司的部分股份。几十年来,商业发展公司在金融业的一个安静角落里运作，向中型面包店、医疗设备制造商或食品公司发放贷款。这些贷款大多利率超高。在2010年后，商业发展公司管理的资金量激增。约有40家商业发展公司在2010年管理着270亿美元的高风险债务。到2014年，共有77家商业发展公司管理着820亿美元。到2018年，约有95家商业发展公司管理着1010亿美元的资产。

公司债务延期、打包和出售的热潮势不可当。美国的企业借贷达到了创纪录的水平。到2010年底，非金融公司的债务总额为6万亿美元。到2013年底，这一数字达到7万亿美元，到2017年底，接近9万亿美元，而到2019年达到了10万亿美元。

公司债务的增加给美国金融体系带来了一系列深层次的风险。风险是双面的，一边是借款人，另一边是贷款人。由于多年来所有这些契约都被抛弃了，贷款人或投资者承担了更大的风险。如果借款人违约，投资者受到的保护将比以往任何时候都少。至于借款人，他们面临的是另一种风险。当这些公司接受贷款或发行债券时，它们承诺自己将继续经营下去。它们依赖于在债务到期之前，以一个合适的价格展期债务的能力，否则它们必须还清全部债务。只要美联储帮助压低利率，并让金融体系依靠新的资金维持运转，这种做法就行得通。但是，如果资金被收回，或者利率飙升，产生的连锁反应将是毁灭性的。公司将不得不偿还债务或接受更高的利息成本，违约将给投资者带来更多损失。

赫图目睹了这一切的发展，他与维基·布莱恩注意到了同样的事情。在担保债务凭证或杠杆贷款领域，似乎没有人认为他们会输。在2018年，一名27岁的贷款抵押债券信贷经理在金融危机期间可能只有17岁。"现在贷款抵押债券的投资组合经理在2009年还是个孩子。他们没有应对非常艰难的周期的经验。"赫图说。投资者购买的是他们明知很糟糕的贷款，但他们相信在需要的时候可以卖掉这些贷款。

问题是，一旦情况不妙……市场就会冻结，你就卖不出去了。

多年以后，人们很容易将矛头指向华尔街的交易商[12]，是他们建立并资助了这些高风险的公司债务塔。但金融家只是在做美联储鼓励他们做的事情。对于美联储的高层领导来说，这一切都不足为奇。2013年，当联邦公开市场委员会正在监督其最长的一轮量化宽松政策时，达拉斯联邦储备银行行长理查德·费舍尔明确指出，该政策将主要惠及私募股权公司，比如鲍威尔的前雇主凯雷集团。费舍尔对伯南克所希望的"财富效应"理论提出了质疑，该理论认为资产价格上涨将为劳动者带来更多的薪酬和工作机会。

费舍尔在会议上说："我认为这已经产生了财富效应，但主要是对富人和急功近利者——巴菲特、KKR、凯雷、高盛、鲍威尔，也许还有和我一样可以不花钱就能借到钱的人。这些人推动债券、股票和房地产价格上涨，利润落入他们的口袋。"他认为，这并不能像美联储希望的那样创造就业机会或提高工人工资。

当然，这在很大程度上取决于这些公司如何使用借款。以莱克斯诺公司为例，该公司通过瑞士信贷银行承销的多轮债务融资借入了数十亿美元。在莱克斯诺发生的事情恰恰说明了，廉价债务将在多大程度上影响大多数工人的命运。

第十章　ZIRP 制度（2014—2018 年）

当鲍威尔担任莱克斯诺董事会成员并代表凯雷集团帮助管理公司时[1]，高管团队经常在酒店和乡村俱乐部，而不是在密尔沃基中西部工厂附近的公司总部大楼举行重要会议。到 2014 年，莱克斯诺领导团队与其他员工的分离已经具体化，并且是永久性的。管理团队搬进了密尔沃基市中心一幢新装修的办公楼里，这里靠近河边的一个公园。办公楼位于一个新兴地区，曾经空空荡荡的店面正在重新布满葡萄酒吧、微型酿酒厂和墨西哥餐外卖店。在午休时间，莱克斯诺的高管可以沿着街对面蜿蜒的人行道散步，俯瞰蜿蜒穿过市中心的梅诺莫尼河。新办公楼是一个独立的环境，档次要高于中层管理人员和在莱克斯诺全球工厂网络工作的数千名员工的办公环境。

这些工厂被视为资产[2]，高管团队的工作就是要尽可能多地从这些资产中获取利润。这项工作由莱克斯诺新任的首席执行官托德·亚当斯来领导。他早在 2004 年就以财务人员的身份加入了莱克斯诺，当时他还只有 30 岁出头。在来到公司的最初几年里，亚当斯在鲍威尔手下工作，这让亚当斯有机会目睹凯雷集团是如何在拥有公司不到五年的时间里赚取数亿美元的。亚当斯在莱克斯诺公司晋升迅速，直到2009年成为首席执行官。莱克斯诺公司新任首席执行官的专业背景是金融，而非工程或制造领域，这绝非巧合。在凯雷集团将公司出售给阿波罗之后，莱克斯诺债务缠身，管理债务成为公司的首要任务。在亚当斯担任首席执行官的第一个年度，即2010年，莱克斯诺的债务负担是21亿美元，仅利息支出就达1.84亿美元。在大衰退最严重的那一年，公司亏损了560万美元，而前一年亏损了3.94亿美元。莱克斯诺直到2012年才实现盈利，而且每年都要支付数百万美元的利息费用。但亚当斯并没有被吓倒。阿波罗仍然拥有莱克斯诺，而在私募股权的世界里，除了要实现盈利或无负债，还有更多的经营之道。莱克斯诺已成为阿波罗的战略工具，通过金融工程周期性地赚取暴利。例如，就在阿波罗收购莱克斯诺公司之后，它又让莱克斯诺背负了6.6亿美元的新债，并用这笔钱收购了一家名为Zurn Industries的工业管道公司。这将莱克斯诺的业务拓展到了新的市场，并为更多的举债收购创造了新的途径。亚当斯的主要工作之一就是帮助莱克斯诺公司发展出可以直接出售的商品，或者至少是货币化的商品。

亚当斯在谈及管理莱克斯诺时[3]，公开谈到了公司独特的管理理念，他称之为莱克斯诺商业体系（RBS），他甚至还为此设计了一个徽标。在一段关于莱克斯诺的宣传视频中，亚当斯站在镜头前大谈莱克斯诺商业体系的优点。亚当斯说："任何企业都可以赢一次。要想每一天在每个市场都赢，就需要一个可重复的过程。"亚当斯留着光头，脸型方正，看上去比实际年龄要老一些。他身着深色西装，内搭白衬衫，没有打领带，处处流露出中层管理人员和蔼可亲的形象。他说，莱克斯诺的力量源泉是莱克斯诺商业体系所蕴含的智慧和过程。的确，莱克斯诺的经理和员工都接受过这一管理理论的口号和技巧培训，但莱克斯诺商业体系并不能真正解释莱克斯诺的动力所在。

从真正的意义上讲，工厂里发生的一切几乎都是公司总体战略的附带内容。

金融工程是莱克斯诺公司战略的关键。与其他公司一样，莱克斯诺也要顺应其所处的环境。这种经济环境从2012年开始受到零利率政策的影响。大量的廉价债务、资产价格的相应上涨以及对收益不顾一切地追求，都促使公司采取一系列广泛的战略。管理团队最大的手段是杠杆贷款和股价上涨，而不是生产传送带或滚珠轴承。在新债发行的热潮中，花钱研究新产品的想法逐渐消失了。莱克斯诺公司是这一领域的早期先驱，自20世纪80年代以来一直由私募股权公司持有，其盈利模式以债务为驱动力。但随着大量廉价资金通过量化宽松和零利率政策涌入金融体系，该公司很快就成为美国企业界正在发生的事情的典型例子。事实证明，这一策略为公司所有者和高管带来了丰厚的利润。例如，亚当斯在2010年，也就是他担任首席执行官后的第一个完整年度，就赚取了250万美元的可观收入，而这仅仅是个开始。2012年对亚当斯来说是个丰收年，由于公司上市，当年慷慨地分配了股票期权，他赚到了870万美元。虽然并非每一年都这么好，但亚当斯的年薪一直超过100万美元，有一年他的收入特别高，达到了1 200万美元。

但是，零利率政策并不是为了让亚当斯这样的人发财。这场赌博是想帮助像莱克斯诺公司员工约翰·费尔特纳这样的人。他曾一度认为，在莱克斯诺工作可以为他提供一条通往稳定的中产阶层生活的狭窄道路。所有受零利率政策鼓励的金融工程本应使这一信念成真。

当费尔特纳获得面试莱克斯诺工厂工作的机会时[4]，他跳上自己的汽车，连夜开车超过15小时，以确保准时到达面试地点。他的大好机会出现在2013年，当时莱克斯诺位于印第安纳波利斯的工厂正在招聘一名机器操作员。费尔特纳在那里出生长大，但接到电话时他住在达拉斯。他从以前的工厂下岗后搬到了达拉斯，莱克斯诺的高薪职位值得他付出非凡的努力。

这就是费尔特纳的性格特点。他总是乐此不疲，愿意做一切必要的事情来养家糊口。费尔特纳接受过良好的教育，精通现代工业生产的复杂机械。他拥有ITT技术学院的副学士学位，作为一名工程师，他做过各种各样的工作，一度设计过炼油厂内部使用的复杂管道系统，后来进入工厂工作。费尔特纳知道如何努力工作，而且他和妻子育有三个孩子，这使他能够集中精力完成手头的工作。不幸的是，费尔特纳的成年生活恰好赶上了美国制造业划时代的崩溃。这意味着他的职业生涯充满了不稳定性。在20世纪70年代，当费尔特纳在印第安纳波利斯长大时，该市东部是工厂和配送中心的繁忙聚集地，对劳动力的需求似乎无止境。镇上有个老笑话，说一个人早上被解雇，午饭后就能找到新工作。但后来一家又一家工厂相继倒闭，如果一个人早上被解雇，那么他很可能被永远踢出中产阶层。费尔特纳年轻时曾是一名设计管道系统的工程师，年薪约6万美元。当他在汽车零部件制造商纳威司达公司找到一份工厂工作时，年薪在8万~9万美元。他在2007年被解雇了，这促使他搬到达拉斯为一家保险公司工作。他在达拉斯赚的钱没有那么多，但他愿意遵循美国经济生活的新规则。每次被打倒后他又爬了起来。当一份工作消失时，他训练自己去找一份新工作。费尔特纳说："重塑自我就是从过去的一切中汲取一点养分。我总是把它称作培乐多橡皮泥模型——现在的你是另一个样子。"

这就是费尔特纳愿意连夜驱车15小时去莱克斯诺面试的原因，这可能是他获得稳定工作的最好机会。莱克斯诺公司的工厂位于城市的最西部，就在机场的北面。厂房面积有一个街区那么大，周围是一个停满了汽车的拥挤停车场。费尔特纳在早上七点钟准时到达了面试地点。当他坐下来后，莱克斯诺的人和他闲聊了几句，并问费尔特纳当天早上通勤花了多长时间。费尔特纳回忆说："我以为他是认真的，就说用了15小时。"那人说:"你说什么?"费尔特纳回答道:"我不知道你是否意识到了这一点,但我就是住在得克萨斯州的达拉斯。"

在面试时,费尔特纳说他愿意收拾好一切,下个星期一就去上班,但他没有得到这份工作。经理担心他没有足够的经验。不过他再次被叫去面试,第二次经历了整个过程,却再次被告知缺乏经验。费尔特纳这一次开始反击了。他是个大块头,身材魁梧,左肩上有一个很大的文身。他留着令人生畏的山羊胡子,手指上戴着很大的戒指,看起来有些吓人。但费尔特纳说话时并不粗鲁也不强硬,他很有说服力,而且脾气出奇地平和。费尔特纳告诉莱克斯诺的面试官,他的性格比经验更重要。我说:"我每天都来上班。如果你想要一个愿意来工作的人,而且我什么都能学会……其实,我就是你要找的人。雇用我吧。"

费尔特纳被录用了。他被安排负责操作一台名为约翰·福德磨机的大型加工设备,他认为这可能是整个工厂中最古老、维护最差的一台设备。他对这台机器了如指掌,七年后他依然记得这台机器的编号,就像记得老朋友的电话号码一样,这台机器的编号是5898。莱克斯诺工厂生产高度专业化和高度工程化的滚珠轴承,主要用于飞机、水泥厂和制造工厂。一个莱克斯诺滚珠轴承的价格约为1 800美元,这种价值是在相对艰苦的环境中创造出来的。费尔特纳的工作间冬冷夏热,在炎热的季节里,他会穿着T恤、短裤和钢头靴。不过也有额外的好处,费尔特纳加入了莱克斯诺当地的钢铁工会,并最终竞选成为工会官员,他在帮助工人改善工作条件方面获得了一定程度的权力。

费尔特纳和妻子妮娜举家搬回了印第安纳波利斯地区。他们在城东格林菲尔德小镇上的一个郊区发展项目中定居下来,在一片广阔的玉米地旁新建的房屋群中租了一间整洁的房子。费尔特纳和妮娜一起度过了漫长而艰难的季节。他们现在回到了家乡,有了医疗保险和一份加入工会工作带来的可靠收入，费尔特纳为这一权利进行了艰苦卓绝的斗争。

费尔特纳和妮娜租住的房子靠近莫扎特和银勺大道的拐角处，费尔特纳几乎工作后就开始攒钱买房。

从位于密尔沃基的莱克斯诺总部办公室视角来看[5]，位于印第安纳波利斯的滚珠轴承工厂被视为该公司拥有的资产网络中的一项单一资产，所有这些资产都排列在一个复杂且不断变化的游戏盘上。首席执行官亚当斯和他的团队必须想出如何移动这些棋子，为公司所有者创造最大利润的办法。阿波罗管理公司仍持有该公司约24%的股份，而另外23%的股份则由普莱斯联合公司和摩根大通持有。公司的其他部分股票已在首次公开募股中被拆分，并在华尔街出售。出售这些股票筹集了4.263亿美元，但只有极少数流向了公司本身。阿波罗从中抽取了1 500万美元作为管理费，3亿美元用于偿还债务。2013年，该公司宣布再次公开募股，这次的目标是筹集13.6亿美元。不幸的是，正如《密尔沃基哨兵报》所报道的那样，这次发行并没有为莱克斯诺募集到资金。

亚当斯和他的团队所面临的困境与任何企业领导者并无不同。他们必须最大限度地提高利润，增加所有者回报，并证明公司利润在未来几年有可能实现大幅增长。要做到这一点有许多不同的方法，莱克斯诺可以尝试发明新产品，尝试涉足新行业，或者对工厂进行再投资，以提高现有产品的质量。但在寻求巨额利润时，莱克斯诺的领导者特别关注两件事：公司债务市场的繁荣和公司上市股票市场的繁荣，这才是真正赚钱的地方。

债务市场似乎最为紧迫。亚当斯和他的团队所做的每一个决定都必须考虑莱克斯诺的债务负担。该公司在2014年仍欠有20亿美元的债务。公司这一年支付了1.09亿美元的利息，而利润只有3 000万美元。莱克斯诺的领导者花费了大量时间与赫图和瑞士信贷银行合作，不断地对债务进行展期和再融资。莱克斯诺的债务仍被评为垃圾级，在 2020 年之前，它每年支付的利息成本都高于利润。偿还债务需要数年时间，这一过程需要做出痛苦的妥协并付出惨痛的代价，这可不是什么令人振奋的企业战略。

股市上涨带来了更多令人振奋的机会。零利率政策时代的一个奇怪现实是，尽管整体经济增长乏力，但资产价格的增长却十分惊人。这就为亚当斯这样的高管创造了机会，他们可以利用一种曾经不为人知的金融手段，在公司股价上涨时套现。这种策略被称为股票回购，这也是莱克斯诺公司和其他美国公司开始追求的战略。

股票回购在 1982 年被合法化[6]，而且正是它们听起来的样子。公司用现金购买自己的股票。对于已经持有公司股票的人来说，回购的基本吸引力显而易见。当股票被购买后，它们就会从市场上消失，从而减少股票的总量。这可以提高剩余股票的价格，因为可购买的股票减少了。股票回购也有助于推动一项衡量许多首席执行官薪酬的重要指标，即每股收益，该指标衡量的是一家公司每股股票的利润。股票回购越多，每股收益就越高。因此，股票回购是实现每股收益目标的好方法，而无须做赢得新客户、创造新产品或改善运营等事情。另外，也许最明显的是，股票回购把钱给了已经持有股票的人，其中可能包括公司的高管团队。

尽管对高管和股东有这些好处，但在 20 世纪 90 年代的大部分时间里，股票回购仍然相对罕见。有令人信服的理由避免回购，比如回购几乎总是会增加公司的负债，从而削弱公司的实力。[7]当企业借入现金进行回购时，这种趋势只会被放大。但在债务如此低廉、股票上涨如此迅猛的情况下，这一策略几乎变得不可避免。

在美国，看起来最无聊的公司都变成了金融工程师公司[8]，它们借来现金，购买自己的股票，抬高股价，还经常为高管的高薪寻找理由。这些公司从事的实际业务对其管理团队越来越不重要，更重要的是进入债务市场和不断上涨的股价。例如，根据《福布斯》杂志的一项广泛调查，麦当劳在 2014—2019 年借入了 210 亿美元的债券和票据。该公司利用这些资金为 350 亿美元的股票回购提供了支持。它还直接向所有者支付了 190 亿美元的股息，在公司利润仅为 310 亿美元的时候，公司所有者获得了 500 多亿美元。百胜餐饮集团是经营塔可钟和肯德基等连锁店的快餐企业集团，该集团借了 52 亿美元用于支付 72 亿美元的股票回购和股息。

回购增加了这些公司的债务负担，缩减了它们的资产，从而使它们更容易受到经济衰退的影响。例如，在 2014—2020 年，百胜餐饮集团的净债务从 28 亿美元增至 100 亿美元。这意味着其债务占总销售额的比例从 42% 上升到 178%。

莱克斯诺在 2015 年曾考虑回购股票[9]，但该公司负债累累，实际上是在用借来的钱购买自己的股票。该公司欠债 19 亿美元，支付了 8 800 万美元的利息成本，这比它赚取的 8 400 万美元利润还要多。

尽管如此，莱克斯诺董事会还是在 2015 年授权亚当斯及其团队回购了 2 亿美元的股票。公司在 2016 年又回购了 4 000 万美元的自有股票。公司在 2020 年扩大了回购授权，又回购了 8 100 万美元的股票。与许多公司一样，莱克斯诺的首席执行官在此期间也享受到了一笔意外之财。他在 2016 年的薪酬为 150 万美元，但第二年他获得了 1 200 万美元，其中大部分是股票奖励，2018 年他的薪酬是 600 万美元。

美联储鼓励这种活动，它也知道自己在鼓励这种活动。但在美联储看来，莱克斯诺公司的股票回购只是达到目的的一种手段。如果首席执行官利用债务来帮助设计数百万美元的发薪日，繁荣最终通过"财富效应"分散到银勺大道附近的费尔特纳家所在的这样的社区即可。

费尔特纳长期从事工会工作[10]，他认为工作生活是由规则和合同决定的。工会成员和管理层坐下来谈判规则，以书面形式达成一致，然后双方都必须遵守。他对这些东西很执着。但费尔特纳认为，这些规则越来越不利于员工。

早在几年前，也就是 2012 年，当地工会在谈判新合同时就发生了重大变化。当时经理表示，工厂可能会被关闭，因此如果员工想保住工作，就必须降低工资，或者放弃部分福利。工会最后达成了妥协。工会同意采用双轨工资制，新员工的时薪将比现有员工少 5 或 6 美元。费尔特纳得知后非常生气，斥责工会同意这种行为，费尔特纳说："他们已经把本地人一分为二了，他们要分而治之。"

在重新谈判劳动合同时，工会推动取消双轨工资制。出人意料的是，管理层居然同意了。但这实际上令工会感到不安，管理层太轻易放弃了，也许他们这样做是因为知道工厂即将被关闭。

莱克斯诺在 2016 年 5 月发布公告，[11] 明确表示规则将再次改变。令人遗憾的是，这份公告不是以一种任何人都能理解的方式写的，只有一小部分在公司金融领域工作的人能看懂。莱克斯诺宣布了新的"控制权变更"政策，涉及公司被收购后的薪酬和福利管理方式。在兼并和财务领域，这无异于一则广告："我们要出售。"

亚当斯和他的团队正在做的事是要让莱克斯诺对外部买家更具吸引力。该公司仍然负债累累，但它一直在缓慢地偿还部分贷款，债务已从 2012 年的 24 亿美元降至 2016 年的 19 亿美元。但亚当斯还推出了另一项重要举措，这对费尔特纳和其同事的生活产生了更大的影响。这项举措的名称相当冷酷无情，它被称为"供应链优化和足迹重新定位计划"，内部人士称之为"SCOFR"。根据 SCOFR 的要求，莱克斯诺将评估其整个资产游戏盘，评估如何转移、改进或清算每一项资产，以使公司股东受益并完善其财务报表。SCOFR 要求关闭莱克斯诺大约 20% 的生产基地，将位于世界高薪地区（如印第安纳波利斯）的工厂转移到低薪地区（如墨西哥）。

总体看来，SCOFR 实施的前两个阶段可为莱克斯诺大约每年节省 4 000 万美元成本。这并不是转型，莱克斯诺仅在 2016 年就支付了 9 100 万美元的利息。但对外界而言，这些节省下来的成本很有吸引力，即使没有减少债务，也提高了公司的利润率。

当实施 SCOFR 的团队对莱克斯诺位于印第安纳波利斯的滚珠轴承工厂进行评估时，他们看到了商机。

现在回想起来，莱克斯诺的员工会说[12]，他们注意到的第一件可疑事情就是公司在印第安纳波利斯工厂安装了新的安全摄像头。摄像头是在一个周末安装的，这看起来很奇怪，好奇的员工被告知，这只是一项安全措施。

当员工被告知聚集在一起等待公告时，费尔特纳正在工厂里。这里还有一个奇怪的细节，一半的员工被要求去大楼后面的装卸区，另一半的员工被要求去大楼前面的一个地方，他们不知道公司为什么要把大家分开。

费尔特纳和另一半同事站在了一起，莱克斯诺公司的一位经理站在他们面前，发表了简短而平和的讲话。莱克斯诺公司决定关闭滚珠轴承工厂，并将其迁往墨西哥的蒙特雷。工会后来了解到，墨西哥员工的时薪约为 3 美元，关闭美国工厂每年可为莱克斯诺节省大约 1 500 万美元。这一消息对费尔特纳和其同事造成了直接且严重的影响。他们并非处在一个可以从一份高薪工作流动到下一份高薪工作的世界，下岗更像是跌落悬崖。他们一直处于一个相对较高的平台上，而他们再次站在这个平台上的概率非常小。费尔特纳费了九牛二虎之力才加入莱克斯诺，而他费尽心机是有原因的。他知道这份工作有多么难得和宝贵。可就在一次会议后，费尔特纳所在工厂的 300 个工作岗位消失了。费尔特纳说："它震撼了你的世界，真的是这样，人们都很生气，你的整个生活都被毁了。"

员工尽己所能与这一决定抗争，他们接受了当地电视台的新闻采访。他们甚至试图说服政府当局做些什么，但这是一个漫长的过程。工会曾经是美国人生活中的政治掮客，但现在他们只是一个边缘团体，只能获得零星的媒体关注。但似乎有一件事让人看到了希望：2016年是总统大选年，共和党候选人唐纳德·特朗普正在以一种奇怪的方式为共和党人竞选。特朗普是几十年来第一个激烈地、好斗地、亵渎地、反复地辩称要保持美国国内的就业机会比为股东赚取最大利润更重要的主要政党总统候选人。特朗普盯上了印第安纳波利斯另一起更大的裁员事件：一家名为开利的公司宣布关闭印第安纳波利斯工厂，裁员约 1 400 人，并将其中 700 人迁往墨西哥。特朗普在竞选演说中将开利公司作为反面教材，并承诺对开利公司或任何将工作岗位转移到海外的公司征税，以示惩罚。

费尔特纳支持特朗普和他的竞选伙伴印第安纳州州长迈克·彭斯。如果说有哪个政治团队能在裁员问题上有所作为，那似乎只有特朗普和彭斯了。特朗普的民主党对手希拉里·克林顿并没有带来这样的希望。长期以来，她一直主张建立一个由全球贸易协定定义的经济体系，为将工作岗位转移到劳动力更便宜的市场铺平道路。费尔特纳及其同事迫切希望得到更多的媒体关注，这样有可能吸引特朗普代表他们进行更积极的干预。随着圣诞节的临近，莱克斯诺员工与开利工厂的工会成员一起举行了教堂礼拜。他们在橄榄山教堂聚会[13]，该教堂位于莱克斯诺工厂南面的工业区，靠近机场的一个大型停车场。仪式开始前，与会者在圣坛附近布置了一个由节日彩灯组成的大标牌，上面写着"拯救所有工作"。当员工高唱"哦，来吧，所有忠实的人"时，当地电视台也被请了进来。员工站起来发表了简短的讲话，语气阴郁而悲惨，就像临终关怀时的祈祷一样。他们在向上帝祈祷，也在向特朗普或任何可能会听的人祈祷，但并没有什么真正的结果。特朗普赢得了大选，圣诞节来了又走了，莱克斯诺也顺利推进了 SCOFR 计划。特朗普出席了在开利工厂举行的新闻发布会，错误地夸大了在那里可以节省多少工作岗位，然后在推特上与工会的一位领导人发生了争执。特朗普对印第安纳波利斯工作岗位的兴趣很快就消失了。

莱克斯诺逐步分解了印第安纳波利斯工厂的生产，并准备在蒙特雷新建工厂。公司向费尔特纳及其同事提供了额外的工资和遣散费，如果他们想继续工作到那年夏天工厂完全关闭时，他们将被要求帮助培训墨西哥的员工，这些员工将接替他们的工作。帮助培训新员工的人每小时可增加 4 美元的工资。费尔特纳唯一的反抗行为就是拒绝报名。他说："我绝对不可能培训这个人来抢我的饭碗。"当工厂最终在 2017 年永久关闭时，费尔特纳重新回到就业市场，这就是他可以宣称胜利的地方。

亚当斯始终未能为莱克斯诺或其任何一家公司找到买家。[14] 高管团队也确实设法不断削减公司的债务，将债务从 2016 年的 19 亿美元降至 2018 年的 14 亿美元。随着公司实施更多轮的 SCOFR，其利润率也在不断提高。2017—2020 年，莱克斯诺就关闭了其水务管理板块的七家工厂。

莱克斯诺董事会似乎对亚当斯的表现很满意。当 2016 年宣布关闭印第安纳波利斯的工厂时，他获得了 150 万美元的报酬。当 2017 年工厂关闭时，亚当斯获得了 1 200 万美元的报酬，其中大部分是股票福利。金融数据公司 Wallmine 跟踪股票销售和奖励的公开数据，估计亚当斯的净资产到 2020 年至少有 4 000 万美元。

这些年来，随着公司削减成本，穆迪信用评级机构稳步提高了对莱克斯诺的债务评级。但直到 2020 年，该公司的债务仍被评为垃圾级。

费尔特纳开始了他的"培乐多橡皮泥模型"生涯，[15] 重新塑造了自己的工作生活。在结束莱克斯诺的工作后，费尔特纳四处奔波，寻找与之前收入相近的工作。他最终在一家杂货店找到了一份体面的维修工作，然后又找到了一份临时维修承包商的工作。他和妮娜搁置了在银勺大道附近买房子的计划。这次失业给他们带来了压力,但费尔特纳并没有因此而退缩。他和妮娜的目标仍然是积累足够的钱来买房,并供孩子上大学。费尔特纳每份工作的薪水都比前一份低,但他和妮娜都愿意努力工作,他们会成功的。虽然下岗是一件痛苦、代价很高且不稳定的事情,但费尔特纳已经习以为常。他说:"我称之为新的常态,你会习惯的。"

鲍威尔从莱克斯诺获得了个人财富[16],就像鲍威尔做大多数事情的方式一样——谨慎而高效。

在2016年和2017年,当莱克斯诺的裁员成为全国性新闻时,似乎没有人公开提及鲍威尔在公司命运中所扮演的角色。鲍威尔对莱克斯诺的所有权是过去十年的事,但他对公司的管理与公司后来的困境之间却有着一条分隔线。在鲍威尔将莱克斯诺出售后,公司陷入了债务深渊,从此一蹶不振。这一现实影响了后来发生的一切,包括SCOFR的诞生和印第安纳波利斯工厂的关闭,但莱克斯诺对于鲍威尔来说早已是旧事了。

2016年,鲍威尔和美联储委员正专注于艰难的内部辩论。他们试图找出美联储控制和遏制其货币试验的副作用的策略,但收效甚微。鲍威尔曾在2013年警告说,由于美联储的干预,杠杆贷款和其他债务资产市场正处于过热状态。到2016年底,公司债务增加了25%,达到8.5万亿美元。事实证明,美联储很难在债务市场变得更加过热之前撤出干预。

一天晚上,鲍威尔在华盛顿参加一个社交活动时,遇到了一个或许能让他洞察美联储困境的人。这是鲍威尔与堪萨斯城联邦储备银行前行长霍尼格的一次偶遇。霍尼格后来回忆说,两人进行了一些礼貌性的交谈,并没有过多地谈论货币政策,他们的谈话时间很短。

霍尼格当时还在考虑其他事情。[17]从美联储退休后,他重新回到华盛顿特区,在政府部门从事其他工作。他被劝说回来担任负责维持美国银行体系稳定的监管机构——联邦存款保险公司的副董事长。早在多年前，霍尼格就曾警告说，量化宽松政策和零利率政策将导致资源的大规模错配，从而增加金融风险，并主要惠及拥有资产的富人。现在作为银行监管者，霍尼格可以坐在前排目睹这一切的发生。如果这些风险再次蔓延开来，他也有责任帮助清理损失。

第十一章　霍尼格规则（2012—2016 年）

自从霍尼格离开美联储之后[1]，他并没有获得轻松退休的状态。相反，他被邀请从堪萨斯城搬到华盛顿特区，这样他就可以在那座城市做一份最困难、最吃力不讨好的工作。他将帮助管理这个试图保持金融体系稳定的政府机构，即使是在债务和风险投资不断上升的情况下。更为糟糕的是，他带着一份非常详细的分拆大银行的计划来到这里。

事情要追溯到霍尼格还在担任堪萨斯城联邦储备银行行长一职的时候。他接到了美国参议院一个工作人员的电话，此人曾为共和党多数党领袖米奇·麦康奈尔工作。他问霍尼格是否知道谁可能有兴趣成为联邦存款保险公司的专员，霍尼格说他会考虑的。工作人员后来回了电话，问霍尼格是否有兴趣。霍尼格回忆说："好吧，我总有可能感兴趣的。"在一次定期前往华盛顿的旅行中，霍尼格在国会大厦停了下来，与麦康奈尔的工作人员进行了正式的工作面试。霍尼格说他愿意接受这份工作，但不愿加入政党。在美联储工作了几十年之后，霍尼格希望留在一个独立机构的队伍中，以免受政党政治的影响。这对成为麦康奈尔的幕僚很有效，霍尼格得到了参议院的提名和批准。

联邦存款保险公司似乎是霍尼格的完美选择。该机构是在大萧条时期成立的，其任务是监管银行和保护银行体系。该机构最广为人知的是为普通民众的银行账户提供保险，即如果一家银行倒闭，那么联邦存款保险公司将为所有在该银行拥有25万美元存款的人提供赔偿（2016年，美国家庭的平均储蓄总额约为4万美元）。该机构还会检查银行的账簿，以确保它们有足够的钱来履行义务。该机构在决定美国银行体系乃至整个社会体系的形态和结构方面发挥了核心作用。

霍尼格接受这份工作的部分原因是，即使在金融危机结束多年后，美国的大银行仍有紧迫的工作要做。全球金融危机的一个奇怪的副作用是，它巩固了帮助制造这场危机的大银行的权力。2008年那些"大到不能倒"的银行现在变得更大了，甚至更加不可能倒闭。大银行控制的国家资产比以往任何时候都要多，而联邦政府似乎有意保持这种状态，这是霍尼格多年来一直在谈论的事情。美国社区银行的数量数以千计地减少，而一小群非常大的银行所持有的资产却越来越多。这个行业比现代历史上任何时候都更加巩固。与此同时，美联储鼓励这些银行承担更多风险。这种风险也在向"影子银行"体系蔓延，对冲基金和私人股权公司在这个体系中正在承担类似银行的职能，发放巨额贷款。

每个人都知道霍尼格在这个问题上的立场[2]，他于2012年抵达华盛顿时没有任何人对此感到惊讶。他几乎立即就开始了巡回演讲，他接受了在首都周边的高端银行和监管研讨会上发表演讲的机会。早在2006年，霍尼格在亚利桑那州图森市的一次聚会上发表讲话后，就把一群银行家震惊得鸦雀无声。他在华盛顿似乎把同样的事做成了一项热情追求的活动。他为联邦存款保险公司发表的演讲遵循了一个广泛的主题。他认为有必要重塑银行业，着眼于简单而不是复杂的行为。在对一群银行监管机构的工作人员发表讲话时，霍尼格表示，他们应该撕毁多年来一直在谈判的非常复杂的规则（《巴塞尔协议Ⅲ》）。当他对一群银行游说者和记者讲话时，他告诉他们银行应该被分拆，而不是被监管，并依据长达850页的新的《多德－弗兰克法案》进行监督。

这种方法在2012年的政治环境中被认为是激进的，但霍尼格追求这种方法并非不理智。他是由美国极具权势的共和党人之一挑选出来的，他的选定得到了时任民主党总统巴拉克·奥巴马的批准。在整个过程中，霍尼格的观点是众所周知和透明的。他不只是主张分拆大银行。当他还是堪萨斯城联邦储备银行行长时，就为如何做到这一点规划了一幅详细的蓝图。当霍尼格来到联邦存款保险公司时，他相信改革确实有机会。霍尼格是联邦存款保险公司的二号人物。主席马丁·格伦伯格曾长期为民主党工作，他似乎对限制大银行的想法持开放态度。

但在很早的时候，警示信号就很明显了。[3]在霍尼格的确认听证会上，一位名叫鲍勃·考克的共和党参议员提到，霍尼格的提名已经引起了紧张局势。考克对霍尼格的任命表示支持，但考克表示，他接到了"一些较大机构"打来的电话，这些机构知道霍尼格早些时候关于银行"大到不能倒"的言论。考克说："他们中的一些人很担心。"

2012年5月，霍尼格在参议院听证会上被要求概述自己的分拆大银行的计划。[4]尽管如此，考克还是对这个计划充满热情，他称之为"霍尼格规则"。

人们对霍尼格规则有热情，即使在保守派中也是如此，这是由2008年金融危机后出台的一系列令人不满的银行监管妥协所推动的。这些银行被允许保持原样，但需要遵循将改变其行为的新规则。这与政府在大萧条时期的作为形成了鲜明的对比，大萧条是最近一次可比较的银行危机。罗斯福政府和国会通过了一些法律，以某种方式重塑银行的形态，限制了它们的权力和可能带来的风险。奥巴马政府采取了不同的做法，国会通过了银行改革法，甚至成立了一个新的监管机构——消费者金融保护局，这产生了真正的影响。但政府并没有对银行体系进行重组，而是选择创建一个由新规则组成的高密度网络，该网络层层覆盖在大银行之上，允许它们保持规模庞大，但要对它们进行审查和微观管理。美国的《多德－弗兰克法案》和名为《巴塞尔协议Ⅲ》的国际银行业协议，在数百页的文件中阐明了这种制度。

霍尼格认为这是一场失败的博弈。他说银行监管规则的目标必须简单，易于理解，并能直接执行。他认为，应该像罗斯福新政时期那样，再次分拆银行。银行应该再次按功能划分，商业银行处理投保的客户存款，而其他银行则从事交易衍生品合约等风险较高的业务。这一划分将有助于确保纳税人只为商业银行的存款提供保险（这些存款仍将由联邦存款保险公司保险覆盖），而不是将安全网扩大到持有存款并从事高风险投机的大银行。霍尼格认为，一旦银行被分拆，它们需要遵循简单的规则，这些规则决定了它们手头应该保留多少资金以备不时之需。

霍尼格规则背后的关键思想是，将银行业务中风险较高的部分从经济上至关重要的部分（如商业贷款）中分离出来，这样风险较高的银行即使押错了赌注也可以倒闭，而不会拖垮整个金融体系。为《财富》和《华盛顿邮报》撰稿的金融专栏作家艾伦·斯隆在霍尼格参议院听证会后发表了一篇被广为阅读的专栏文章，称霍尼格规则正是华尔街所需要的。斯隆写道："这太简单了，太棒了，这是高风险和低风险活动的巧妙区分。"

有了这种支持，霍尼格继续努力。[5] 他受邀于 2012 年 9 月在华盛顿的财政俱乐部发表演讲，出席该活动的有银行游说者、银行监管机构和金融媒体。在这样的场合，某种规则通常是被认可的，霍尼格在一定程度上也尊重这种规则。他的演讲充满了优秀金融官僚的技术用语，是冷酷散文风格。但他说的话仍然令人震惊，他很少在高端金融圈演讲。他一开始就说，2009 年和 2010 年的金融改革还远远不够，银行体系仍然是美国经济的威胁，它需要被打破，即使大多数人认为银行改革的时代已经过去了。

但改革银行的需要远远超出了金融稳定的需要。霍尼格表示，改革对于恢复对银行体系的信任是必要的。霍尼格说："这种信任可以重新建立，问责可以重新回到金融体系中，这样银行业就能赢，而我们其他人也不会输。"即使在这次演讲中面对的是一群银行业人士，霍尼格也谈到了霍尼格规则，而不仅仅是金融监管。他认为，该规则将稳定银行，但他也认为，这将完成一些超出此范围的事情。重组银行体系朝着修复 2008 年金融危机留下的更深的伤疤迈出了至关重要的一步。这将修复霍尼格被邀请到堪萨斯州的茶党团体演讲时，或与他的老战友乔恩·麦基恩共进午餐时目睹的那种伤害。金融危机几乎耗尽了美国人对本国治理机构的信心。如果这种信心得不到恢复，其结果可能会造成极大的不稳定。他在财政俱乐部的演讲中问道："当我们救助最大的银行时，我们怎么可能说服美国人相信财政措施是公平的，而这些银行依然在变得更强大，而且不受市场规则的约束？"

这一观点得到了两党的支持。考克并不是唯一一个对霍尼格的想法表示感兴趣的参议员。霍尼格曾两次与马萨诸塞州参议员伊丽莎白·沃伦共进午餐，后者是民主党人，其整个职业生涯都建立在对华尔街实施更严格的监管之上。沃伦口头上支持霍尼格的想法，来自俄亥俄州的民主党参议员谢罗德·布朗也是如此。

霍尼格相信他的计划是可行的。他说："我想也许我可以让人们相信这是一个选择。"但他很快就得到了相反的回馈。

霍尼格在国会四处游说[6]，拜访了可能在推动任何银行改革方面发挥重要作用的参议员。在与一位参议员谈过之后，霍尼格正要走出办公室时，看到一位著名的银行游说者走进来与这位参议员会面。"我从一扇门出来——我认出了他——他从另一扇门走进去了。"霍尼格说。他并不感到惊讶，因为他知道银行游说者也会四处奔走，他说："这是他们的权利。我不反对。我只是一笑而过。"

银行游说者数量众多，坚持不懈，并且深耕国会山。他们有自己的智库，叫作银行政策研究所，这类研究所炮制出高质量的研究报告和白皮书来宣传银行家的观点，这使得霍尼格很难突破。霍尼格回忆说："你看，参议员的时间有限。所以他们必须努力在这些问题上保持清醒。如果你有15个行业说客和两个公共利益团体说客，或者是提议加强（监管）标准的机构，谁会提出最多的论点呢？"

霍尼格拜访了参议员，银行的说客紧随其后。霍尼格最终意识到霍尼格规则只是一纸空文，是永远不会兑现的。2010年国会通过《多德－弗兰克法案》时就选择了这条道路，当时国会开展了一场激烈的政治斗争。霍尼格回忆说："国会已经厌倦了在这个问题上努力，我完全理解，《多德－弗兰克法案》已经是一个巨大的努力……但他们决定朝这个方向走，而不是分拆（银行）。"

《多德－弗兰克法案》的复杂性虽然令银行感到烦恼[7]，但却对大型机构有所帮助。该法案催生了大约400条新规则，每条规则都变成了一个小小的监管泥潭，经过了一个漫长的过程，才由联邦存款保险公司等机构最终敲定。这给了银行无数机会对规则的每一个细节提出异议，其中一条关于衍生品监管的规定收到了1.5万条公众评论。一些机构不堪重负，以至于错过了将法律付诸实施的最后期限。到2013年，只有约1/3的法律规定得到了实施。银行业游说团体并没有就此罢休。在2010—2013年，银行仅在已注册的游说者身上就花费了约15亿美元，这一数字还不包括用于公共活动或智库论文的资金。

《多德－弗兰克法案》体系试图管理大银行内部的风险，同时允许它们做大规模。它能够做到这一点的关键是通过一种被称为"压力测试"的方法，这是奥巴马政府的财政部长蒂莫西·盖特纳所倡导的程序。压力测试要求银行假装它们正面临危机，然后以书面形式解释为什么它们能挺过来。为了通过压力测试，银行必须证明它们手头有足够的资金[8]在假想的危机中弥补损失。但这只是引发了很多关于什么算资本，甚至什么算危机的争论。它变成了一场永无止境的谈判，围绕着在假设的市场条件下，像贷款抵押债券这样的资产的价值能维持多久的投机性争论。第二种不太为人所知的程序是所谓的"生前遗嘱"，这本质上是银行提供的一份文件，以证明它们确实可以破产，而且不会导致整个金融体系崩溃。它们必须证明自己可以在没有救助的情况下倒闭，这也变成了一场冗长乏味的谈判，而霍尼格就置身其中。

2013年，大银行向联邦存款保险公司和美联储提交了长达数千页的生前遗嘱。[9]霍尼格和联邦存款保险公司的其他人对此并不买账。银行利用它们的生前遗嘱讲述了一个故事，但这个故事并不令人信服。霍尼格认为，银行需要重做文件，以更详细地解释它们如何能够在没有政府救助的情况下倒闭。监管机构给了银行更多的时间来做这件事，这个过程拖了好几年。银行提交了新的生前遗嘱，这些遗嘱在2014年8月再次被否决。银行在2015年7月重新提交了生前遗嘱，然后在2016年4月再次被否决，这个过程还在继续。

有一群人似乎对生前遗嘱毫无信心[10]，他们就是华尔街的交易员。在这个圈子里，似乎没有任何借口说生前遗嘱只不过是一场政治表演。联邦存款保险公司的民主党主席马丁·格伦伯格在2012年发起了一场公开运动，让人们相信联邦存款保险公司实际上会让银行倒闭，但似乎没有人相信他的话。当被问及这一前景时，波士顿大学金融、法律和政策中心主任科尼利厄斯·赫尔利告诉《美国银行家》杂志说："市场相信，在下一次危机中，（大到不能倒的银行）依然将像上一次危机一样得到救助。"

银行如此努力地争取生前遗嘱被接受是有原因的。[11]如果遗嘱被拒绝，联邦存款保险公司可能会要求银行做一些它们多年来一直拒绝做的事情——拨出更多的资金来弥补危机时期的损失。

当霍尼格意识到银行不会被分拆时，他开始关注这个问题。如果大银行变得越来越大，监管机构至少可以坚持要求它们预留足够的资金，以承受经济低迷时的巨额损失。这个问题本应通过《巴塞尔协议Ⅲ》得到解决，《巴塞尔协议Ⅲ》是以瑞士巴塞尔命名的国际银行监管协议。与《多德–弗兰克法案》一样，《巴塞尔协议Ⅲ》试图在不分拆或重组银行的情况下，利用复杂性来提高银行的安全性。《巴塞尔协议Ⅲ》通过建立一个会计系统来做到这一点，银行在这个系统下可以报告它们手头有多少硬资本，并将其与账面上的资产数量进行比较。银行必须证明，当资产价值在经济低迷期间崩盘时，它们有足够的储备资本来缓冲冲击。这看起来很简单，但是出于监管目的，《巴塞尔协议Ⅲ》允许银行使用"风险加权"公式来确定其资产价值。根据这个公式，银行可能会说，它不需要为希腊等国的债务持有任何资本，因为政府债务被认为是非常安全的。在霍尼格看来，正是这样的决定使《巴塞尔协议Ⅲ》无法实施，并使银行体系看起来似乎比实际更安全。

霍尼格说："基于风险的资本衡量标准非常复杂，没有人能理解它们。即使是公司本身——至少是这些公司的首席执行官，也常常不明白其中的含义，它们给人一种不真实的安全感。"

霍尼格试图以一种非常公开的方式来简化《巴塞尔协议Ⅲ》的复杂性。他创造了一种名为全球资本指数的东西，联邦存款保险公司开始定期发布这个指数，该指数实际上只是一张被美化过的电子表格，显示了在《巴塞尔协议Ⅲ》的标准下，银行手中有多少资本。通常情况下，这些数字会令人安心。例如，摩根大通在 2013 年报告称，根据《巴塞尔协议Ⅲ》，其资本比率高达 11.94%，令人印象深刻。但霍尼格的电子表格接着显示了银行在杠杆率这一更为传统的衡量标准下拥有多少资本，该标准没有使用《巴塞尔协议Ⅲ》的风险加权标准。按照这一标准，摩根大通只有 6.22% 的缓冲资本。如果采用国际会计准则，情况就更糟了，只有 4.22% 的缓冲资本。

霍尼格将全球资本指数作为一种永久的刺激物，提醒大家银行手头可能没有足够的资金来应对另一场重大衰退。当霍尼格主张更严格的资本要求时，他得到了一些有影响力的盟友的支持，比如联邦存款保险公司前主席、共和党人希拉·拜尔。有些令人惊讶的是，霍尼格和拜尔最终站在了争论的胜利一方。美国制定了自己的资本要求，比《巴塞尔协议Ⅲ》规定的更为严格。

尽管如此，霍尼格在 2016 年认为美国银行体系仍然十分脆弱，非常容易崩溃，需要更多的救助。霍尼格认为，银行需要占其总资产 10% 的缓冲资本。他使用了一种名为"有形资本"的银行准备金衡量标准，意思是银行可以用来弥补损失的硬资本。在银行业危机爆发前的 2007 年，银行的有形资产约占总资产的 3%。到 2016 年，更严格的美国标准将这一比率推高至 5.5% 左右，这一有意义的增长使美国银行比欧洲银行更安全，欧洲银行在《巴塞尔协议Ⅲ》下享有更宽松的标准。霍尼格仍然担心是因为，在 2008 年的金融危机中，许多银行的损失超过了 5%。而银行不是失去所有资本时才需要救助，如果一家银行只损失了 3%，投资者就可能开始质疑这家银行在倒闭前还能损失多少。到那个时候，他们可能会把钱取出来，这可能会导致恐慌。霍尼格花了大量时间就这个问题进行辩论，他致信参议员，辩称拥有更多的储备金并不会像许多人所说的那样使银行陷入瘫痪，反而会使其变得更强大。

这种斗争定义了霍尼格作为联邦存款保险公司副主席的职业生涯。他认为需要限制银行的业务范围，需要持有更多的资本，并减少纳税人支持的安全网保障范围。从左翼参议员伊丽莎白·沃伦到右翼《华尔街日报》社论版，霍尼格在各个角落都受到了赞扬，但他的观点从未在华盛顿获得多少关注。尽管霍尼格在努力战斗，但他仍然只是在奋力防守。在联邦存款保险公司努力约束银行的同时，美联储却在反其道而行之。

2007—2017年，美联储的资产负债表规模几乎翻了五倍[12]，这意味着在这段时间里，美联储印制的美元数量大约是其成立后头100年印制的美元数量的五倍。所有这些美元都被迫进入了一个零利率的世界，任何人都要因为存钱而受到惩罚。在3.5万亿美元的洪流中，要追踪每一笔量化宽松美元的流向是不可能的。这些美元就像汇入游泳池的水滴，瞬间与更广阔的整体融合在一起。但泳池的水位是可以测量的。例如，麦肯锡全球研究所认定，仅在2007—2012年，美联储的政策就通过向公司债券注入更多资金，为公司借款人创造了价值约3 100亿美元的补贴。而在同一时期，试图存钱的家庭却遭受了约3 600亿美元的利息损失。在这段时间里，养老基金和保险公司损失了大约2 700亿美元，而这仅仅是零利率时代的开始。

这些钱流入了金融体系，推动了所有的主要金融机构去寻找收益。许多华尔街交易员清楚发生了什么，他们给它起了个外号：万物泡沫。美联储的政策造成了对收益的强烈而广泛的追求，以至于各地都在累积风险。

对收益的追求促使资金涌入公司债和股票。[13]

到2018年底，美国贷款抵押债券市场规模约为6 000亿美元，是十年前的两倍。美国的银行持有约1 100亿美元。银行相信它们的投资是超级安全的，因为它们只购买评级为AAA的最安全的部分，高需求使得公司债券价格低廉，因此越来越多的公司被诱使去举债。

对贷款的高需求减轻了对它们的审查力度。可以预见的是，许多公司借款人在估计自己能赚多少钱时过于乐观。评级机构标准普尔后来进行的一项调查显示，在2016年新增的公司贷款中，有整整90%的公司将达不到盈利目标。这些公司此前估计，它们的债务只相当于利润（税前及其他成本）的三倍左右，但结果是这个数字的六倍，乐观的假设被忽略了，这笔钱一定会流向某个地方。

量化宽松的设计和启动都是以推高股票价值为具体目标，这个计划奏效了。在2010年之后的十年里，股票价值稳步上升，尽管整体经济增长疲弱，工资普遍停滞，而且美联储将一系列国际金融问题作为其干预行动的理由。在2010—2016年，道琼斯工业平均指数上涨了77%。一名比较刻薄的对冲基金交易员将2016年的股市泡沫描述为泰坦尼克号沉没时拥挤的甲板。甲板上之所以变得拥挤，是因为人们没有更好的地方可去。

对收益的追求促使资金涌入石油行业。[14]

这些钱需要寻找资产，而在得克萨斯州和北达科他州新开发的油田里大量的资产正在源源不断地涌出。新的石油钻探技术被称为水力压裂法，这为能源行业开辟了一片广阔的疆域。那些向华尔街兜售水力压裂梦想的企业家的乐观情绪是无限的。资金以廉价公司债务的形式涌入了水力压裂国家。据估计2005—2015年，石油行业债务增加了两倍，达到了2 000亿美元。仅在2017年，水力压裂行业就借了600亿美元。

这个时代的主题缺乏的是审查和怀疑。水力压裂开采者为他们的借款提出了一个乐观到妄想程度的理由。这种乐观情绪集中在每口油井能产出多少石油上，这反过来又决定了他们偿还贷款的速度。根据《华尔街日报》的一项深入调查，2014—2017年，在得克萨斯州和北达科他州领先的水力压裂公司做出的产量估计中，有2/3被夸大了，所承诺的石油量比最终交付的多，平均高估了10%左右。

即使不是法务会计师也能意识到这一点。水力压裂公司以一种非常公开的方式出现了巨额亏损，从2012年年中到2017年年中，最大的几家水力压裂勘探和生产公司每个季度的现金流合计为负90亿美元，而且资金仍然以公司债券和杠杆贷款的形式流入它们手中。阿瑞斯资本公司是新一代商业发展公司，负责捆绑和出售公司垃圾债务，为整个石油产地的公司安排贷款。这些债务被扩展到那些财务状况不稳定的不知名公司，而这些公司是传统银行不愿意贷款的。它们以10%或11%的利率借了数百万美元。

华尔街的投资者给采油公司钱，不是因为这些投资者愚蠢，也不是因为他们全心全意地相信未来的生产前景，而是因为美联储鼓励他们投资，全美各地打了成千上万口井。

对收益的追求促使资金涌入商业房地产。[15]

2013年，一位名叫约翰·弗林的债券分析师正在为一笔抵押贷款债务破产做准备。他把这个世界末日的时刻称为"到期日之墙"。他所说的"到期日之墙"指的是在2006年房地产泡沫期间延期的数十亿美元商业房地产债券即将到期的时刻。对于商业地产行业来说，这将是一个清算的时刻，对于那些不负责任的开发商来说，这意味着厄运，他们借钱建造购物中心、办公园区和工厂，而他们没有现实偿还贷款。这些债务被打包成一种叫作CMBS（商业按揭支持证券）的东西出售。弗林职业生涯的大部分时间都在围绕CMBS工作。他创造并出售了CMBS，为一家评级机构工作，并最终创办了自己的公司，为投资者提供有关CMBS的建议。这就是他知道到期日之墙的原因。2005—2008年，价值数十亿美元的CMBS以极其糟糕的承销标准被创造出来。这很像住房贷款泡沫，但它还没有破灭，而是将在2014—2016年破灭，因为债券到期，要么必须偿还，要么必须展期。

但奇怪的事情发生了：什么也没有发生，没有市场崩盘，只有极少数的CMBS违约。弗林被套住了，弗林回忆道："市场上不止我一个人预料到了这一点，对吧？我知道有的公司雇了40个人来应对到期违约的冲击……但这一直没有发生。"

这让弗林很恼火，他知道CMBS市场的基础贷款已经变质。这些贷款不仅没有违约，放贷机构还在打包和销售新一批的CMBS。弗林去了他哥哥在明尼苏达州的小屋。在那里，弗林可以不受打扰地做研究。他下载了非常多的有关CMBS的说明书，其中描述了CMBS中的贷款。他阅读了借款人非常详细的财务信息，包括某栋办公楼有多少个单元在出租。所有这些细节加在一起，就可以衡量潜在商业地产的盈利能力。

然后，弗林查看了另一个数据库，该数据库追踪了多年前商业地产的实际现金流。他下载了这些数据，并将其与CMBS说明书中的信息进行了比较。这些数据集与用户使用的正好相反，弗林说："这就是为什么我耗费了这么多脑筋才得到它，我不断地剪切、粘贴，并把数据输入新的Excel表格中，然后将其与招股说明书的信息相结合。"最终，他建造了将商业地产的实际盈利能力与银行在其CMBS招股说明书中宣传的盈利能力进行比较的数据库。

"我惊呆了。"他说。这些数字被夸大了，银行报告的CMBS贷款利润一直高于弗林通过独立数据库获得的利润数字。根据CMBS的债券情况，利润数字被夸大了30%，甚至65%。除了欺诈，弗林想不出任何解释通货膨胀的理由。他联系了律师，花了几个月的时间润色数据，然后在2019年向美国证券交易委员会提起举报人诉讼，指控14家大型贷款机构故意捏造数据，使贷款看起来比实际情况更健康。弗林的发现后来得到了得克萨斯大学两名研究人员的支持，他们研究了大约4万笔商业房地产贷款的起源，总价值达6 500亿美元。2013—2019年，有近1/3的贷款收入数据被夸大了5%甚至更多。这意味着即使在经济状况良好的时候，这些房地产也没有像贷款人承诺的那样赚到那么多钱。如果经济陷入停滞，这些房地产将更容易受到经济低迷的影响。

2018年发行了大约760亿美元的CMBS，2019年另外发行了967亿美元。到了2020年，CMBS市场估计价值约为1.4万亿美元。

如果弗林是对的，那么银行是在欺诈性地提高CMBS招股说明书中隐藏的收入数字。但问题比银行的不诚实行为更为严重，这个问题反映了与水力压裂债券和公司债务同样的问题，投资者迫切希望获得收益，所以他们不想提问题。而投资者之所以如此绝望，是因为美联储在强迫他们绝望。

弗林说："这是一个自我延续的循环，它们降低利率，所以提供的有担保票据的收益率微乎其微，以至于投资者不管潜在的细节是什么，都必须狼吞虎咽地吃下去，事实上，他们的动机是不要去深究，因为他们不想知道下面有什么。"

对收益的追求将资金推向了发展中国家债务。[16]

当麦肯锡全球研究所试图追踪量化宽松带来的美元流动时，它发现数十亿美元流向了墨西哥、波兰和土耳其等发展中国家。这些国家被认为比美国有更大的信用风险，因此它们不得不向贷款机构支付更高的利率。土耳其在2009—2012年通过发行债券借入的资金是2005—2008年的六倍。该国总统雷杰普·塔伊普·埃尔多安用借来的钱资助了一场建筑热潮，巩固了自己的权力，并推动2018年达到了7%的年增长率。他用借来的钱在伊斯坦布尔老旧的购物中心旁边建造了新的购物中心。新的公寓、一座新桥和一座名为"蓝宝石"的新摩天大楼拔地而起，建筑承包商借了大约560亿美元以外币计价的债券。

即使这些购物中心基本上是空的，它们还是被建了起来。借来的钱创造了就业机会。但这些借款使土耳其等国家极易受到债务市场一切变化的影响。当本·伯南克在2013年表示美联储可能会缩减量化宽松计划时，市场立即做出了调整，投资者开始抛售风险更高的政府债券。在接下来的三个月里，大约有42亿美元的土耳其国债被抛售。大约有24亿美元逃离了波兰。当外国投资者抛售这些国家的债券时，它们的货币贬值了，从而损害了国家经济。在2013年的缩减恐慌中，土耳其、巴西、墨西哥和波兰的货币价值下跌了4%～5%。当然，币值受到很多不同因素的影响，但与美联储政策的联系是明确无误的。当美联储改弦易辙，表示不会缩减资产购买规模时，里拉、比索等货币的价值暴涨了2%。发展中国家对债券的需求增强，借款活动重新开始。

世界各国央行进一步推动了对收益率的追求，颠覆了收益率的概念。[17]

也许在零利率时代进化出的最奇怪的生物就是负利率债券了。负利率这个词应该是自相矛盾的，它的意思是投资者支付给借款者资金，以获得借钱给它们的殊荣。

提供负利率债券的试验始于金融危机后的欧洲。直到2012年前后，世界上几乎没有债务提供负利率。首批具有惩罚性利率的债券是作为紧急措施推出的。像瑞典这样的国家谨慎地进入市场，发行每年都要花钱购买的债券。瑞典一开始并没有收取太多费用。2015年，瑞典央行将利率降至-0.1%。德国和丹麦等其他国家也采取了同样的做法，欧洲央行也是如此。

当时的想法是，负利率将产生与"全面宽松"相同的效果。欧洲各国央行并没有激励投资者去追求高风险收益，而是从财务上惩罚了那些存钱的投资者。负债券本应立竿见影然后消失。但随后发生了一件非常奇怪的事情，投资者开始排队购买这些债券。到了2016年，这些债券占全球债务总额的29%，价值约7万亿美元的债券实行负利率。

债券市场通常被认为是股票市场的老大哥。而在2016年，这个清醒的老市场发出了闪烁的红色警示灯，这表明情况不正常。债券投资者如此迫切地想为他们的现金找到一个安全的避风港，以至于他们愿意向德国和丹麦等国的政府支付费用来保护这些资金。2016年，当《纽约时报》报道负利率债券时，该报采访了嘉信理财的首席策略师凯西·琼斯，琼斯说："这一切都是颠倒的，负利率简直难以想象。

我们的整个金融体系是以另一种方式建立起来的，即正利率，这简直令人难以置信。"

当时，霍尼格正陷入关于生前遗嘱、压力测试和资本储备的长期纠纷之中。[18] 霍尼格在联邦存款保险公司总部的办公室很大，装修比较简陋，每天下午有几个小时沐浴在阳光下。办公室里还有一张大木桌，他在那里工作，旁边是一个宽敞的休息区，里面放着椅子以接待来访者。2016年8月，霍尼格看起来似乎沉默而乐观，但他似乎也对自己在华盛顿四年的成就极限不抱任何幻想。在所有的斗争和改革尝试进行完之后，金融体系仍然脆弱，无法承受重大冲击，银行仍然太大而不能倒闭。

既然美联储已经重塑了金融市场，它怎么可能撤回自己的支持呢？世界已经以一种难以逆转的方式进行了自我重组。霍尼格说："考虑一下吧，你有七年的基本零利率。那么，一个经济体系在过去七年里会发生什么呢？整个市场体系围绕零利率形成了一个新的均衡。"

整个经济体系围绕在零利率上下，不仅美国如此，全球范围都是如此。这个体量是巨大的。现在你可以想想以更高的速度达到新平衡的调整过程。你认为这是没有成本的吗？你觉得没人会吃亏吗？你认为不会有赢家和输家吗？不可能，你已经把你的经济和你的经济体系，人为地调到了零利率。你使得有人在这个基础上投资，有人在这个基础上不投资，有人在新的活动中投机，有人在衍生品上投机，现在你要把它调整回来吗？

"好吧，祝你好运，这并非没有成本。"

第十二章　完全正常（2014—2019 年）

在鲍威尔担任美联储理事会理事的大部分时间里[1]，美联储都在努力让一切恢复正常，至少从 2010 年初开始，这一努力就在时断时续地进行之中。当时，联邦公开市场委员会成员认为，美联储的非常规干预措施将是暂时的，它们甚至为扭转零利率政策和量化宽松计划创造了一个术语——正常化。至少早在 2010 年 1 月，美联储就在讨论如何实现正常化。有人提出了可信的论点，认为这一过程将在 2015 年完成，这意味着美联储将出售其通过量化宽松购买的资产，并将从银行体系中抽走几乎所有多余的现金储备。这种情况从未发生过。相反，美联储决定简单地重新定义"正常"。

鲍威尔进入这场辩论时的立场与霍尼格非常接近。两人都表达了这样的观点：美联储是推动美国经济增长的一个非常不完美的引擎。霍尼格的批评来自他在美联储几十年的经验。鲍威尔的批评则来自他在私募股权领域几十年的经验，而且他运用了确凿的数据以及行业联系人对他的采访，使他对量化宽松的批评既具体又令人担忧。两人都警告说，美联储在追逐劳动力市场相对较小的涨幅时，正在助长资产泡沫。这就是鲍威尔和霍尼格的相似之处。尽管鲍威尔提出了种种批评，但他从未投过反对票。与霍尼格不同，鲍威尔开始软化自己的批评，并最终接受了他曾经在联邦公开市场委员会闭门会议上批评过的政策。当这一切发生时，鲍威尔开始成为冉冉升起的明星。

鲍威尔在美联储内日益扩大的影响力早在2014年1月28日就显露无遗。当时联邦公开市场委员会成员齐聚华盛顿特区，参加伯南克作为美联储主席召开的最后一次会议，伯南克当时正打算平静地离开美联储。他的工作就像战地冲锋一样，最出名的是2008年他监督的戏剧性的救助计划。当伯南克的最后一次会议开始时，会议以持续的掌声开场，伯南克的副手威廉·达德利说："我们以为我们会这样维持几个小时。"这引起了委员们的笑声。

接下来的场面类似一场皇家仪式，一切都是精心策划的盛大场面。与此同时，在伯南克离任后的第二天，也就是月底，美联储委员杰里米·斯坦提名珍妮特·耶伦为主席。这只是例行公事，美国参议院已经在月初批准了耶伦出任美联储主席一职，但正式投票是美联储内部程序的一部分。

"我想提名珍妮特·耶伦。"斯坦说。

"还有第二人选吗？"美联储委员丹尼尔·塔鲁洛问道。

正是鲍威尔正式确立了耶伦主席的角色。

"我支持这项提名。"鲍威尔说。耶伦获得了批准。

耶伦担任美联储主席期间在很多方面是非凡的。她是第一位担任美联储主席的女性，赢得了同事的普遍尊重。她的智慧是毋庸置疑的。她拥有迅速吸收美联储经济学家在每次会议开始时传达复杂信息的战术能力，以及对美联储、美国财政部和白宫的深入了解，但对耶伦任期的限制也引人注目。她只会在美联储掌舵四年，而且她会花大量时间试图停止自己在伯南克时代所倡导的非常规干预措施。

在耶伦上任的第一年[2]，联邦公开市场委员会一直在讨论一个核心问题：美联储是否应该尝试正常化。当时失业率正在下降，而经济在增长，尽管增长速度还很缓慢。那么，为什么不无限期地继续印钞呢？为什么不扩大量化宽松机制，并承诺无限期维持零利率呢？美联储可以无中生有地创造货币，这似乎是无害，而且没有成本的。

当许多经济学家认为美联储根本不应该正常化时，他们引用了一个重要且令人信服的理由，那就是价格通货膨胀神秘地几乎完全消失了。美联储的保守派批评者不断警告价格通货膨胀，这是有充分理由的。事情一直都是这样运转的，印更多的钱会使货币贬值，从而导致价格上涨。但零利率时代的决定性特征并不是通货膨胀，而是令人吃惊并且可怕的通缩幽灵。通货紧缩是物价持续下跌的状态，对任何经济体来说都是令人窒息的死亡螺旋。当人们知道价格会下跌时，他们是不会去买东西的。当公司知道产品卖不了好价钱时就不生产了。通货紧缩的阴影笼罩着一切。美联储向世界经济泳池里注入了更多的钱，但底部却出现了一个没有人能完全理解的通货紧缩空洞，导致所有的钱都流失了，却没有引起价格上涨。对此，没有人比美联储更惊讶。美联储连续三年对通货膨胀率的预测一直偏高。

专家们努力解决这个问题[3]，并思考可能的原因。即使到了2020年，也没有人能真正确定原委。那一年，久负盛名的布鲁金斯研究所就这个话题举行了为期一天的研讨会，珍妮特·耶伦和其他知名经济学家都参加了研讨会，而当天讨论的最终结论可能是：谁知道呢，这可能与全球化有关。有更多的工人以更少的收入工作，生产更便宜的产品，并产生更多的现金储蓄。美联储过去的成功可能也起到了一定的作用，因为保持了对未来通货膨胀的低预期，这让银行家在某种程度上平静了下来，反过来也确实抑制了通货膨胀。从美联储的角度来看，其中很重要的一点是，价格通货膨胀的缺失掩盖了发生在资产领域的过度通货膨胀。只要价格没有上涨，美联储就可以通过印更多的钞票来继续积极地进行干预，这进一步推高了资产价格。

鲍威尔在 2014 年下决心强调美联储行动的代价。[4] 他和联邦公开市场委员会内部的所有人一样，都在推动美联储正常化。当联邦公开市场委员会成员在 6 月聚集在一起进行辩论时，他提出了一个明确的正常化的理由。

鲍威尔说："在实施了近六年的高度宽松政策之后，风险依然存在，而且还在继续积聚。"他并不担心出现"金融体系核心的崩溃"，就像 2008 年大银行倒闭时发生的那样。他相信，银行的资本状况和监管都比过去好。更让他担忧的是，"市场流动性错配放大了大幅回调的可能性，这将损害或阻止仍然疲弱的经济进步"。他的意思是，许多交易员和对冲基金利用大量债务建立了高风险头寸。如果市场下跌，即膨胀的资产价格开始反映它们的真实价值时，那些对冲基金就会开始抛售它们能卖出的任何东西来偿还债务。但在这种情况下，没有多少人会买很多东西。这就是经济学家可能会说的"流动性错配"。美联储正在为市场崩盘埋下伏笔，随着零利率政策和量化宽松政策的逐月出台，这种可能性只会越来越大。

如果这还不足以让美联储退出，那还有另一个重要原因。通过将利率维持在零水平，并让银行体系现金充裕，美联储留给自己的回旋余地已经很小了，尤其是当经济真的开始陷入衰退时。

鲍威尔的演讲引人注目的原因在于，这是他在联邦公开市场委员会会议上发表的最后一次此类讲话。此后不久，他的态度似乎发生了变化。

在发出警告大约七个月后，[5] 鲍威尔在华盛顿特区的天主教大学发表了一次演讲，旨在消除对美联储的批评。到 2015 年 2 月他发表演讲时，保守派和极右翼圈子里反对美联储的声音越来越大。这场运动是由前国会议员和总统候选人罗恩·保罗等自由意志主义者领导的。保罗正在推动一项审计美联储的运动，让公众有机会更好地监督和管理中央银行，长期以来对恶性通货膨胀和货币贬值的恐惧鼓舞了保罗的追随者。

鲍威尔说，对美联储越来越直言不讳的批评是错误的。他说："事实上，美联储的行动是有效的、必要的、适当的，非常符合美联储和其他央行的传统角色。"换句话说，美联储的行为完全正常。

在那次演讲中，鲍威尔特意为那些政策辩护，而那些政策正是他自担任美联储委员以来一直在内部发出警告的。他说，量化宽松等"非常规政策"在很大程度上促成了美国的经济增长，而批评那些政策的人已被证明是错误的。鲍威尔说："在2012年5月加入美联储理事会之后，我也对进一步购买资产的效果和风险表达过怀疑，但还是用数据说话吧！迄今为止的证据清楚地表明，这些政策的好处是巨大的，风险并没有成为现实。"

鲍威尔没有提到他在6月曾警告说，量化宽松的风险不仅正在实现，而且还在增加，可能导致企业违约和金融市场崩溃。他在联邦公开市场委员会的同事注意到了他的转变，这些人此前曾与他站在一起。"出现了转变，我认为这是值得注意的。"达拉斯联邦储备银行行长理查德·费舍尔表示。费舍尔多年来一直提出对量化宽松政策的担忧，他认为鲍威尔在增加这些担忧方面发挥了重要作用。更为重要的是，鲍威尔的办公室就在耶伦办公室的另一头。"他很重要，因为他是委员。"费舍尔说。

费舍尔不知道2014年6月至2015年2月间发布的哪些研究或新数据集可以证明，推翻鲍威尔对量化宽松或零利率政策的判断是正确的。费舍尔说："2015年没有任何迹象表明有必要缓和这种争论。"他认为，更有可能的是作为美联储委员的影响。费舍尔说："这种演变很可能是由于在那里待的时间更长，周围都是才华横溢的员工，他们有非常学术的一面和偏见。你生活在一种与世隔绝的氛围中。当你在走廊里的时候，处于一种不同的环境，你会更加顺从。我不觉得这有什么邪恶的，我只是觉得这是一种社会状态。"

在闭门会议上[6]，鲍威尔继续对量化宽松的有效性表示怀疑。他在 2015 年 9 月的联邦公开市场委员会会议上表示："我认为，我们从来都只把资产购买视为次佳工具。这是从一开始就被谈论的方式，不确定其效果，不确定其不良影响，当然也不确定其政治经济特征。"但回顾一下鲍威尔的言论（这些言论只能在 2015 年底前获得），就会发现他正在软化他的观点和警告。他的语言变得不那么生动，他也不那么关注"大规模和动态"的市场崩溃了。

随着鲍威尔的言论似乎开始降温，美联储开始采取具体行动，解决他早些时候警告过的风险。珍妮特·耶伦推进了加息和停止量化宽松的计划，她是在推动真正意义上的正常化。

2015 年 12 月，美联储九年来首次加息[7]，但幅度很小，从 0 上调至 0.25%～0.5%。[8] 生活在零利率边界的时代看似终于结束了，但其实并没有真的结束。联邦公开市场委员会成员认为，到 2016 年底，他们将把利率一路提高到 1.375%，但实际上他们只把利率提高到了 0.5%。

美联储在结束量化宽松方面的运气要好一些，其在 2014 年底停止购买债券，但它无法像一些人希望的那样逆转这一计划。华尔街一级交易商的金库中仍有大约 2.4 万亿美元的超额银行准备金，美联储仍持有通过量化宽松政策购买的价值 4.5 万亿美元的债券。华尔街的现金海洋类似永久的低利率。如果美联储想要真正收紧货币供应，减轻追求收益率的压力，那么它就需要开始抽回这些资金。

美联储之所以缓慢地进行正常化[9]，部分原因在于这项任务的规模太大。银行的超额准备金比 2008 年高出 13.5 倍左右。美联储的资产负债表规模约为 4.5 万亿美元，几乎是 2007 年的 5 倍。利率近七年来一直维持在零水平，谨慎是美联储寻求扭转这些变化的指导原则。

当唐纳德·特朗普当选总统时，美国政界在 2016 年的行动并不谨慎。这是一个突然的、出乎意料的事件，同时耶伦也将结束在美联储的任期。

特朗普的主要诉求之一是废除美国财政政策体系中仅存的一切。他开始着手解散国家环保局等监管机构，同时通过了一项减税法案，这将成为一场财政惨败，即使在经济增长的时候，也会将年度联邦赤字扩大到每年 1 万亿美元。

特朗普对大多数政府机构的敌意是显而易见的。[10] 但他对美联储的态度却不那么明确。在 2016 年竞选期间，特朗普发表了一些奇怪而有挑衅性的言论，让人觉得他会支持美联储的正常化努力。在与希拉里·克林顿的辩论中，他对一篇关于苦苦挣扎的中产阶层的评论做出了一些看似不合逻辑的回应。他开始怒斥联邦储备，谈论资产泡沫："瞧——我们正经历着自大萧条以来最糟糕的经济复苏。相信我，我们现在正处于泡沫之中。唯一看起来不错的是股市。但是如果你提高利率，哪怕是一点点，股市就会崩溃。我们正处于一个又大又肥又丑的泡沫中。我们有一个讲政治的美联储……美联储将利率维持在这个水平，是在做政治层面的事情。当它们提高利率时，你会看到一些非常糟糕的事情发生。"

这一评论在竞选活动中没有引起太大的关注，特朗普也很少再提到美联储。然而，当他成为总统后，他就有机会对美联储施加影响力。随着耶伦的任期即将结束，特朗普面试了几位美联储主席候选人，包括耶伦本人。在与耶伦会面后，特朗普表示她令他印象深刻。鲍威尔几乎没有被认为是该职位的领跑者。

当金融交易员和银行分析师押注下一任美联储主席时，鲍威尔被认为是极不可能的人选。[11] 但特朗普的财政部长史蒂文·姆努钦改变了这种可能性。姆努钦来自投资银行和对冲基金领域，这将使他对鲍威尔之前在凯雷集团的职业生涯有很好的了解。姆努钦直接向特朗普推荐了鲍威尔。鲍威尔在面试中也给特朗普留下了深刻印象。政府内部有一种观点认为，在货币政策方面，鲍威尔和耶伦基本上会推动同样的议程。使天平向鲍威尔倾斜是因为他对银行监管的态度，他被认为与特朗普政府关系更密切，特朗普政府正在努力缩减奥巴马时期实施的一些监管措施。特朗普提名了鲍威尔，参议院很快确认了鲍威尔的任命。

鲍威尔被认为是一个安全的选择，也是一次对连续性的投票。他并不是持不同政见者。他将继续本·伯南克和珍妮特·耶伦制定的道路。在这种情况下，这将是一条继续正常化的道路。美联储在2015年和2016年的开局缓慢而停滞不前，但在2017年，美联储开始以真正的方式向前推进。

鲍威尔在一些方面也被视为唐纳德·特朗普在一个关键问题上的盟友：帮助剥离对大银行的监管。《多德－弗兰克法案》确保了银行业监管仍由多个机构分别进行，包括联邦存款保险公司和美联储，这让美联储对华尔街的监管规则拥有了巨大的影响力。鲍威尔手下负责银行监管的副主席是兰德尔·夸尔斯，他曾是凯雷集团的雇员，在老布什政府时期曾在财政部为鲍威尔工作。夸尔斯在埃克尔斯大厦的美联储会议室会见了银行游说人士，听取了他们的担忧。美联储放宽了有关压力测试的规定，并放宽了霍尼格规则中赋予审查人员的权力——评估银行如何评估其资产。

霍尼格当时正朝着相反的方向前进。起初，人们并不清楚特朗普的胜利对银行政策和霍尼格的职业轨迹意味着什么。[12] 特朗普批评大银行，把自己塑造成工人阶级的英雄。特朗普当选总统后不到一周，《华尔街日报》就发表了一篇简短的报道，称有人猜测托马斯·霍尼格甚至可能被提升为联邦存款保险公司主席。有人还讨论了霍尼格可能加入美联储理事会，担任负责银行监管的副主席，而这是兰德尔·夸尔斯最终得到的职位。

到 2017 年底，特朗普政府需要对霍尼格的任职情况做出决定。他作为联邦存款保险公司副主席的任期即将结束。霍尼格表示，他愿意留在华盛顿，但只能担任联邦存款保险公司主席或美联储监管负责人。霍尼格说："我在幕后明确表示，对于这两个职位中的任何一个，我都将留任一段时间，而不仅仅是坐在那里。"他对自己在华盛顿的未来并不乐观。自从来到华盛顿，他就一直在与大银行作对，他知道这些争斗已经使他的晋升机会渺茫，至少有人警告过他这一点。"有人间接地向我建议，如果我真的希望有机会做自己可能想做的其他事情，我应该低调一些，而我忽略了这些，因为我没有兴趣改变自己的观点，如果必须做出改变，那么我可以不要这些东西。"霍尼格后来回忆说。

2018 年 1 月，霍尼格从特朗普政府那里得到了答案。是一位工作人员打来的电话，霍尼格已经想不起他的名字了。工作人员对他的辛勤工作表示了感谢。霍尼格还被告知，即使他想留在联邦存款保险公司，他也不再有选择权。白宫提名了一位名叫耶莱娜·麦克威廉姆斯的资深银行律师来接替霍尼格的职位，麦克威廉姆斯将成为联邦存款保险公司的女主席。

2018 年 4 月，霍尼格离开联邦存款保险公司回到了堪萨斯城。[13]毫无疑问，他的离开对大银行的命运意味着什么。彭博新闻社以"华尔街最不受欢迎的监管机构正在退出"为题报道了这一消息。

成为美联储主席给了鲍威尔一个难得的机会。[14]他多年以来一直在推动美联储操作正常化，限制资产泡沫导致的经济下行风险。他现在有机会领导这项工作了。他有点儿像保罗·沃尔克，结束美联储历史的一个时期，并开启另一个时期，即使这引发了华尔街的动荡，但这个过程已经开始了。美联储在 2017 年三次加息，使其目标利率达到 1.5%。或许更重要的是，美联储终于在 10 月开始逆转量化宽松，抛售了之前购买的债券。美联储承诺在 2018 年及以后继续稳步正常化，将资产负债表规模从 4.5 万亿美元缩减至 1.5 万亿～3 万亿美元。

鲍威尔一上任，这项工作的难度就是显而易见的。当时美联储才刚刚开始正常化，但金融体系已经分崩离析了。

2018 年 2 月 5 日星期一[15]，鲍威尔就任美联储主席的第一天就受到了"市场欢迎"。股市暴跌，道琼斯工业平均指数下跌 1 175 点，创下历史最大单日跌幅。就在几天前，道琼斯工业平均指数还下跌了 666 点，创下 2008 年以来的最大单日跌幅。

市场动荡并不是一个插曲[16]，它直接与美联储联系在一起，随着美联储操作的正常化，它所做的不亚于重新安排全球经济秩序，因为它现在处于全球经济秩序的中心。2016 年，颇具影响力的投资者、投资巨头太平洋投资管理公司首席执行官穆罕默德·埃里安在《唯一的选择》(The Only Game in Town)中描述了这一现实。当埃里安谈到唯一的选择时，他指的是世界各国的中央银行。因为世界各地的民主机构日益深陷失灵的泥潭，央行已成为经济发展的支柱。这种安排的问题在于，央行不是为这项工作而设立的。它们所能做的就是创造更多的货币。埃里安写道："不知何故，世界现在依赖于一组机构——中央银行，考虑到其手头的任务，央行所能使用的工具非常有限。而且有些政策实施的时间越长，成本和风险开始超过收益的可能性就越大。"

当美联储采取行动时，它的行动会影响到一切。2018 年的市场动荡有很多面孔，会出现在很多地方，但有一股独特而重要的力量在推动着它。一系列看似无关的市场恐慌，实际上是聪明的投资者对美联储所作所为做出理性反应的结果。这些投资者听了鲍威尔的话，并把他的话当真。零利率时代即将结束，为了适应这种新的现实，大资金不得不转向不同的方向。

鲍威尔在这方面的领导地位从一开始就是稳定的。[17]当他上任时，联邦存款保险公司以可预测的时间表和定期间隔来提高利率。美联储每月抛售数十亿美元的债券，从华尔街吸收回多余的现金，缓解了它所产生的为追求收益而形成的极大压力。鲍威尔说，这样做的原因是经济的潜在实力。在担任美联储主席的首次讲话中，他指出，失业率已经达到4.1%，这一水平太低，以至于之前被认为是不正常的，几乎可以肯定这是物价通货膨胀的前兆。美国已经连续90个月创造了就业机会。失业率为自2000年以来的最低水平，接近互联网泡沫时代的顶峰。如果美联储现在都不能实现正常化，那什么时候才能实现正常化呢？

2022年6月，美联储再次将利率上调至1.75%～2%，这是十年来短期利率的最高水平，但在未来漫长的道路上，这仍然是一座早期的里程碑。如果美联储想要在未来拥有重大的降息权力，当到了要防范危机的时候，它需要把利率提高到3%或4%。

毫无疑问，随着美联储正常化的继续，市场波动将加剧。但鲍威尔小心翼翼地处理着与华盛顿的关系，这将有助于他在事态恶化时保持稳定。在鲍威尔上任的前8个月里，他在国会山会见了56名议员，与共和党和民主党的会面几乎各占一半。相比之下，珍妮特·耶伦在她任期内的同一时期只会见了13名议员。鲍威尔建立的关系将在美联储陷入政治纠纷时为他提供支持。

随着鲍威尔获得支持[18]，他继续努力使经济正常化，联邦公开市场委员会继续定期加息。美联储通过每月抛售约500亿美元的债券，继续逆转量化宽松。在2018年9月底的新闻发布会上，鲍威尔暗示美联储将继续收紧政策，他说："这些利率仍然很低，这种逐渐恢复正常的情况有助于维持强劲的经济，为所有美国人带来长期利益。"

鲍威尔在10月再次强调了这一点。在一次公开经济论坛上他表示，利率距离中性水平还有"很长的路要走"，这意味着利率仍远低于既不利于也不损害经济增长的水平。言下之意，未来还会有更多的加息。

在此之后，市场大幅下跌，道琼斯指数在短短两天内下跌了5%。

受创最严重的股票包括银行和能源公司。

鲍威尔可能已经悄悄地在华盛顿建立了政治联盟，但有一种关系是他无法处理的，那就是他与唐纳德·特朗普的关系。总统开始以典型的特朗普式的方式介入货币事务，引起人们对这件事的广泛关注，然后让人们争论完全错误的事情。在这种情况下，特朗普开始公开向鲍威尔施压降低利率。这激怒了美联储的追随者，他们认为美联储应该独立，不受政治压力的影响。鲍威尔突然成名，但他只是作为特朗普公开发脾气的陪衬而出名。鲍威尔成为另一个代表特朗普试图玷污或摧毁机构的华盛顿人物。更大的问题则是关于美联储正常化的必要性、正常化的成本以及正常化的复杂副作用的，它们都落到了观众视野的阴暗边缘。特朗普把货币政策变成了一场马戏团表演，而他则站在舞台的中心。

特朗普在电视镜头前和推特上表达了他对鲍威尔的不满。他的主要抱怨是，鲍威尔在其他国家保持低利率的情况下提高了利率。特朗普曾抱怨美联储在助长资产泡沫。而现在他采取的姿态是，利率需要保持在接近零的水平，美联储应该停止每月抛售500亿美元的债券。2018年12月，特朗普在推特上宣称："别再提（每月抛售的债券）500亿了。感受市场，不要只看无意义的数字。祝你好运！"特朗普和鲍威尔之间的公开争端为全球金融体系缓慢而混乱的解体蒙上了阴影。正常化的现实到2018年底开始显现。

美联储的行动和市场波动之间的直接关系被掩盖了[19]，部分原因是总有一个短期的解释，一个新的头条新闻解释了正在发生的事情。

例如，当科技股的估值开始下跌时，头条新闻描述了对脸书（现为Meta）和谷歌等垄断科技公司越来越多的政治审查。标题的表述非常准确，监管科技公司的运动确实越来越强大。但股市下跌背后更大的力量是美联储的正常化。当美联储减少了对投资者将资金投入股市的压力时，投资者首先将资金从估值最高的股票中撤出。其中包括科技股，在零利率政策实施期间，科技股吸引了投资者的大量关注。

特朗普的行动是不可预测并具有破坏性的，他减缓了全球贸易，导致投资者重新审视甚至重新安排供应链。更大的力量是美联储的正常化，这与其他央行的类似行动不谋而合。2018年12月，欧洲央行紧随美联储的脚步，结束了自身的量化宽松政策。紧缩的金融环境暴露了全球债务市场已经出现的腐朽。美联储认为，中国是一个特别具有启发性的例子，当时中国一度陷入债务困境。美联储2018年的一份报告简洁地指出："在中国，经济增长速度最近一直在放缓，多年来的快速信贷扩张使银行面临着很大的风险。"美联储认为，自2008年以来，中国私人部门的债务超过其年度经济生产水平，"可能引发不利的局面"，因为借款人发现自己难以偿还债务。

12月是关键月份[20]，全球经济普遍表现低迷，似乎影响到了所有事情，这很可怕。通常情况下，不同资产和不同商品的市场走向不同。例如，当股价下跌时，黄金价格就会上涨，因为投资者纷纷寻求避险。这种情况在2018年12月并没有发生。相反，不同资产类别的股市普遍同步下跌，这让华尔街的交易员感到震惊。股市年底下跌了约6%。就连高质量的公司债券也下跌了6%。原油和其他大宗商品价格下跌了约15%。

这是零利率政策实施后全球规避风险和重塑经济体系的开始。如果不稳定性沿着这条路线持续下去，可能会威胁到全球银行体系，加剧全球经济增速放缓，甚至引发另一场可能导致失业率迅速上升的金融危机。12月中旬，鲍威尔在这些风险面前做出了一个立场坚定的选择，美联储将继续正常化下去。在12月19日的新闻发布会上，鲍威尔表示，美联储将继续驾轻就熟地通过卖出债券来逆转量化宽松的进程。他的意思是，美联储不会被市场动荡吓倒。金融交易员相信了鲍威尔的话，并做出了理性的回应。他们开始抛售风险较高的资产。

在平安夜前夕一个普通的交易日[21]，道琼斯指数下跌了653点，接近 3%。这让华尔街的人感到恐慌。自 2018 年 10 月以米，道琼斯工业平均指数下跌了 19%，距离官方的"熊市"仅差 1 个百分点，这通常预示着经济衰退。一场可怕的经济逆转即将来临。

当这个经济专制者的形象彻底暴露在人们的视野时，鲍威尔距离完全投降只剩下几周的时间。

2019 年 1 月 25 日，《华尔街日报》泄露了一则消息。[22] 事实证明，美联储量化宽松政策的逆转可能不会像鲍威尔早些时候所说的那样"自如"。事实上，这篇报道称，未透露姓名的美联储高级官员已接近决定，美联储将在资产负债表上保留比最初预期更多的资金。消息传出后，市场应声上涨。

在当月联邦公开市场委员会会议结束后[23]，鲍威尔出席了新闻发布会。他以一连串的技术观点和数据开始了自己的评论，但他并没有掩盖核心信息。美联储的正常化实际上已经结束了，卖出债券结束了，加息结束了，紧缩政策也结束了。"加息的理由已经有所弱化。"鲍威尔说。鲍威尔的语言平淡，但华尔街的交易员清楚地听到了他的信息——鲍威尔的态度彻底改变了。这一时刻在投资界创造了一个术语：鲍威尔轴心。这句话只是华尔街认为美联储将提供安全网的另一种说法。他们称其为"看跌期权"，即如果某只股票跌得太低，就以底价买入的合约。首先是格林斯潘看跌期权，然后是伯南克看跌，再然后是耶伦看跌，现在是鲍威尔看跌。美联储看跌期权已经成为一项事实上的政策，这意味着美联储将为资产价格创造一个下限。

2 月 3 日，也就是这一声明发布几天后，股票和债券的价值开始同步上涨，这种情况很少见。然而，事情很快就变得清晰起来，仅仅停止正常化是不够的。世界经济就像一幢线路不好的大楼，电线短路，在墙后焖烧。有些房间烟雾缭绕，有些房间只是朦朦胧胧，似乎随时有可能爆发明火。

通货紧缩是一个核心问题[24]，德国和中国的需求疲软，工业生产也在放缓。整个欧盟的物价一直处于低位。美联储在 3 月宣布将维持利率不变，鲍威尔承认，令人费解的低通货膨胀是一个重要原因。他说："我不认为我们已经以对称的方式令人信服地实现了 2% 的通货膨胀目标，通货膨胀的下行压力是我们这个时代的主要挑战之一。"

3 月，由于对金融体系的担忧，银行类股票开始下跌，全球经济衰退变得更加明显。在 3 月，当短期债券的利率高于长期债券的利率时，市场发出了严厉的警告。这就是所谓的"反向收益率曲线"，预示着即将到来的经济衰退。美国央行、欧洲央行在 7 月宣布降息，主要是因为通货膨胀率仍然低得令人担忧。特朗普总统在推特上对这一事态发展表示愤怒。他认为，美联储应该带头降息和刺激，而不是由欧洲央行带头。

鲍威尔带领美联储在 7 月做出了一些特别的举动。[25] 尽管经济在增长，美联储还是会降低利率。失业率为 3.7%，是近 50 年来的最低水平，工资也一直在上涨。这是经济周期中的一个节点，美联储通常会将利率保持在较高水平，从而在美国经济开始放缓时赋予自己降息的权力。降息被描述为一种保险政策。华尔街的交易员怀疑这一保险政策仅仅是个开始。从期货市场的走势来看，年底前还会有三次降息。从欧洲到中国再到俄罗斯，世界各国央行都开始再次放松货币政策，这是央行唯一的选择。8 月，银行正在抵御全球经济衰退。

如果鲍威尔觉得他控制了局势[26]，那么这种感觉在 2019 年 9 月 17 日星期二上午就消失了。联邦公开市场委员会成员当天聚集在华盛顿，参加他们定期召开的会议。但纽约联邦储备银行交易部门的紧急报告给会议蒙上了一层阴影。一个不起眼但极为重要的隔夜贷款市场发生了瘫痪，问题变得越来越严重。如果放任不管，它可能导致一场金融危机，甚至比 2008 年的危机更严重。华尔街之外的人甚至很少知道发生了什么，经济在接下来的几年里都很强劲，但当时的金融体系非常脆弱，濒临崩溃。

第三部分

让他们吃掉资产

第十三章　看不见的救助（2019—2020 年）[1]

2019 年 9 月 13 日（星期五）上午 9：05 分[2]，一群金融交易员和分析师聚集在纽约联邦储备银行举行例行会议。每个工作日，这些交易员都被要求牢牢掌握全球市场的动向，以便向他们的老板洛里·洛根汇报，她监管着纽约联邦储备银行整个交易大厅。洛根身材娇小，一头黑发，剪了齐肩的波波头。她的五官很犀利，言语中有一种高效官僚的清脆抑扬。她拥有公共管理高级学位，而不是经济学学位，但自 20 世纪 90 年代末加入美联储以来，她对美联储的金融管道系统形成了敏锐而细致的看法。在 9 月的那个星期五，洛根的脑子里想的是即将到来的旅行，她很快将前往华盛顿参加联邦公开市场委员会的例行会议，会议将于下个星期二开始。洛根和她的团队将于星期一开始在埃克尔斯大厦工作，最终完成他们向委员会提交的报告，这通常将占据洛根的大部分注意力。但就在她在纽约的最后一天，分析师在早会上发出了警告。他们发现了市场上出现了令人不安的迹象，他们认为星期一情况可能会更糟，届时洛根就要去华盛顿了。

纽约联邦储备银行的会议室就在主交易大厅旁边，在会议期间，会议室的门是开着的，这样人们就可以安静地进出。会议室有一张固定的大桌子，墙边放着一张沙发，供工作人员打开笔记本电脑坐着做笔记。一面墙上挂着一组巨大的数字监视器，其中一个提供来自芝加哥一间完全相同的房间的实时情况视频，该房间位于芝加哥商品交易所附近，是美联储重要的卫星办公室。

那天早上大家都安顿下来后，纽约的交易员描述了让他们担心的事情。他们一直关注着巨大的全球美元市场，他们将其简称为"货币市场"。货币市场追踪的是真实的、实实在在的现金在世界各地的流通情况。这个市场有很多部分，包括银行用来保持账目正常的隔夜贷款，以及对冲基金每天为押注融资而借入的数十亿美元。纽约联邦储备银行痴迷于全球货币市场，美联储的首要工作是控制货币价格，而这种价格表现在银行和对冲基金支付的短期利率上。美联储的交易员担心可能会出现现金短缺的情况。的确，当前世界上现金泛滥的情况或许比历史上任何时期都多。但交易员看到的市场信号表明，短期利率正在上升，而且可能会继续上升，或许还会大幅上升。这引起了洛里·洛根的高度关注，她的主要工作是确保利率的上升或下降不会超出联邦公开市场委员会规定的狭窄区间。她指示团队加强对市场的监控，这意味着他们将开始给金融交易员打电话，并加强对反映短期货币价格的某些合约的监控。

美联储本身对这种局面负有直接责任。[3] 金融市场的紧张是鲍威尔监管下的经济正常化进程的直接结果。正常化基本上已经停止，但联邦公开市场委员会仍然撤回了伯南克时代的一些非同寻常的干预措施。当美联储逆转量化宽松政策时，它从银行体系中抽走了超过 1 万亿美元的过剩现金。银行超额准备金，即银行存放在美联储金库中的现金水平，已从 2014 年的约 2.7 万亿美元降至 2019 年的约 1.3 万亿美元。这仍然比 2008 年的银行超额准备金高出约 76 000%。但降幅已经很大了。

在洛根的团队看来，其问题在于，即使1.3万亿美元的超额准备金也不足以维持银行体系的正常运转。

洛根的团队解释说，警告信号来自至关重要的现金"回购"市场。回购市场是金融世界基石的一部分，它本应是一种超级安全的贷款形式。回购贷款是短期的，可能短到隔夜。它的运作方式总是一样的：借款人交出国债以换取现金。然后，在第二天或下一周，借款人将返还现金以换取国债，并为这笔交易支付非常少的费用。回购贷款的全部意义在于，当你需要现金时，就可以获得现金，以换取超级安全的国债。这对华尔街公司来说非常重要，它们拥有像国债这样的硬资产，这些资产价值不菲，它们需要以现金的形式释放这些价值，以履行自己的隔夜义务。银行非常乐意提供这种短期贷款，因为它非常安全，银行持有国债作为抵押品，所以实际上没有任何风险。如果借款人回购市场破产，银行可以出售美国国债，收回贷款的全部价值。这就是规模达数十亿美元的原因。各类金融机构每天都用它来将美国国债兑换成现金，所以它们手头有钱开展日常业务。

然而在9月13日（星期五），回购市场发出了闪烁的信号。早期迹象表明，像摩根大通这样的大银行正在提高它们对回购贷款收取的非常低的利率。洛根的团队认为，银行可能会提高利率，因为它们对延长回购贷款越来越犹豫，银行似乎觉得它们的现金储备太少了。

在接下来的9月16日（星期一）[4]，银行的现金储备会特别少，因为两件事会同时发生。首先，这一天是大公司的纳税日，这意味着银行将把大量现金送出去支付税款。其次，这一天恰好也是许多美国国债拍卖即将结算的日子，这意味着银行必须为之前同意购买的国债支付现金。所有这些都将从系统中抽走现金，并降低超额准备金水平。

洛根被说服，这可能是个问题。如果银行自星期一开始不愿提供回购贷款，它们可能会对这些贷款收取更高的费用，将回购利率从目前约 1.5% 的水平推高至 1.8%，甚至 2% 的水平。这反过来又会波及货币市场的各个角落，各地的货币利率都将被推高。这就是为什么洛根指示她的员工加强对回购市场的监控。洛根当天下班后，集中精力于她的华盛顿之行和即将召开的联邦公开市场委员会会议，她在纽约的员工把全部注意力都放在了回购贷款上。

星期一发生的事情说明了这一点，美联储的纽约交易团队在零利率时代基本上是盲目行事。这意味着，包括鲍威尔在内的整个美联储领导团队也在盲目行事。央行向金融市场注入大量资金，从而改变了金融格局，这样做也摧毁了货币制度，并以一种新的货币制度取而代之。但没有可靠的工具来衡量新制度的版图。当回购市场在星期一崩盘时，这一切都变成了残酷的现实。由此引发的市场危机几乎将演变成一场全面的金融危机，而在这个历史时刻，市场本应保持稳定和健康。这一切没有发生的唯一原因是美联储几乎是在一瞬间介入，启动了 4 000 亿美元的救助计划。这次救助是前所未有的，它使一小部分对冲基金受益，这些对冲基金实质上劫持了回购市场，并将其作为进行高风险押注的工具。美联储让它们避免了这些押注的后果。但救市行动中最引人注目的部分，或许是美联储在没有引起太多注意的情况下采取了行动。4 000 亿美元的紧急现金注入已不再是新闻。美联储称这是一次正常的市场维护行为，但从美联储内部来看情况并非如此，因为回购市场已经崩溃。

9月16日星期一早上[5]，洛根和她的团队来到了埃克尔斯大厦。和往常一样，他们在大楼三楼的一个大会议室里安排了一个临时办公室。他们围着一张桌子，开始准备第二天要向联邦公开市场委员会成员做一系列复杂陈述所需的材料。这一准备工作很费力，可能会花费很长时间。但洛根的团队并没有来得及开始。混乱在市场开盘前就爆发了。三楼的会议室很快变成了作战室和疯狂的通信中心，纽约的交易分析师报告称，回购利率正在飙升。

在市场紧张时期，回购利率上升约0.3个百分点并不罕见。[6]例如，2018年12月，在市场动荡期间，回购利率危险地飙升，促使鲍威尔逆转了正常化进程。利率在当时高得惊人，已经从2.5%左右跃升至3%以上。没有人能够预料在市场平静、失业率低、经济增长的9月会出现如此多的变动。

在星期一早上，纽约办公室给洛根的团队发了一份警报称，回购利率继续飙升，当天利率达到了5%。

没有人知道发生了什么。这就是那种预示市场恐慌的回购利率，但它没有明显的引起恐慌的理由。没有一家银行破产，没有一个国家出现债务违约，也没有哪家央行传出重大消息。纽约的分析师试图弄清楚利率飙升的原因。洛根的两名高级议员帕特里夏·佐贝尔和内特·沃菲尔也在华盛顿的会议室里，他们很快就开始制订一项关于如果利率不下降，就平息市场的计划。有一个选择似乎是显而易见的：美联储可以自己在回购市场进行交易，提供廉价的回购贷款，就像它向一家濒临倒闭的银行提供紧急贷款一样。这将是一个激进的步骤，美联储近十年来没有进行过回购交易，至少没有进行过大规模回购交易。

事情很快变得清晰起来，这场动荡并非偶然，市场正在恶化。洛根迅速向她的上司、新上任的纽约联邦储备银行行长约翰·威廉姆斯汇报了这一危机。威廉姆斯是一位经济学家，曾任旧金山联邦储备银行行长。他的背景是经济研究而不是市场操作。他给人的印象是一位和蔼可亲的教授，笑容灿烂，戴着一副大大的圆框眼镜。在鲍威尔成为美联储主席后不久，威廉姆斯接管了纽约联邦储备银行，两人建立了密切的工作关系。那个星期一的早上，在埃克尔斯大厦二楼一间永久为纽约联邦储备银行行长保留的办公室里，威廉姆斯在为第二天的联邦公开市场委员会会议做准备。全世界都在期待美联储继7月降息后再次降息。这是有争议的，因为在经济增长的时候降息是非同寻常的，而且这次会议的重要性不言而喻，但威廉姆斯的工作被打断了。在星期一下午，洛根给威廉姆斯、鲍威尔和副主席理查德·克拉里达发了一条信息，她报告说，回购市场正在崩溃，而且还没有停止的迹象，她的团队正在努力了解问题所在，并提出应对方案。

如果回购贷款利率不能立即从 5% 回落到 2.25%~2.5%，就可能在华尔街引发一连串的失败。所有那些利用回购贷款来支付日常账单的对冲基金将被迫寻找其他方式来筹集现金，并且必须迅速筹集资金。这意味着它们将开始抛售资产，比如国债或抵押贷款支持证券。当很多人同时这么做时，就会造成"去杠杆化"事件，也就是说，所有人都在同时出清手中的资产，这就会导致价格暴跌。用鲍威尔的话来说，"去杠杆化"事件甚至可能是"庞大而充满活力的"。

这种风险虽然很糟糕，但也只是问题的一部分。威廉姆斯和洛根担心的是更根本的问题。如果回购贷款利率不下降，将给其他短期利率带来压力，包括衡量隔夜贷款的至关重要的联邦基金利率。如果联邦基金利率超过联邦公开市场委员会的目标，那么世界上最强大的央行将失去对货币价格的控制。

令人痛苦且讽刺的是，美联储几十年来一直将回购市场作为控制短期利率的主要方式。纽约的美联储交易员拥有一个微调的系统，他们几乎每天都通过买卖回购合约向银行系统注入或提取现金，这些正是被联邦公开市场委员会称作"公开市场"的操作。交易员进入公开市场买卖回购贷款，以此作为一种管理货币供应的方式。

当本·伯南克领导的美联储决定着手实施数年的量化宽松政策和零利率时，这一体系被摧毁了。[7] 量化宽松的一个副作用是，美联储用如此多的现金淹没了公开市场操作的脆弱生态系统。美联储自己的回购交易员一直在精准地买卖回购贷款，就像钢琴调律师一样，通过收紧或放松琴弦，将琴弦的绷紧程度保持在精确的水平。交易员只会买入 60 亿美元左右的回购贷款，或者卖出同样数量的回购贷款，通过极具针对性的交易，将货币供应量保持在美联储想要的水平。购买回购贷款会注入更多的现金，而出售回购贷款则减少了现金。所有这些现金的重要之处在于，它们存储于大银行的准备金账户中。每个准备金账户就像一杯水，一直盛到代表最低法定准备金水平的红线。银行不希望准备金超过这条红线，因为它们可以把钱贷出去赚取利润。但它们也不希望资金低于红线，因为那样它们就违反了保留最低准备金的规定。这种将准备金保持在红线之上的需求解释了为什么银行之间的隔夜贷款有一个巨大的市场。在一天的繁忙活动之后，最终拥有过多资金的银行将资金借给碰巧资金不足的银行。美联储的交易员用回购交易轻轻地往缺水的杯子里倒了更多的水，减少了对隔夜贷款的需求，从而降低了利率。他们还利用逆回购交易温和地将水从杯子中抽走，增加了贷款需求，从而导致利率上升。在银行储备匮乏的漫长岁月里，这种做法行之有效。

量化宽松并不只是让杯子里装满了过剩的准备金，它还淹没了盛杯子的房间。然后，它用筒仓重新放置玻璃杯，这样它们就可以容纳数万亿美元的新流动准备金。这意味着做价值 60 亿美元的小额回购交易完全没有意义，这对隔夜贷款的需求没有任何影响。

美联储很早就意识到，随着 2007 年底抵押贷款市场的崩溃，其公开市场操作将成为救助计划的早期牺牲品。纽约联邦储备银行行长威廉·达德利在 2007 年 12 月 6 日联邦公开市场委员会召开的紧急电话会议上对此发出警告。他说："如果我们想把联邦基金利率固定在目标上，我们就不能改变系统中的准备金数量。"

美联储没有按兵不动，而是发明了一种控制短期利率的新方法。国会通过赋予美联储新的权力帮助解决了这个问题，这些权力隐藏在 2008 年 10 月的《经济稳定紧急法案》中，该法案授权了 7 000 亿美元的救助计划，即问题资产救助计划。没有人注意到的是，该法案还更新了《联邦储备法案》，为量化宽松铺平了道路。《经济稳定紧急法案》首次允许美联储直接向银行支付其在美联储准备金账户中所持现金的利率。[8]这看起来微不足道，但正是它让美联储得以改造金融体系。美联储不再通过回购交易控制利率，而是通过提高或降低超额准备金率来控制利率。

多年来这一切都无关紧要，因为当时利率为零。隔夜贷款的需求基本为零，因为系统中有太多的美元。只有当美联储试图提高利率时，对这个体系运行的真正考验才会到来。当美联储最终在2015年底加息时，它是通过提高超额准备金率来实现的。整个过程都是实时进行的，风险很大。在洛根之前负责纽约联邦储备银行交易部门的西蒙·波特于2020年初与人合作撰写了一份评估这些风险的学术研究报告。波特试图弄清楚，如果美联储认真对待正常化，并提取银行超额准备金，可能会发生什么。在某种程度上，准备金会再次达到稀缺的水平。到那个时候，银行收取的隔夜贷款利率可能不会以稳定和可预测的方式缓慢上升。当银行十年来第一次意识到准备金稀缺时，利率可能会突然上升。一切都会平静下来，直到情况变得不那么平静，然后利率就会飙升。问题是没有人确切知道这一刻到底什么时候会到来，也没人知道到底多低才算太低。美联储似乎已经回答了这个问题。准备金短缺的数字是1.39万亿美元，这是星期一上午触及的水平。

洛根和她的团队一直工作到星期一晚上7点多，以获得回购市场的准确情况。当晚8点前后，洛根在华盛顿美联储官员下榻的酒店大堂与威廉姆斯会面。她告诉他情况非常糟糕，回购恐慌并没有减弱。更令人担忧的是，联邦基金利率似乎即将升到美联储设定的水平之上。

威廉姆斯被说服必须采取一些措施。[9]当时的情况似乎是引起了一种小型恐慌，但市场的崩溃不会很快自愈。威廉姆斯认为，华尔街的交易员对正在发生的事情深感不确定，美联储需要迅速采取行动，以恢复他们的信心。

星期二早上，威廉姆斯和洛根早早到达了埃克尔斯大厦，与鲍威尔和克拉里达召开了紧急会议。洛根介绍了她的团队制订的计划。如果市场情况继续恶化，就像数据预测的那样，美联储将准备采取行动。

当天上午，回购贷款的利率突破了9.5%，这就是导致金融崩溃的阈值。美联储当天对回购市场进行了前所未有的干预，向隔夜市场注入750亿美元，而这仅仅是长期救助的开始，后来还包括新一轮大规模量化宽松。美联储在宣布这些措施时，使用了大量技术术语，把整个事情说得好像是一项管道工程。但这掩盖了一个重要的现实，美联储释放的资金并不是一股中性力量。它使一些人受益，也使另一些人处于不利地位。

当回购贷款利率升至9%以上时，这似乎是一个可怕且抽象的数字。这个数字，其实讲了一个故事，它反映了真实的人之间正在进行的一场斗争。斗争的一方是摩根大通等提供回购贷款的银行，另一方是那些迫切需要通过回购贷款来维持业务的人。随着回购利率数字越来越高，这场斗争的激烈程度也变得清晰起来。当利率达到9%时，这意味着有人感到非常害怕和绝望，他们愿意支付8%的高利贷利率以获得完全有抵押的隔夜贷款，而这种贷款通常的成本约为2%或更低。但比这更让人吃惊的是，挣扎的另一方不愿意以8%的利率延长一笔超级安全的隔夜回购贷款，贷款人想要9%的利率。

这表明贷款人对那些想要借回购贷款的人感到非常紧张，银行准备金的稀缺性揭示了这种紧张，但并没有造成紧张。

在零利率政策时代，回购市场发生了变化。在金融危机之前，这个市场主要由银行使用。但现在银行有了这么多现金，就不那么频繁地使用回购贷款了。一群新的金融参与者介入并开始使用回购贷款，即对冲基金。2008—2019年，对冲基金等非银机构使用的隔夜回购贷款金额大约翻了一番，从约1万亿美元上升到2万亿美元。这个2万亿美元的数字低估了回购市场对对冲基金的重要性。

对冲基金以回购贷款为基石[10]，构建了规模大得多的债务结构。它们从回购贷款中获得现金，然后用这笔现金，在市场上押下更大的赌注。华尔街把这种技术称为杠杆化，意思是你借了1美元来支付10美元的赌注。对冲基金利用2万亿美元的隔夜回购贷款在市场上建立头寸，这些头寸比回购贷款本身要大得多。

就连美联储都没有完全意识到这是怎么回事。非常明显的是，对冲基金做的回购贷款比以前多得多，但原因并不清楚。它们在资助什么？活动风险有多大？这一直是个谜，因为对冲基金没有受到像银行那样严格的监管。它们是影子银行体系的一部分，没有受到联邦存款保险公司和《多德－弗兰克法案》的严格审查。这背后的理论是，对冲基金是成熟的投资者，可以凭借自己的优点成功，也可以失败。

即使在2019年回购市场崩溃几个月后，财政部也不完全确定对冲基金在做什么。但就像法医人员在爆炸残骸中挖掘一样，他们发现了一些令人信服的线索。

这些对冲基金一直在涌入一种非常特殊的交易——基差交易。这一交易之所以成为可能，正是得益于美联储多年来实施量化宽松和零利率政策所制造的市场平静，基差交易只有在一种强制平静的环境下才能运作良好。在这种环境下，交易员知道美联储会介入，阻止任何剧烈的市场动荡。当这一条件得到满足时，对冲基金认为，只要市场波动消失，就有理由借入数千亿美元来建立一种几乎无风险的交易。

这个设计很简单。一位对冲基金交易员在金融市场上发现了一个几乎总是自然发生的小漏洞。这个小漏洞就是国债和国债期货合约之间的微小价格差异[11]，当下购买的国债价格与国债期货合约价格之间的差额称为基差。对冲基金通过购买大量国债以及国债期货合约来利用这一极小的基差。然后，对冲基金持有这些国债，并在到期日交割，赚取基础价差的利润。

这就是回购市场的作用所在。基差交易的利润率基本上是有保证的，只是很小。为了让交易获得回报，对冲基金需要进行数千次的交易。对冲基金利用回购市场实现了这一目标，把国债作为抵押品，获得了买进国债期货合约所需的现金。对冲基金能够以 50∶1 的倍数杠杆化自己的赌注，这意味着它们拥有的每一美元都可以让他们再借 50 美元用于交易。对冲基金最终在国债、回购贷款和国债期货之间建立了一个相互加强的债务和风险三角。这是一笔容易赚到的钱，就像从人行道上捡到散落的数百万美元一样。对冲基金不需要报告自己在这样的交易中投入了多少钱，但财政部随后的调查提供了一个很好的估计。在 2014—2019 年，对冲基金持有的美国国债期货市场"空头"头寸总价值从约 2 000 亿美元上升至近 9 000 亿美元（空头头寸就是押注某样东西的价格会下跌），这一头寸是基差交易成功的关键。基差交易市场似乎一直被一群被称为相对价值的对冲基金所主导，其中包括相对不知名的公司，如 LMR Partners 和兰冠资本管理公司。

只要回购贷款价格保持低位并且稳定，基差交易就能很好地运作。[12] 如果回购贷款的价格上涨，就会立即摧毁基差交易的盈利能力。对冲基金发现自己有义务为期货合约付款，但不得不支付更多的钱来保持回购债务的滚动。当回购贷款利率在 9 月中旬飙升时，华尔街的金融分析师开始听到令人担忧的消息。某些对冲基金非常迫切地想要筹集现金，而且必须迅速筹集。美国银行分析师拉尔夫·阿克塞尔在几个月后发表的一份报告中捕捉到了这一时刻，他传达的信息令人不寒而栗。他指出，对冲基金对回购贷款的依赖在十年内翻了一番。如果回购市场对对冲基金进行关闭处理，那么它们将被迫以 2008 年清算金额两倍的水平清算国债和抵押贷款证券。

总是轻描淡写的阿克塞尔写道："这一影响可能是巨大的。"

金融界面临的被迫清算事件可能是 2008 年崩盘时的两倍，而这一切都发生在经济繁荣的明朗环境中，当时市场不仅稳定，而且还在上涨。

当美联储在 9 月 17 日进入回购市场时，它救助了所有迫切需要回购贷款的对冲基金。当天这种贷款的现行利率超过了 9%。美联储以 2.1% 的利率提供此类贷款，使用的是它可以立即创造的货币。

对冲基金可以松一口气了，它们又可以进入回购市场了。从财务上来说，很难量化这些对冲基金的价值。它们在回购贷款上省下了一大笔钱，而且它们也因为没有参与基差风险交易，节省下了几乎不可估量的资金。美联储确保了对冲基金不需要变现所持资产。

美联储第一天就提供了 750 亿美元的隔夜回购贷款，在接下来的几周里，这一节奏加快了。这个项目变成了开放式，一直持续了整个秋天，规模越来越大。到 10 月 23 日，美联储表示，其隔夜回购贷款的最低规模将为 1 200 亿美元。美联储提供的是隔夜和较长期回购贷款的组合。它在 10 月 29 日将把长期回购贷款从每天 350 亿美元提高到 450 亿美元，同时增加短期隔夜贷款。

部分对冲基金趁着机会平仓了部分基差交易。从秋季到 2020 年初，美国国债期货的空头仓位逐渐下降，从近 9 000 亿美元降至不到 8 000 亿美元，但仍是 2014 年的 4 倍左右。

当美联储宣布在对回购贷款进行干预时[13]，并没有提及对冲基金或基差交易，也没有提及它正在临时制定一套控制隔夜贷款利率的新体系。随着回购贷款救助持续了数周或数月，鲍威尔、洛根和威廉姆斯等美联储官员在谈论它时，就好像这是一种例行的系统维护形式。

美联储狭隘地将目光聚焦于回购贷款崩溃对联邦基金利率的影响上。当利率突破了规定的界限时，纽约联邦储备银行就会启动所谓的"常备指令"。常备指令是指将短期利率保持在联邦公开市场委员会希望的水平。在 9 月的那一天，目标利率在 2% ~ 2.25%，但这一利率被突破了。因此，纽约联邦储备银行启动了回购贷款干预，以使利率回到正常水平。整件事让人想起了硅谷流传的一个笑话，这个笑话描述了一种新的人工智能（AI）机器，它被赋予了无限的权力来完成一个简单的指令：减少垃圾邮件的数量。AI程序分析了这个问题，意识到所有的垃圾邮件都是人类创造的，于是发射了一波核弹来消灭人类，从此再也没有垃圾邮件了。这是用巨大的权力来实现一个简单的指令。

回购贷款救助成功了，并履行了指令。联邦基金利率被推回区间，但隔夜回购贷款只是操作的开始。随着回购贷款在接下来的几周内扩大，鲍威尔已经在讨论该计划的下一阶段。美联储将重新开始实施量化宽松政策。在正常化过程中，美联储已经将银行准备金降至1.39万亿美元，并触及准备金的下限。即使美联储在考虑永久性地提供廉价回购贷款，也需要解决银行准备金稀缺的结构性问题。

10月4日，也就是回购贷款危机发生两周后[14]，联邦公开市场委员会召开了一次紧急视频电话会议。会议以美联储工作人员的陈述开始，报告了回购贷款干预已经奏效，但真正的问题并没有消失。每个季度都有纳税时间，银行可能会再次发现自己陷入现金短缺。目前还不清楚当这种情况发生时市场会是什么样子，为了应对这种不确定性，美联储需要向金融体系注入资金。要做到这一点，最明显的办法就是再实施一轮量化宽松。会议纪要显示，联邦公开市场委员会的每位成员都同意这一想法。

在美联储敲定计划之际[15]，鲍威尔前往在丹佛召开的一个经济会议，并发表讲话。他抓住这个机会在演讲中宣布了美联储即将采取的行动。他说："在某个时候，我们将开始增加证券持有量，以保持适当的准备金水平，这一时刻已经到来。我想强调的是，我们决不能把出于准备金管理目的而扩大资产负债表与我们在金融危机后实施的大规模资产购买计划混为一谈。"

鲍威尔说，美联储将采取一些看似量化宽松但实际上并非量化宽松的措施。关键的区别似乎在于美联储的意图。这一次，美联储并不是为了刺激经济而向银行准备金账户注入资金。它这么做只是为了维持较高的准备金水平。大约一周后，美联储宣布将每月购买价值约600亿美元的美国国债。从资产负债表的增加情况来看，2019年9月至2020年2月，美联储在银行体系中创造了约4 130亿美元的新货币，这是多年来规模最大的金融干预。

华尔街的交易员戏称这项新计划为"非量化宽松"（NQE）。但他们对正在发生的事情不抱幻想。美联储的投放正在扩大，并更深地融入市场。隔夜回购贷款的部署表明，美联储不会容忍该市场出现危险的突发事件。对冲基金根据这一洞见采取了行动，借入更多资金，并用这些资金购买股票。高盛的一项指数显示，在回购救助和NQE启动后，由债务推动的对冲基金交易大幅增加。仅在2020年2月，对冲基金的杠杆率（即债务与资本之比）就上升了5%，是多年来的最大增幅。

2020年1月13日，道琼斯工业股票平均价格指数突破29 000点，创下了历史新高。

2020年初，霍尼格已经离开了美国的经济权力和决策中心。[16] 霍尼格关于银行体系或市场结构的政治哲学并没有得到蓬勃发展。离开联邦存款保险公司后，霍尼格开始花更多的时间待在他位于堪萨斯城的房子里。他撰写了一系列关于金融体系的学术讲座文章，并定期撰写关于银行和货币政策的评论文章。他在华盛顿郊区乔治梅森大学具有自由主义倾向的智库莫卡特斯中心找到了一份高级研究员的工作。

霍尼格在莫卡特斯的职位反映了公众对美联储的意见分歧。大多数批评美联储的人仍然倾向于保守立场。许多美联储的著名捍卫者和前官员都转投了倾向自由的智库布鲁金斯学会。该机构向本·伯南克、珍妮特·耶伦和其他美联储前雇员提供过奖学金。伯南克开玩笑说，他在布鲁金斯的走廊里安置了新的联邦公开市场委员会，意思是"前公开市场委员会"。布鲁金斯学会在华盛顿特区市中心举办了鲍威尔和其他知名人士参加的活动。相比之下，霍尼格的观点似乎很少登上头条新闻。

3月2日星期一，霍尼格从家出发，花了几分钟时间来到了当地一个名为布鲁克赛德的购物区。布鲁克赛德是一排古色古香的临街零售店，坐落在比较繁忙的第六十三街上，这里有一家廉价商店、一家冰激凌店和一家药店。尽管这家药店多年前就被CVS连锁公司（美国药店和保险企业）收购了，当地人仍然称它为麦克丹尼尔。霍尼格去了一家新开的星巴克，找了一张靠窗的桌子坐下，脱下了外套。他是来见一位记者的，这位记者正在报道美联储的回购贷款干预。也许霍尼格那天很匆忙，或者是一些私人的事情让他感到压力很大。霍尼格似乎不像往常那样平静，反而脾气暴躁。在开始谈论回购贷款救助时，他变得越发暴躁。这件事令人恼火的地方不仅仅在于它的规模或范围，或者它对现代金融市场脆弱性方面的反映，还有一个事实是似乎没有人知道这件事发生过。不寻常的事情已经变成了例行公事，扭曲的东西也变得平常，大规模的救助已成为日常维持的工具。

"他们被困住了！"他的意思是美联储被自己过去的行为困住了。美联储致力于一定程度的干预和货币创造，而这在过去似乎是根本不可能的。2010年，当霍尼格投票反对量化宽松和零利率时，他被描述成一个不灵活的人，甚至是一个不成熟的人。他的主要警告之一是，量化宽松政策一旦启动，将非常难以撤销。近十年后，这种困难变得显而易见。

这种状况被它造成的扭曲所掩盖。在2020年初，廉价债务、不断上涨的资产价格以及对收益率的追求支撑了公司垃圾债券等高风险投资。经济从外部看起来很好，的确，失业率处于几十年来的最低水平，仅为惊人的 3.5%。但在多年停滞之后，就业热潮才刚刚开始走高，真正的繁荣是由拥有大部分资产的人在经济体系的最高峰所享受的。当对冲基金借入资金投入股市时，有线电视新闻网的每日报道似乎令人相当振奋："道琼斯指数今天收盘创出历史新高，谁还能抱怨呢？"

现在回想起来，霍尼格的星巴克之旅似乎是一段特别痛苦的经历。他当时并不知道，这是美国经济史上一个时代的最后一章。每天的头条新闻都在报道一场愈演愈烈的病毒性流行病，新型冠状病毒正在全球迅速传播。美国在 3 月 4 日报告了 158 例新冠病毒感染病例。但是和霍尼格一起在星巴克的客人可以自由进出，没有人戴口罩，人们见面时握手仍然被认为是理所当然的。事情似乎没有什么不正常的，没有人意识到这样一个事实，目前已经是未来很长一段时间内最好的时刻了。

第十四章　传染病（2020年）

　　第一轮市场波动于 2020 年 1 月抵达美国海岸[1]，芝加哥投资者吉姆·比安科开始感到担忧，他担心这种病毒可能会关闭中国庞大的制造业市场，而中国制造业是世界的主力。如果中国工厂关闭数月，可能会中断药品、iPad、玩具和电视机的供应，甚至可能引发经济衰退。比安科更担心的似乎是华尔街的普遍态度，病毒被视为其次才需要考虑的问题。人们似乎相信这场病毒会像 2003 年的非典疫情一样，很快将得到遏制。

　　然后意大利传来了非常坏的消息。该国北部出现了新型冠状病毒，并迅速传播。意大利政府在 2 月 24 日下令北部民众停止旅行，留在家中，这在当时是一件令人震惊的事情。更多的人开始担心这种病毒，想知道病毒是否会蔓延到其他地方。2 月 26 日，一位美国卫生官员将这种担忧变成了恐慌。她的名字是南希·梅索尼耶，她在美国疾控中心国家免疫和呼吸疾病中心工作。在与记者召开的电话会议上，梅索尼耶说，病毒传播迅速，人类对它没有天然免疫力，也没有疫苗。美国很可能不得不采取一些措施，比如关闭学校，让人们待在家里。梅索尼耶说：" 我明白，整个情况可能看起来势不可当，对日常生活产生的干扰可能很严重。但这些都是人们现在需要开始考虑的事情。"

华尔街的交易员现在确实开始考虑这些问题了。[2] 一位名叫斯科特·米纳德的投资者加入了像吉姆·比安科这样的忧心忡忡者的行列。米纳德是古根海姆投资公司的首席投资官，该公司管理着大约 2 460 亿美元的资产。米纳德手头有一大笔钱，他必须想办法在病毒肆虐的情况下稳住这笔钱。像米纳德和比安科这样的人在研究十年零利率政策和量化宽松政策后的美国经济时，也看到了类似的景象。公司债务水平处于历史高位，这让公司在面对经济下行时几乎没有回旋余地。所有资产——从债券到股票再到商业地产，都"定价到完美"，这意味着在最乐观的情况下，它们的交易价格都处于合理价格的上限。多年来，投资界一直将资金推向一个方向，即风险方向，推到收益率曲线的薄冰之上。

这个系统并没有为即将到来的事情做好准备。"美国企业界从一个高度杠杆化的地方开始，且流动性很差。"米纳德说。廉价债务增加了金融体系的脆弱性。他说："在某种程度上，经济必然会受到外部冲击，这是完全出乎意料的，这将导致杠杆的大规模平仓。" 2 月 27 日星期四[3]，也就是梅索尼耶发出警告的第二天，道琼斯工业平均指数下跌了近 1 200 点。这是自 2008 年以来股市最糟糕的一天。

那一天，纽约联邦储备银行内部的情绪出奇的平静。[4] 为洛里·洛根工作的交易员在下午照常开会，他们交换了意见，并通过视频屏幕与芝加哥的同事通话，没有人显得惊慌失措。

波动持续增大[5]，直到 3 月 8 日星期日，真正的灾难才开始。当天下午，沙特阿拉伯政府宣布将增加石油产量，尽管油价正在下跌。这对全球石油市场来说是灾难性的，因为美国水力压裂公司生产的过剩石油已经让市场供过于求，石油价格暴跌。金融界的人那天晚上没有睡好觉，因为他们知道接下来将发生什么。吉姆·比安科意识到，疫情是在市场极度脆弱的时候暴发的。"这是一个正在寻找钉子的泡沫，而我们发现了一个大别针。"比安科说。

星期一早上，股市开盘后迅速暴跌[6]，导致股市自动关闭，交易暂停了 15 分钟，这是自 1997 年以来首次触发自动休市。在接下来的两周内，自动休市还将被激活三次。有关股市的消息都非常糟糕，但这并没有反映出金融危机的全部性质，这场危机在那个星期一上午开始积聚力量，真正的危机发生在美国国债市场。

十年期国债是现代金融的基石[7]。3 月 9 日星期一上午，这些国债的利率出现了此前难以想象的剧烈震荡。

上个星期五，十年期美国国债收益率为 0.76%。在星期一上午，收益率暴跌至 0.31%，该指数在这一天再次上升至 0.6%。这些数字在外人看来似乎微不足道，但对业内人士来说影响是巨大的，就像当一条街道在地震中弯曲时，它只在海平面以上 5 英尺①处隆起，然后在一天结束时在海平面以下 10 英尺处坍塌。对于走在那条街上的人来说，这些变化是非常明显的。正如英国《金融时报》后来所言："分析师表示，这种动荡根本不应该出现在美国国债市场。"

由于多种原因，这场动荡基本上没有引起公众的注意。美国国债市场没有像股市那样被广泛讨论。而美国国债市场失灵的那一刻，社会也出现了停摆。就在那一周，NBA（美国职业篮球联赛）暂停了赛季，NCAA（美国大学男子篮球联赛）取消了"疯狂三月"锦标赛。最为重要的是，学校开始关门，这让疯狂的家长只能想办法带孩子。家庭办公室和远程教室第一次被安排在餐桌上。

在美联储内部[8]，国债市场的崩溃是当务之急。这让 9 月回购市

---

① 1 英尺约合 0.304 8 米。——编者注

场的崩溃看起来像是一个平静的事件。美联储分析师可以看出这场动荡意味着什么，金融世界陷入恐慌，每个人都在寻求持有最安全、最容易交易的东西——现金。人们甚至不想持有被认为是世界上最安全的投资——美国国债。人们想要变现包括美国国债在内的所有资产，以便尽可能多地收集现金。当人们认为整个体系处于崩溃边缘时，就会发生这种情况。这种获取现金的热潮每天都在加剧。真正不可思议的事情在星期四发生了，一些国债甚至找不到价格，这意味着没有人愿意购买它们，也没有人愿意用现金来换取它们。这种清算的广泛后果是巨大的，而且是立竿见影的。

大量押注基差交易的对冲基金受到了影响[9]，它们需要抛售手中的所有资产来筹集现金，而此时此刻，所有人都在做同样的事情。自2020年9月以来，对冲基金似乎已经减少了一些基差交易押注，但这类押注的水平仍处于历史高位。而这些并不是对冲基金唯一的亏损押注。一类被称为"风险平价基金"的对冲基金借入资金，在债券、股票和大宗商品等期货合约上押注。它们以一种应该反映每种资产相对风险的方式分配赌注。但股市和美国国债同时下跌——这在过去是不可想象的，打乱了所有有关相对风险的等式。风险平价基金发现自己陷入了困境，在整个市场囤积现金的时候，它们被迫寻找现金。

鲍威尔授权美联储以几乎前所未有的力度应对这场危机。

当回购市场在9月已经崩溃时[10]，美联储推出了750亿美元的回购贷款，震惊了市场。3月12日星期四，美联储宣布将提供5 000亿美元的回购贷款，并在第二天提供1万亿美元的回购贷款。美联储向华尔街提供了1.5万亿美元的紧急援助，但实际上没有起到任何帮助作用。道琼斯指数继续暴跌，收盘时下跌了2 300点，跌幅达10%。

星期五，美联储忙乱不已。埃克尔斯大厦即将关闭，美联储的工作人员和委员会成员将被派遣回家远程工作。但在此之前，鲍威尔同意召开最后一次紧急会议。在这一点上，美国金融体系已经形成了一定的肌肉记忆，当波动性失去控制时，所有的注意力都会转向美联储。美联储将于星期日下午召开会议，研究如何应对危机。

在联邦公开市场委员会开会期间，美联储会议室中央那张锃亮的大桌子周围经常坐满了人。[11] 开会时能够坐在桌子旁边，而不是坐在靠外墙的椅子上，被认为是地位的象征。多年以来，随着美联储设立了新的部门和高级职位，委员会会议桌旁的人越来越多，他们会带着所有的文件夹、文件和咖啡挤在一起。这使得3月15日星期日的会议更加引人注目。会议桌边几乎空无一人，桌子两边各立了两台大型视频监视器，会议开始时，联邦公开市场委员会成员的面孔开始出现在屏幕上。在达埃克斯大厦值班的少数几名工作人员坐在大桌子旁，彼此相隔几英尺。一位参会者说，那种感觉就像坐在鬼屋里。

纽约联邦储备银行的工作人员在会议开始时概述了经济状况。不出所料，这是一场恐怖秀。美国国债市场、债券市场、石油市场和股市都处于自由落体状态，工作人员重点关注了三个特别麻烦的市场。第一个是公司债市场，虽然情况还没有像2008年那样糟糕，但似乎正在陷入停滞。商业抵押贷款支持证券市场的压力越来越大，分析师约翰·弗林在查看所有这些电子表格时发现，这种贷款组合是基于过于乐观的假设。他们讨论的第二个市场是美国国债市场，该市场的交易量出现了"急剧下降"。最后，他们讨论了短期企业贷款市场，也就是通常所说的短期商业票据市场，这些贷款本应像现金一样容易交易，但这个市场也陷入了停滞。

联邦公开市场委员会成员开始讨论他们应该对此做些什么。面对新冠疫情大流行，美联储可动用的工具非常有限。美联储既不能给医院钱，也不能给那些被解雇或被要求待在家里的人钱。美联储既不能减缓病毒的传播速度，也不能帮助生产口罩，此时口罩的供应严重短缺。在面对此类问题时，美联储可以参考过去采取过的行动。美联储从 2008 年危机中吸取的教训之一是，行动得更快、规模更大，效果就更好。美联储前高级经济学家克劳迪娅·萨姆说："他们在 2008 年行动太慢了。"她参与了美联储内部一系列"经验教训"研究，比如 2008 年的应对措施。当美联储确实突破了零利率界限，并使用了量化宽松等工具时，再次突破零利率界限变得更加容易。美联储现在有了一套可以使用的工具，也有了使用这些工具的实践。他们的理论是，这些工具使用得越快，效果就越好。萨姆说："减缓经济衰退并使其不那么严重的最佳机会就在此刻。"这种想法似乎已在美联储领导团队中占据主导地位。3 月 15 日星期日，鲍威尔和他的团队提出了一套全面的行动方案。

鲍威尔领导下的美联储几乎会做本·伯南克在 2008 年和 2009 年做过的所有事情，但这一次是在一个周末而不是几个月完成的。他们将利率降至接近零的水平，然后开放了美联储与外国央行的"互换额度"，用大量美元换取本国货币（这很重要，因为大量的全球债务是以美元计价的）。他们执行了新一轮的量化宽松政策，总额达 7 000 亿美元，并以比以前更快的速度购买了债券。美联储将在接下来的星期二到来之前购买价值 800 亿美元的债券，这意味着他们要在 48 小时内向银行体系注入的资金，相当于前几轮量化宽松中一个月的投入。美联储给出了前瞻性指引，承诺只要有必要，就将利率维持在接近零的水平。而这一切都是在一天之内完成的。

联邦公开市场委员会几乎一致投票通过了采取紧急行动。克利夫兰联邦储备银行行长洛蕾塔·梅斯特投票反对该计划，因为她认为利率应该只降至 0.5%，而不是 0.1%。会议结束之后，鲍威尔召开了记者电话会议，宣布一系列紧急措施。他的声音很轻，好像是从海外打来的电话，整个过程给人一种非常混乱的感觉。美联储大规模的行动本是为了安抚投资者，但似乎反而让投资者感到了恐惧。星期日下午听到鲍威尔的声音令人不安,联邦公开市场委员会定于下个星期二召开会议,这一事实放大了这种影响。如果美联储连 48 小时都等不了,就开始做现在正在做的事情,那么情况肯定真的很糟糕。在一个星期日的晚上,金融交易员再一次肾上腺素飙升,并开始疯狂地打电话,根据坏消息重新安排自己的持仓。当交易周开始时,他们知道会发生什么。

第二天早上,市场以自由落体的方式开盘,道琼斯指数下跌了 13%。就在那个星期一,一周前开始积聚力量的金融危机近乎吞噬了美国经济。

3 月 16 日的那一周[12],华尔街看到了它们认为不可能发生的事情。古根海姆的首席投资官斯科特·米纳德在看到美国国债市场基本冻结时感到惊讶。早在 2008 年,抵押贷款证券市场就曾出现过类似的崩盘,导致全球恐慌和经济崩溃。但这种情况发生在价值 20 万亿美元的超级安全的美国国债市场上,这不仅让人害怕,更让人难以理解。

当像米纳德这样的人研究债券市场时,他们关注的是所谓的"价差",即卖方对某物的定价与买方愿意支付的价格之间的差额。如果有人提出以 10 美元的定价出售债券,但买家只愿意支付 9.9 美元,那么价差是 10 美分,即 1%。通常情况下,国债的价差远小于 1 美分,这是因为有太多的买家和卖家进行了太多的交易,这使得找到一个价格相对容易。国债价差通常在 0.031% 或 0.016% 左右。在 3 月的金融危机中,米纳德看到一些国债的价差扩大到高达 4%。在某些时候,本应显示美国国债买入价和卖出价的屏幕一片空白,这意味着找不到达成一致的价格。

这种混乱的崩溃影响到了所有种类的债务。比国债风险更大的公司债价差开始迅速扩大。米纳德表示:"在市场最激烈的时候,公司债的买价/卖价价差在某些情况下高达 30%,这是不可想象的。"

在芝加哥,交易员吉姆·比安科和他的家人以及他的狗基本上被锁在家里，整个城市都感觉被阴霾所笼罩。工作日的交通与星期日凌晨的情况一般，金融市场也同样感到动摇和空虚。

比安科非常担心大银行的健康状况，它们是金融体系的核心。大银行的股票价值在2月至3月23日与股市见顶期间相比下跌了48%。大银行中规模最大的摩根大通的股价在此期间下跌了43%。比安科说："实际上，我们看到的是银行业遭受的破坏可能比2008年时还要严重。"银行并没有破产，它们的准备金账户中仍然有大量现金。但比安科和其他人可以看到，银行的崩溃就在眼前，而且距离他们并不远了。

在3月16日星期一[13]，八大银行联合发表声明，所有银行都将挺身而出，从美联储的"贴现窗口"获得紧急贷款。这些银行多年来一直在讨论"生前遗嘱"和"压力测试"，但现在它们行动迅速。银行过去避免从美联储的紧急贷款贴现窗口贷款，因为接受贷款意味着经济疲软。现在通过共同努力，银行相互保护，避免了紧急借贷的耻辱。这些银行表示，它们并不需要立即得到这笔钱，但已经做出了声明，如果需要的话，它们保留选择权。比安科估计，如果银行股价再下跌15%，那么银行就会开始倒闭。

这场动荡揭示了创纪录的债务水平导致美国公司结构异常疲软。大公司迫切需要现金不只是为了维持关门期间的营业等基本支出。它们还必须定期偿还杠杆贷款和公司债券，这些贷款和公司债券是它们在过去十年中以创纪录的速度借出的，每一步都受到美联储的鼓励。公司债券有着无情的结构，鲍威尔在凯雷集团工作时就了解这一点。当一家公司借入100万美元的债券或杠杆贷款时，它只支付债务的利息，直到债务到期的最后一天，届时它必须还清全部债务，或者通过出售和展期在市场上进行再融资。当经济停摆时，客户待在家里，现金也停止滚滚而来。从西南航空到美国电话电报公司再到福特等公司，都必须支付全部债务的利息，否则将面临违约。

公司债市场的脆弱性造成了一系列环环相扣的危机[14],每一场危机都像链条一样是连在一起的,有可能拖垮银行体系。第一场直接的危机来自负债累累的公司,它们在争相获得现金。在恐慌中,这些公司迅速动用了一种叫作"循环信贷"的紧急资金来源,这种工具允许它们迅速借到一定限额的现金。3月16日市场崩盘后,西南航空公司动用了10亿美元的循环信贷额度。酒店运营商希尔顿也动用了17.5亿美元,通用汽车公司在接下来的一周将提取160亿美元。这有助于解释为什么银行股在几周内几乎下跌了一半。在银行疲于应对市场波动之际,循环信贷安排有可能榨干它们的资金。对吉姆·比安科等分析师来说,更令人不安的是,这些信贷额度可能仍不足以拯救许多陷入困境的公司,这意味着这些公司将会获得贷款,从银行取出现金,然后在银行宣布破产时带着这些钱一起跳下悬崖。

当公司开始拖欠债务并拖欠贷款时,链条的第二个环节就会被触发。这将迫使标准普尔和穆迪等债务评级机构下调对福特等公司的评级,使许多公司陷入垃圾债务的境地。一波这样的降级看起来是不可避免的,它给大银行带来了严重的后果,评级下调对贷款抵押债券行业来说就像被一枚鱼雷击中。银行一直在将杠杆贷款打包成贷款抵押债券,并将其出售给养老基金,但银行也一直在为自己购买贷款抵押债券。仅在2019年,大型银行持有的贷款抵押债券价值就增长了12%,达到995亿美元。当年,摩根大通的持股增加了57%。这些抵押贷款证券投资品种的绝大部分由三大银行(摩根大通、富国银行和花旗集团)持有,它们总共持有约81%的贷款抵押债券银行资产。即将到来的信用评级下调潮对抵押贷款证券的价值构成了严重风险。大多数贷款抵押债券都包含一项合同条款,允许它们只持有一定数量的垃圾债务。如果贷款抵押债券中有更多的杠杆贷款被降级,那么这将违反合同的标准,贷款抵押债券将不得不开始出售垃圾债并进行替换,或者减记整个贷款抵押债券的价值。

试图出售垃圾债的前景使人清醒，投资者已经在蜂拥抛售资产。一位不愿透露姓名的金融交易员在这段时间接受了采访，他在一天的工作后声音听起来有些颤抖。他是一名愤世嫉俗的华尔街人士，他为自己面对市场动荡时的冷静感到自豪。但在3月中旬，他的声音里却真的带着一丝恐惧，他说大投资者抛售资产的绝望程度令人恐惧。他把这种情况比作看着人们以100美元的价格卖掉一栋公寓楼，虽然花100美元买一栋公寓楼让人兴奋不已，但也正是它的价值让人不安。一场大规模的清算正在进行，预示着更糟糕的事情即将到来。

很少有比鲍威尔更了解形势的美联储主席。他漫长的职业生涯可以被看作现代金融体系及其缺陷的延伸培训课程。他曾亲自帮助建立销售杠杆贷款和公司债的大型机构，也曾负责财政部拍卖政府债务的部门。他多年来一直在警告美联储的系统脆弱性。回想起来，鲍威尔的一个警告具有特别重要的意义。他在2013年曾预测，当资产价格出现回调时，美联储将很难控制损失。他说："无论如何，我们应该有一定程度的信心，相信我们能够以自己的方式监督或管理这种大型、动态的市场事件，由于我们现行的政策，这种情况越来越有可能发生。"

鲍威尔在3月15日发起的紧急行动，无论以何种标准衡量，都显示出了压倒性的力量。与此前央行采取的任何干预行动相比，这些行动影响更深远、规模更大、节奏也更快。但到了3月20日星期五晚上，一周的金融浩劫证明，美联储的行动不足以遏制恐慌。

此时，鲍威尔已经在设计美联储下一阶段的救助计划[15]，这将推动美联储进入它从未涉足过的领域。美联储将首次直接购买公司债券、贷款抵押债券，甚至公司垃圾债。这将把美联储看跌期权扩展到经济体系的全新领域，从那时起债务市场开始改变。该计划的一阶段并没有在正式的联邦公开市场委员会会议上进行讨论，会议记录已作为历史资料存档。在杰罗姆·鲍威尔、纽约联邦储备银行的约翰·威廉姆斯和美联储委员莱尔·布雷纳德等美联储官员之间一系列疯狂的电话交谈中，这个问题得到了解决。

鲍威尔并不只与美联储内部的人对话，他的许多电话都转到了美国财政部，如果美联储要在需要的地方扩大其影响范围，就需要得到财政部的批准。这恰好是一个幸运的突破。该部门由鲍威尔在华盛顿强大的盟友之一史蒂文·姆努钦管理。

第十五章　赢家和输家（2020 年）

姆努钦很快指出[1]，在特朗普总统审查候选人时，他曾亲自推荐鲍威尔担任下一任美联储主席。这样的建议在特朗普政府中发挥了很大作用。来自像姆努钦这样的人的一句好话可能会对特朗普的决策起到决定性作用。姆努钦是少数几个在整个特朗普政府时期担任内阁部长的人之一。虽然特朗普对珍妮特·耶伦印象深刻，但姆努钦与鲍威尔的关系更为密切。两人都在私募股权和杠杆贷款领域有着长期的从业经验，他们说着相同的银行和交易术语，对金融世界有着相同的感知。鲍威尔上任后，姆努钦和鲍威尔每周至少共进一次午餐。

姆努钦和鲍威尔一样，对市场和交易也有着细致的了解。他的职业生涯始于高盛，他的父亲曾是该公司一位颇具影响力的合伙人。在公司工作了 9 年后，姆努钦也成为一名合伙人。2002 年，他带着价值约 4 600 万美元的公司股票离开了高盛。姆努钦随后加入了一家名为 ESL 投资的私募股权基金，然后创办了自己的对冲基金——Dune 资本。姆努钦在 2008 年房地产市场崩溃后组织了一群投资者，其中包括迈克尔·戴尔（戴尔电脑公司的创始人）和乔治·索罗斯，大赚了一笔。他们收购了加州一家名为 Indy Mac 的破产银行，这家银行曾是不良住房贷款的主要供应商。他们将公司更名为 One West，开始了一场房屋止赎狂潮，最终在 2015 年以 34 亿美元的价格出售了这家银行。姆努钦知道如何处理敏感情况，以及如何处理有问题的投资者和客户。他还有一种超自然的能力，既能融入特朗普政府的背景，又能保持自己的影响力。姆努钦之所以能做到这一点，部分原因是他擅长做特朗普最讨厌做的事情，那就是关注细节。

当新冠疫情严重冲击美国经济时，代表白宫与国会谈判的主角是姆努钦，而不是特朗普。这是一份微妙的工作，因为众议院由民主党控制，而参议院由共和党控制。姆努钦经常与众议院民主党议长南希·佩洛西交谈，在白宫和反对党之间架设桥梁。在特朗普执政期间，国会已经成为思想、野心和公共目标的"墓地"。在通过减税和刑事司法改革法案之后，国会在其他方面几乎无所作为。参议院多数党领袖米奇·麦康奈尔把大部分精力集中在任命联邦法官上，因为这只需要共和党人的多数票。在应对疫情的时候，没有人对国会抱有很大希望。特朗普鼓励国会通过某种救济法案，但他并没有提供太多指导或支持。他只是每天花几个小时在电视摄像机前进行狂躁的独白。到 3 月 18 日，国会已经通过了两项总额约 2 300 亿美元的救助法案，但这对于解决问题是完全不够的。一种熟悉的节奏形成了：一旦任何行动计划进入参议院的有毒氛围，原本有希望的行动就会在麦康奈尔的帮助下被扼杀并消失。

这使得美国财政部不得不再次依赖美联储，如果美联储要做鲍威尔正在考虑的事情，它就不能单独行动。在 3 月的这段时间里，姆努钦和鲍威尔每天通大约 20 次电话，鲍威尔需要与财政部长通话是有合理原因的。2008 年金融危机后，国会限制了美联储的紧急权力，当时美联储迅速发放贷款，几乎没有受到监管。国会在 2010 年通过

《多德－弗兰克法案》时，对美联储施加了新的限制，要求美联储采取紧急行动时必须获得美国财政部的批准，而美联储的章程中并未明确规定这些行动。国会在 1913 年创建美联储时，议员在界定美联储权力范围时非常谨慎。他们对其不能做的事情设定了严格的限制，就像他们对美联储能做的事情做出定义一样谨慎。美联储被拒绝赋予直接向企业放贷或承担杠杆贷款等高风险债务的权力，这在一定程度上是为了让美联储不能通过直接补贴某些行业来挑选经济中的赢家和输家。当美联储在 2008 年为贝尔斯登等濒临倒闭的投资公司安排贷款时，可以说它已经突破了这一限制，《多德－弗兰克法案》赋予了财政部长对此类行为明确监督的权力。

这就是为什么鲍威尔 3 月开始在家工作时，在他的办公桌上放了一份《多德－弗兰克法案》。在 3 月 20 日的那个周末，他敲定了一项复杂救助计划的细节，其中包括几项环环相扣的救助计划，每一项都针对金融体系的不同部分。这将是美联储历史上规模最大、影响最深远、最重要的干预行动。它将至少在未来几十年内改变中央银行在美国经济中的角色，并大幅增加美联储的金融足迹。这项计划是鲍威尔和姆努钦、美联储委员以及美联储高级工作人员在电话中安排的，与正式的联邦公开市场委员会会议不同，这些谈话是私下进行的，并没有被记录下来供公众查阅。该计划最终确定后，联邦公开市场委员会全体成员并未对其进行投票，由于该计划是一项紧急贷款计划，它只需要得到委员会少数成员的批准。

一位参与者将这个讨论过程描述为非创造性的[2]，美联储并没有试图做任何创新的事情。它只是要弄清楚金融世界的哪些角落被火焰吞噬，然后将美联储新的资金洪流引向那个方向。美联储决定重新启用它在 2008 年金融危机期间开创的一种法律工具，即特殊目的工具。一个特殊目的工具基本上是一家空壳公司，通过与美国财政部合作，美联储可以绕开对其贷款权限的限制。3 月的许多电话都是美联储在华盛顿的律师和美联储在纽约的金融团队之间打的，其中后者会创建新的特殊目的工具。每个特殊目的工具基本上都是一家公司，由美联储和财政部联合创立。该公司在特拉华州注册，注册费用约为10美元。财政部将纳税人的现金投资于每个特殊目的工具，然后美联储将把这些现金作为种子资金开始发放贷款。最多时，财政部每投资1美元，美联储就会贷出10美元。正是这些纳税人的钱让美联储能够超越通常的限制，开始购买高风险债务，并向新的经济领域提供贷款。如果出现任何损失，这些损失将首先由纳税人支付，这有助于美联储在法律上辩称它实际上并没有发放高风险贷款。鲍威尔会引用这一事实作为实施这些计划的理由，美联储可能承担了更多的风险，扩大了自己的使命，但财政部对整个事情进行了监督，这意味着这项计划存在一定程度的民主监督。

到那个周末结束时，美联储创建了三个重要的特殊目的工具。[3]

前两个特殊目的工具允许美联储购买公司债券。这背后的动机是显而易见的。随着企业拖欠贷款、损害银行、空心化贷款抵押债券的价值，美联储看到了一系列失败的后果。为了防止这种灾难发生，美联储将联邦储备基金扩大到一个全新的金融领域。现在炒股的人认为，如果股市崩盘，美联储会介入，拿出一套救援方案。现在交易公司债和杠杆贷款的人也将得到同样的保证，其影响远远超出了公司债交易部门。公司债的利率本应用来衡量该债务的潜在风险，有风险的公司必须支付非常高的利率，而安全的公司会支付相对低的利率。既然现在美联储已经介入，成为企业债务的主要买家，为市场提供了一个底部，那么它就改变了债务利率的本质。这些利率不仅反映了该公司的风险，也反映了美联储购买该债券的意愿。关键是一旦美联储购买了公司债，它就永远无法撤销这一行动。华尔街热切的目光将永远记住它们所看到的一切，每次美联储出手干预，人们都假定它未来也会出手干预。

最具开创性的特殊目的工具可能是第三个，它将购买规模太小、无法获得杠杆贷款或公司债的中型企业的债务，这是一个非常具有试验性的项目。当该计划宣布时，制订该计划的美联储律师只有项目的概要。他们计划稍后再补充细节。该计划的指导原则是，将把美联储的影响范围扩大到华尔街之外。美联储将利用地区银行作为渠道，而不是利用一级交易商来实施这一计划。这些银行将向小企业提供贷款，美联储将购买其 95% 的贷款，让地区银行持有剩余的贷款，美联储称这个计划为"主街贷款计划"。

救助计划的最后一项措施不是成立一个新的特殊目的公司，而是以大规模、近乎永久性的量化宽松计划的形式大量注入资金。新一轮量化宽松的参数将有意地保持模糊。只要美联储认为有必要，它就会在需要的时间内创造更多的货币。这种规模是前所未有的。美联储在一周内购买了 6 250 亿美元的债券，比霍尼格投票反对的整个计划期间购买的债券还多。

到了 3 月 22 日星期日晚上，该计划已基本完成。但有一个小问题：该计划要求财政部向新的特殊目的工具投资约 4 540 亿美元，这将使美联储能够购买约 4 万亿美元的新债务，但国会尚未通过一项授权使用 4 540 亿美元纳税人资金的救助法案。

鲍威尔和他的团队决定不再等待国会。他们将在 3 月 23 日星期一上午开市前宣布新的特殊目的工具。

美联储当天上午的声明是激进的[4]，足以阻止恐慌。在大约 90 天内，美联储将创造 3 万亿美元。这相当于美联储在 2008 年金融危机之前以正常速度大约 300 年才能印出的钱。

美联储的行动几乎没有遭到公开反对，并且鲍威尔扩大了美联储的努力。在推出第一个救助计划不到三周的时间里，美联储在已经采取的措施的基础上宣布了新的行动计划。该计划再次没有经过联邦公开市场委员会的全体成员投票，也没有被记录来确定新举措背后的想法,其中部分内容在 4 月 8 日的闭门投票中获得了一致通过。[5]

美联储在 4 月 9 日宣布[6],它不仅会购买公司债,还会购买风险更高的债券,这些债券被评为垃圾债券。垃圾债券的购买不会是无限制的。美联储只会购买疫情前被评为投资级的债券。这些债券在华尔街被称为"堕落天使",其中包括福特汽车等公司的债务。通过购买"堕落天使",美联储也在帮助已经存在的、规模更大、风险更高的企业垃圾债券,比如莱克斯诺。当"堕落天使"的债务评级大幅下降时,将取代其他贷款,使它们的购买吸引力大大降低。美联储阻止了这种潜在的连锁反应。

同样在当天,美联储更新了一个单独的新项目,即定期资产支持证券贷款工具(TALF),这样它就可以首次直接购买大量由杠杆贷款组成的贷款抵押债券债务。这是美联储安全网的一个重要延伸,它在平息围绕价值数千亿美元的贷款抵押债券的焦虑方面发挥了重要作用,这些贷款抵押债券面临着贷款减记和违反标准上限,这也帮助了持有数十亿美元贷款抵押债券债务的大银行。

所有这些几乎没有成为公共讨论话题,或者有线电视新闻领域的谈论话题。原因是可以预料到的:这一切都被晦涩难懂的专业术语所掩盖。正如美联储所言:SMCCF[7]被修订和扩大,而定期资产支持证券贷款工具增加了一个新的资产类别,以支持向家庭和企业的信贷流动。这不是一种激动人心的东西。特别是在报告了 3.5 万例新冠病毒感染病例(上月同日为 201 例),各州关闭餐馆和商店的那一天,就更不引人注目了。

但对于那些真正交易债券以及打包出售债券的人来说[8],这个消息令人震惊。这是历史性的事件之一:在特殊目的公司成立之前,事情是这样运作的,而在特殊目的公司成立之后,事情又是那样运作的。

美联储顾问兼古根海姆高级交易员斯科特·米纳德说:"从根本

上说，我们现在已经将信用风险社会化了。我们已经永远地改变了经济运作的本质，美联储已经明确表示不会容忍谨慎的投资。"

仅仅是美联储计划的宣布就足以安抚债券交易商和贷款抵押债券运营商。美联储只购买了一小部分可用的公司债券，远远不足以支撑整个市场，但它已经发出信号，如果麻烦再次出现，它将会在那里，而且它的钱包是无底的。在该程序的创造者看来，这是程序成功的证据。美国财政部的姆努钦尤其高兴。

姆努钦后来表示："我们共同宣布这笔交易的那天，对这笔交易的承诺打开了整个公司债市场。"

这些行动虽然很具戏剧性[9]，但它只让一小部分人直接受益——那些拥有资产或以交易资产为生的人。美联储正在应对的金融危机与新冠疫情这一范围更广的危机是不同的。在美联储无法解决的领域里，新冠疫情对美国社会造成了无法估量的损害，医院系统不堪重负，医护人员防护装备严重短缺。许多人迫于压力带病工作，导致病毒被更快地传播。各州州长不得不相互竞争以获得必要的物资，如新冠病毒检测试剂盒。马里兰州州长拉里·霍根从韩国进口了整驾飞机的检测试剂盒，这些试剂盒在抵达时被武装警卫看守。为了抑制感染，餐馆、剧院、商店和学校都关闭了。但在这些机构关闭期间，联邦政府未能实施任何针对该病毒的统一应对措施。这一失败让企业和学校在春末面临着一个可怕的选择：要么在疫情比以前更严重的情况下重新开放，要么继续关闭。在此期间，大约有 2 200 万美国人失去了工作，造成了自大萧条以来最严重的就业危机。美联储无法解决这些问题，美联储的领导人多年来一直抱怨他们的国会同僚在解决困扰经济的许多深层次问题方面做得不够。鲍威尔也有同样的想法，他在没有得到国会批准的情况下，就在 3 月推出了援助计划的关键部分。

就在美联储开创性的特殊目的工具宣布几天后，国会就开始介入了。它将通过现代历史上最大、代价最高昂的法案之———《新冠病毒援助、救济和经济安全保障法案》。这是姆努饮、特朗普和麦康奈尔等人展示他们可以应对重大危机的机会，也是表明美国政府可以在需要时伸出援助之手的机会。

《新冠病毒援助、救济和经济安全保障法案》授权了 2 万亿美元的支出来应对疫情[10]，其中包括 4 540 亿美元的纳税人资金，用于资助美联储的特殊目的工具。《新冠病毒援助、救济和经济安全保障法案》中最受关注的部分是直接支付给民众的大约 2 920 亿美元的资金，这笔支出获得关注是有充分理由的，它所产生的影响是立竿见影的，对数百万收到它的人来说是非常有益的。政府以前从来没有真正做过这样的事情——直接向人们支付款项，无论他们以前的纳税水平如何，甚至不考虑他们目前的需求水平。除了这些直接好处，那些受封控影响的人也得到了更多好处。截至 7 月，由各州管理的失业保险金每周增加了 600 美元，虽然在一个较低的水平，但这一福利在夏天得到了部分延长。

直接进入人们银行账户的支出是《新冠病毒援助、救济和经济安全保障法案》中最明显的部分。[11] 但这只是国会批准的总体救助支出中相对较小的一部分，国会批准的救助支出包括《新冠病毒援助、救济和经济安全保障法案》和三个较小的法案。《华盛顿邮报》基于尽责联邦预算委员会的数据进行的分析显示，这些资金中有一半以上是针对企业的。在这 4 万亿美元中，用于应对疫情造成的公共卫生危机或减缓病毒传播的份额微乎其微。

资金中最大的一笔总计 6 700 亿美元，用于资助一个名为"薪资保障计划"（以下简称 PPP）的紧急贷款项目。这个想法是，企业将获得 PPP 贷款，以此来留住它们的员工，当企业重新运营，每个人都回去工作时，贷款将被免除。这笔钱可能会帮助各种各样的企业主，他们在长期的折磨和封锁中遭受了可怕的痛苦。它确实帮助了数百万家企业。但超过一半的 PPP 资金只流向了 5% 获得贷款的公司，即使是这个数字也低估了影响的狭隘性。25% 的 PPP 流向了 1% 的公司，诸如大型律师事务所和全国性食品连锁店，它们获得了最高 1 000 万美元的 PPP 金额。这些受益者包括波士顿市场连锁餐厅和颇具影响力的博伊斯·席勒·弗莱克斯纳律师事务所。美联储和其他机构的一项分析发现，在特朗普总统声称该计划将挽救或支持 5 000 万个工作岗位之后，PPP 计划只以每个工作岗位 28.6 万美元的成本挽救了约 230 万个工作岗位。

《新冠病毒援助、救济和经济安全保障法案》中约有 6 510 亿美元是以企业减税的形式出现的，这些减税往往很难获得。这意味着税收优惠主要流向了能够聘请最好的税务律师的大公司。例如，芝乐坊连锁餐厅声称获得了 5 000 万美元的税收减免，尽管它暂时解雇了 4.1 万人。大约 2 500 亿美元的税收减免给予了一些行业企业，而并不考虑它们可能受到多大的疫情伤害。拥有自己企业的人获得了价值 1 350 亿美元的税收减免，这意味着大约 4.3 万名年收入超过 100 万美元的人获得了价值 160 万美元的福利。总体来说，这数十亿美元被悄无声息地吸收到全美各地的企业财务和个人银行账户中。直到几个月后《华盛顿邮报》赢得了一场公开记录的诉讼，才使这些信息得以公开，这些资金被极不平等地分配的情况才被公之于众。

来自国会和美联储的联邦援助分配不均，暴露了 2020 年美国经济体系的潜在结构。当美元流经国家的金融管道时，它们照亮了该系统的哪些部分运行良好，哪些部分运行不良。例如，美联储用于向一级交易商提供资金的系统，其运作速度、流畅性和效率都与一个超现代且维护良好的网络相当。提供给其他人的资金通过一个被忽视的、有漏洞的网络转移，这个网络未能提供宣传中所说的救济。PPP 贷款未能进入有需要的小企业的一个原因是，这些贷款是通过小企业管理局处理的，而小企业管理局只与合作的银行一起工作。小企业管理局是一个昏昏欲睡的机构，从来没有管理过如此规模的紧急项目。毫不奇怪，在这个体系中表现得最好的公司是那些最能应付复杂且麻烦的官僚机构的公司。

在特朗普政府内部，多数官员将此次干预视为一次成功计划，姆努钦就是其中之一。他希望尽快拿出应急资金，即使其中一些资金可能会流向不需要的公司或个人。他不希望这一完美方案成为现实中优秀方案的敌人。姆努钦知道其中一些钱被误用了，他公开谴责洛杉矶湖人队接受了 460 万美元的贷款，称这一行为"令人发指"。但姆努钦认为，快速反应，将财政支出与货币刺激相结合，是避免更严重的灾难发生的唯一办法。

姆努钦后来回忆道："在美联储的历史上，财政部和美联储从来没有像那年的 3 月和 4 月一样协调行动。在金融危机中，没有什么能与此相提并论，我认为，如果我们没有采取集体行动——我们共同采取的某些行动和（美联储）独立采取的某些行动——我们可能已经陷入了大萧条。"

美联储内部对央行的公众形象越来越敏感。[12] 鲍威尔领导了一项尝试，将美联储描绘成帮助中产阶层的机构。在 2019 年，新冠疫情暴发之前，鲍威尔进行了一次"倾听之旅"，听取了劳动者的担忧和想法，并讨论了美联储能如何帮助他们。这是有战略原因的，美联储的高层领导人知道，当其他人都在苦苦挣扎时，帮助非常富有的人是不受欢迎的。美联储 2008 年和 2009 年的救助行动在推动右翼的茶党运动和左翼的占领华尔街运动方面发挥了重要作用。保守派的反对尤其激烈，他们引发了要求对美联储进行审计、加强监管，甚至干脆解散美联储的强烈呼声。参加美联储内部"经验教训"会议的人认识到了这一点，包括前高级经济学家克劳迪娅·萨姆，她说："美联储总是受到抨击。原因很简单，没人知道它们到底是什么。它们看起来似乎很关心华尔街，所以才会受到打击。"在美联储 3 月底宣布新计划后，萨姆和其他人开始担心反对的声音。"我的意思是，四年的'终结美联储'运动，我甚至不想去想它会是什么样子的。"她说。

很难争辩购买垃圾债券和贷款抵押债券能帮助一个失业的星巴克咖啡师。但美联储确实有一个项目可以用来说明它在努力帮助华尔街以外的人，那就是主街贷款计划。这个项目有点像《新冠病毒援助、救济和经济安全保障法案》发给人们的支票。它得到了很多关注。这是一种全新的模式，甚至让那些关注美联储历史的人都感到震惊。它将推动美联储进入直接向美国各地可以利用债券市场的公司提供信贷的领域。美联储打破了障碍，扩大了其影响范围，所做的一切都是为了帮助小企业。

主街贷款计划项目让美联储有理由辩称它不仅仅是在救助资产所有者、对冲基金和华尔街银行[13]。2022年4月，颇具影响力的保守派经济学家格伦·哈伯德对《华尔街日报》说，主街贷款计划项目的成功非常重要。这表明美联储可以利用其创造性的能量来帮助华尔街以外的人。

"我真的很担心这不会成功。"哈伯德告诉《华尔街日报》。

最终主街贷款计划项目也确实没有成功。它笨拙、复杂而且难以使用。它首先依靠地方和地区银行向小企业发放贷款，然后由美联储收购。但美联储也坚持要求当地银行保留贷款价值的5%，这意味着银行必须承担一些风险。银行也因要向这么多可能陷入困境、几乎没有生存机会的公司提供贷款所带来的费用和工作量而感到害怕。主街贷款计划项目旨在购买多达6 000亿美元的贷款。到2020年12月，也就是关闭的那个月，它只购买了略高于170亿美元的贷款。

这并不意味着美联储的救助计划是无效的。[14]只是它们只对某些人有效。真正的救助——那个成功的救助，是惊人地强烈而迅速的，它是对拥有资产的人的救助。在疫情暴发后的大约9个月内，股票所有者得到了完全的补偿。公司债的所有者也得到了补偿。从2020年3月美联储出手干预开始，股市开始了历史上规模最大、速度最快的增长，道琼斯工业平均指数大幅上涨。

市场在 3 月中旬触及低点，当时的国债市场崩溃了。但是从那天之后到 6 月中旬，仅仅三个月的时间，市场价值飙升了 35%。在那之后的三个月里，市场价值又上涨了 7%。那时，股票的交易价格与餐馆、电影院、酒店和游轮都满负荷运营时的价格相同。杠杆贷款的平均月回报率早在 4 月就恢复了。到 8 月，新发行的投资级债券数量如此之多，以至于打破了 2017 年创下的纪录。

一如既往，媒体将资产通货膨胀描绘成一种繁荣。而这一次的繁荣是如此强烈，以至于它几乎是超现实的。数百万人失业，还有数百万人一直面临着被驱逐出住所的危险，餐馆关门歇业，数十万人濒临死亡。但债券和股票市场却如火如荼。

2020 年夏天[15]，一个 40 多岁摄入过多咖啡因的男子大卫·波特诺伊，独自坐在一间空荡荡的大房间里，对着一台计算机的摄像头大喊大叫，直播表达自己对股市的想法。波特诺伊是那种知道如何吸引并保持关注度的网红之一。2003 年，他在波士顿创办了一份名为 *Barstool Sports* 的免费报纸，多年来逐渐发展成为一个访问量很大的网站。*Barstool Sports* 有许多的内容可以吸引人们的兴趣并引起人们的愤怒。其中一组文章给因猥亵学生而被捕的女教师打了字母评分（一位教师因为没有分享自己的露骨照片而被严厉地打了一个 C）。所有这些都让波特诺伊被热议，作为交换，波特诺伊也不断给人们提供话题来谈论他。在 2020 年的春季和初夏，波特诺伊开始谈论股市，推出了一个名为 *Davey Day Trader Global* 的节目。他坐在摄像头前，像电台主持人谈论棒球数据一样谈论股票。因为股票价格在上涨，然后再次上涨，人们开始热衷在股票市场赌博。波特诺伊在播出节目时接听了听众的电话，其中包括一个自称"Balls"的男人，他告诉波特诺伊去购买快餐连锁店 Shake Shack 的股票。

"Balls 说：'做多。'我要做多！再向 Shake Shack 投 50 万美元！"

波特诺伊在一段视频中喊道。波特诺伊吹嘘着自己的利润，并宣传这一切带来的快乐。

想要加入其中玩玩的观众可以在 2013 年成立的股票交易平台罗宾汉上创建一个账户。[16] 罗宾汉对股票交易不收取任何费用，这吸引人们在 2019 年底前在其平台上开设了 1 000 万个账户。这些人是用信用卡进行股票交易，或者用房屋净值贷款支付交易的普通人。这使得罗宾汉看起来像是使高级金融大众化的平台，将股票交易的财富从华尔街转移到了家庭客厅里。但罗宾汉的商业模式还是由那些已经在金融力量顶峰运作的大玩家主导的。在罗宾汉上交易的人并不是该公司的真正客户。它真正的客户是大型对冲基金和像城堡证券这样的交易公司。罗宾汉可能通过其应用程序组织了所有的交易，但这些交易实际上是由城堡证券这样的公司执行的。这些公司向罗宾汉支付了数百万美元来得到这一特权，因为这允许它们看到人们在买什么，然后在完成订单时根据这些信息进行交易，这笔费用被称作订单流付费。普通散户投资者在罗宾汉账户中每交易 1 美元，罗宾汉就能从交易公司获得大约 1.9 美元的收益。从 2020 年初到 2021 年同期，罗宾汉来自订单流的现金增长了两倍多。目前尚不清楚城堡证券从这一过程中赚了多少钱，因为它是私人所有的。

市场波动是很难预测的[17]，但城堡证券对美联储的运作方式有很好的了解。2015 年，该公司聘请了伯南克担任高级顾问。伯南克说，他通常一年只在城堡证券工作几天，分享自己对经济的看法，或者偶尔出席客户活动接受采访。他拒绝透露自己从这些活动中赚了多少钱，但事实证明城堡证券的待遇不错。财务报告披露信息显示，该公司在 2019 年和 2020 年向珍妮特·耶伦支付了 71 万～76 万美元的演讲费。

当交易活动变得狂热时，像城堡证券这样的公司就受益了，就像 2020 年夏天在波特诺伊等媒体人士的助推下出现的情况一样。在一段视频中，波特诺伊似乎对一些警告不要将资金投入股市的人感到很愤怒。

他吼道："现在那些恨我的人在哪里？现在我用双手握着方向盘。我要把这些玩意儿带到月球上去。我要从那些讨厌我的人身上碾过去。人们很生气。你为什么生气？上车吧。购买！每个人都在赚钱。每个人都在赚钱。购买！购买！购买！我们赚钱。为什么要仇恨？你为什么要做空市场？因为你错了，落伍了，因为我在两个月里就证明了你是个傻瓜，把这些软件打开。"

他们确实打开软件了。罗宾汉在 2020 年增加了 300 万个新账户。这一切的疯狂似乎与鲍威尔的世界相去甚远。[18] 他继续发表演讲，参加聆听之旅，现在这些都是在线上进行的。他在国会做证，树立了坚定领袖的形象。总体来说，鲍威尔被誉为英雄。

2020 年的危机应对标志着鲍威尔职业生涯的一个高点。他曾在财政部、凯雷集团和美联储等非常强大的机构默默工作。但现在他是世界上最强大的央行的核心角色。在困难时期的美联储里采取激进的行动从来没有任何政治上的负面影响。美联储的资产负债表规模在 4.5 万亿美元时一直被人们所担忧，而现在它将增长到 7.4 万亿美元，且没有停止增长的迹象。伯南克将利率降至零以下的争议计划现在已经成为常规操作。人们真正关注的是新的试验行动，以及接下来可能发生的事情。几乎没有人认为美联储的行动已经结束了。

鲍威尔的前辈，以及几乎所有在银行业、货币政策或政府管理领域拥有权力的人，都称赞了他的所作所为。他们还承认，美联储在几个月的时间里采取的行动，可能需要数年，甚至几十年的时间才能解除。但这个问题将被留给明天。

2020 年 4 月，伯南克在接受采访时主动地发表了评论："杰罗姆·鲍威尔在困难的情况下做得非常出色。"当被问及美联储最近的行动时，珍妮特·耶伦更进了一步，她说："我认为他们是英雄，我真的很支持他们。他们的所作所为给我留下了深刻的印象。"

为了支持鲍威尔的行动，耶伦对美联储的权力及其在美国的作用提供了完整的观点。美联储不应该只是维持稳定的货币供应，并在困难时期成为银行的最后贷款人。她表示，这种观点已经过时了，部分原因是金融体系已经被对冲基金、私募股权公司或其他有时被称为影子银行体系的实体主导。在危机时期，美联储会在那里支持它们。"这就是美联储被创造的原因，也是它们现在正在做的事情。"耶伦说。她将新冠疫情描述为超越银行系统并影响整个美国经济的恐慌。美联储现在是所有人的最后贷款人。"当（疫情）出现，人们意识到它将有多严重时，就出现了对各种类型风险资产的大规模、广泛的抛售。这就像现代的银行挤兑。但你知道，银行是幸运的，因为核心银行系统处于良好的状态。这同样集中在影子银行体系。人们害怕损失，所以他们逃离贷款，希望有安全的现金。当其他人都不愿意这样做时，央行的作用就是承担风险，避免对经济的损害。"耶伦说。

2020年的紧急救助是二战以来美国公共资源的最大支出，它巩固和确立了一个在过去十年里主要由美联储悄悄稳步构建的经济体制。此次紧急救助的资源主要流向了那些因零利率政策和量化宽松政策而得到强化的实体。它流向了用借来的钱收购竞争对手的大公司；它流向了在美国拥有绝大多数资产的最富有的人；它流向了华尔街风险最高的金融投机者，他们利用借来的钱在全球市场上建立脆弱的位置；它流向了美国最大的一些银行，这些银行的规模和不会倒闭的能力现在已经成为信条。

所有这一切发生的时候，美国人比现代历史上任何时候都更心烦意乱、更困扰，财政也更加困难。我们甚至很难理解所发生的事情产生的影响。但这种影响将在未来几个月、几年，甚至几十年里逐步显现。

第十六章　漫长的崩溃（2020—2021年）

被莱克斯诺解雇后，约翰·费尔特纳决心让自己的生活走上正轨。[1] 他和妮娜计划了很长时间，想攒够钱买下他们在银勺大道附近租的房子。这对夫妇似乎不愿意放弃这个目标。在失去工厂工作后的最初几个月里，费尔特纳在各种临时工作之间辗转。他在一家杂货店找到了一份维修工作。后来，他找到了一份承包工作，也是维修方面的。他认为自己找不到一份与他在莱克斯诺受工会保护的职位一样的薪水稳定的工作。他是对的。他依然坚持不懈，最终在一家大医院的维修部找到了一份全职工作。这里的报酬比莱克斯诺低，但也算可靠。妮娜在一家提供家庭心理健康护理服务的公司的人力资源部门工作。经过一段时间后，他们最终存到了钱，也买了房子。此外，幸运的是，他们在医疗保健行业工作，这是少数几个没有因疫情而关闭或中断的行业之一。

到 2020 年底，费尔特纳的工作从下午晚些时候开始。下午 2 点刚过，他准备出门，把车开出车道，开始了漫长的通勤。去上班最快的路大约要花40分钟。这条路线的第一部分是沿着70号州际公路向印第安纳波利斯驶去，沿途是一片单调的农田，在漫长的冬季，这片农田一片空旷。从那里开始，沿着环绕城市边缘的高速公路向北行驶，即可到达社区北医院。这是一个大型医疗综合体，看起来像一个独立的办公园区。费尔特纳的轮班工作从下午3点半开始，一直持续到晚上11点半左右，那时园区里基本上是安静的。3月6日，印第安纳州的第一例感染新冠病毒的病例在社区北医院被确诊。到11月，该州约有20万例病例，5 000人死亡。在接下来的几个月里，该州又有5 000人死亡。整件事让像费尔特纳在这样的人的生活变得不真实。该医院最终在停车场搭建了临时帐篷，以进行免下车的病毒检测，营造出了紧急营房的感觉。费尔特纳在整个值班期间都戴着口罩。他的社交生活戛然而止，妮娜在楼上的卧室里设立了一间家庭办公室，尽管她的医疗工作让她不怎么回家。费尔特纳一家不再见他们的朋友，他们通过小道消息，得知了自己邻居生病的消息。费尔特纳一直忙于工作，这在某方面是一件幸事。餐馆和酒店的从业人员将失业数月，费尔特纳属于被认为是"必不可少"的员工，这意味着他无法选择在家工作以与他人保持安全距离。

在2020年，美国必不可少的工人工作时间很长[2]，他们在一片基本上被遗弃的土地上穿梭，送食物、在杂货店做收银工作、开车、维持医院的运作、让工厂和仓库全天候运转。他们经常冒着极大的个人风险这样做，因为他们比待在家里工作的人感染新冠病毒的概率要大得多。费尔特纳和妮娜是幸运的：他们从未感染新冠病毒，或者至少没有任何症状；他们的女儿也没有，尽管她的工作需要她家访那些感染了病毒的人。联邦政府的救助对这些必不可少的工人产生了重大影响。住房驱逐被阻止了，紧急救助也帮助他们支付了账单。但政府的大部分慷慨救助都绕过了像费尔特纳家所在街区这样的地方。2020年的经济复苏是一种封闭式的复苏，资金流向选定的街区。那些做得好的人做得更好了，其余的人则不然。美联储对雇员少于 500 人的企业进行了调查，发现其中 90% 的企业在年底前仍受到销售低迷的影响。其中约有 30% 的公司表示，如果得不到更多的联邦援助，它们可能会倒闭。

对费尔特纳来说，救助计划只是一个边缘问题[3]，在他的日常生活中无足轻重。发给每个人的一次性救助并没有阻止费尔特纳几十年工作生涯中更长期的下滑趋势。金融危机之前，费尔特纳在汽车零部件制造商 Navistar 工作时，每年的收入约为 8 万美元或更多——如果算上加班费的话。在莱克斯诺，他的年收入大约为 6 万美元。在医院里，他的年收入大约为 4.6 万美元。在每一份工作中，他的福利都被缩减了，医疗支出也增加了。在这方面，他并不是独特的存在。中产阶层在赚钱能力、议价能力和工资方面经历了长期且大面积的下滑。在 2010—2020 年，这一趋势几乎没有任何改变。经济增长了，但获得这些增长的人口比例却越来越小。费尔特纳和他的邻居不仅被排除在 2020 年救助计划的最大份额之外，他们还被排除在零利率政策和量化宽松政策以及这些政策造成的资产价格通货膨胀的好处之外。美国底层的一半人口只拥有全国资产的大约 2%。最富有的 1% 人口拥有 31% 的财富。这帮助解释了为什么在 1989—2016 年，处于美国收入水平中间的家庭（即中间 20% 的家庭）的净资产中位数仅增长了 4%。同一时期，财富净值在前 20% 的人的资产多了一倍。最富有的 1% 的人群的财富几乎增加了两倍。数百万的中产阶层落在了后面。中产阶层承担了大量的廉价债务，这让他们觉得自己至少还保持在原地。2019 年底，消费者债务达到 14 万亿美元，即使在调整通货膨胀因素后，这一水平也创下了纪录。唯一的好消息似乎是债务利率降低了。2019 年，家庭将约 10% 的可支配收入用于偿还债务，低于全球金融危机爆发前的 13%。

费尔特纳天生是个乐观的人。他谈到了似乎在 2020 年开始的当地建筑热潮，以及对熟练技术工人的高需求。他的女儿找到了一份家庭保健助理的工作，他的两个儿子也有了全职工作，在当地一个学区做车辆维修工作。最终的一切都还不错。在疫情期间，费尔特纳的一个儿子迎来了一个孩子，这帮助大家都不去想正在发生的更悲观的现实。但费尔特纳也对孩子的未来感到挥之不去的担忧。他们都在年轻的时候就开始工作了，而且他们知道如何努力工作和变得可靠。但现在努力工作还能否通往可靠生活或稳定生活，他们已经不再清楚。费尔特纳甚至不知道他的孩子能否挣到和他一样多的钱。"这把我吓坏了。确实如此，就好像我们自己变成了商品，你懂我的意思吗？"费尔特纳说。工人的价值下降了，但其他商品的价值却在上升。美联储已经证实这一点。

到2020年12月，杰罗姆·鲍威尔已经成为一个大人物。[4]对大多数人来说，鲍威尔是虚无缥缈的存在，他的脸在大屏幕上闪烁，他从高处发布公告。美联储的新闻发布会现在是在每次联邦公开市场委员会会议后通过视频会议举行的。这场精心安排的活动从鲍威尔开始，他站在一块蓝色的大帘子前，念着事先写好的讲稿。在演讲结束后，鲍威尔会回答突然出现在屏幕上的记者问题，他们每个人的脸都被放在正方形框中，在屏幕上排列成一个大网格。记者们坐在不同的家庭办公室和公寓里，对着角度尴尬的摄像机说话。

12月16日，鲍威尔发表了一项重大声明。美联储在春季部署的一些最重要的紧急措施现在将变成半永久性措施。当主街贷款计划悄无声息地告一段落时，救助计划的其他部分将会延续下去。美联储将维持零利率，并在可预见的未来每月实施1 200亿美元的量化宽松政策。以历史速度计算，这相当于每30天创造一次十年的货币价值。鲍威尔说，这种情况将继续下去，直到经济复苏取得"实质性的进一步进展"，谁也说不准什么时候才会发生这种情况。

鲍威尔表示，只要价格通货膨胀在较长一段时间内不超过2%，美联储将继续进行干预，并且他说他认为价格通货膨胀超过 2% 的可能性最近是不太可能发生的。由于供应中断，某些商品的价格飙升，但疲软的增长和疲软的需求抑制了整体价格。然而，资产通货膨胀却正在毫无节制地加速。

股市的表现在 12 月是如此之好[5]，以至于那些从中赚钱的人甚至都没有意识到这一点。一家名为 Doordash 的外卖公司于当月上市，其股价立即上涨了近一倍。在线租赁房屋公司爱彼迎上市，股价上涨了一倍多。这听起来可能很好，但当股价飙升如此之快时意味着该公司的原始股拥有者损失了很多钱，因为他们把股票定价过低了。据《华尔街日报》报道，一家名为 Roblox 的电子游戏公司在 12 月暂停了首次公开发行，"因为它在试图理解市场"。与公司的实际收入相比，股票市场的价值达到了自互联网泡沫以来的最高水平。如果人们不理解这些情况，那接下来很长一段时间内大家都不会理解即将发生的事情。市场打破了纪录，然后在接下来的几个月里不断刷新这些纪录。

公司债市场和股市一样强劲[6]，各类公司到 2020 年底发行了超过 1.9 万亿美元的新公司债，打破了 2017 年创下的纪录。杠杆贷款和贷款抵押债券业务也蓬勃发展。因为债务的结构，美国公司将背负这些债务很多年。企业要么通过再次出售来滚动债务，要么在贷款到期时全额偿还。公司债务狂潮给美国企业界带来了一个令人不安的新术语，叫作"僵尸公司"。僵尸公司指的是负债累累的公司，以至于其利润不足以支付其贷款成本。唯一能让僵尸公司免于破产的就是永久滚动债务的能力。根据彭博新闻社的一项分析，在 2020 年间，近 200 家大型上市公司进入了僵尸大军的行列。这些公司不仅仅是在边缘或有风险的公司，还包括像波音、埃克森美孚、梅西百货和达美航空这样的知名公司。彭博新闻社分析了 3 000 家大型上市公司，发现其中约 20% 是僵尸公司。这些公司带来的风险不只是它们自身的金融不稳定，它们的存在还抑制了经济生产力，因为它们消耗了可能流向新公司或企业家的投资和资源。

鲍威尔在华盛顿的政治地位从未如此之高。特朗普在11月竞选连任时输给了民主党的前副总统乔·拜登，鲍威尔的命运似乎更上一层楼。很快有消息泄露出来，拜登挑选的财政部长是鲍威尔的前老板和同事珍妮特·耶伦。华盛顿的专家预计美联储和白宫现在将拥有近年来最合作的关系之一。在离任之际，特朗普政府与美联储发生了最后一次争吵。与鲍威尔密切合作的姆努钦宣布，财政部将不再支持财政部和美联储共同创建的特殊目的工具（比如像购买企业垃圾债的项目），这些工具将在年底被关闭。美联储反对这一举动，并发表了一份声明。但姆努钦表示，他的理由很简单，《新冠病毒援助、救济和经济安全保障法案》明确指出美联储的紧急特殊目的工具应在2020年底关闭。由于股票和公司债市场正在蓬勃发展，似乎没有什么理由延长这些计划。姆努钦后来说："我打算完全遵循我所看到的对法案的明确解释。"

美联储敦促姆努钦保持这些措施的开放以防市场逆转，但姆努钦觉得这样做是有代价的。他说："不利的一面是，未来的财政部长将不得不在未来一百年的某个时候回到国会，要求这些（紧急项目）运行。我认为我是这件事上很好的一个管理者，并按照法律规定返还了资金，这将为未来的财政部长树立一个良好的先例。"

当姆努钦宣布这些项目将关闭时，它并没有扰乱公司债市场或股票市场的蓬勃发展。投资者已经看到美联储将代表他们进行干预，这显然足以让他们保持乐观。

2021年1月6日，数千名暴力极端分子包围了美国国会大厦。[7]在国会大厦内，国会议员正在进行各州提交的选举人票的正式计票程序。拜登轻松赢得了选举，但特朗普没有认输。特朗普声称一个范围广泛且变化多端的犯罪阴谋窃取了他的选举。特朗普支持者砸碎窗户，破门而入，向警察喷洒防熊剂，冲进参、众两院，强行阻止权力交接。在长达 6 个小时的时间里，美国的政治体系处于暂停状态。在警方于当晚设法重新控制了大楼，并允许骚乱者步行回酒店之后，权力移交得以继续。这是自南北战争以来对美国民主最有效的攻击，它标志着美国社会的动荡达到了一个全新的水平。

第二天，道琼斯工业平均指数跃升 1.4%，创下历史新高。

当月，零售平台罗宾汉上的数百万交易员帮助推高了一家名为游戏驿站的视频游戏租赁公司的股价。[8] 与潜在的经济健康状况相比，该公司不断上涨的股价令人困惑——在疫情期间，公司业务遭受了巨大的客流量损失，可以说在技术上被互联网流媒体淘汰了，但其股价却以两位数的速度跃升。

在 1 月底的一次新闻发布会上，鲍威尔被反复问及美联储是否有可能助长资产泡沫。在联邦公开市场委员会会议上，美联储自己的专家反复讨论量化宽松如何推高了所有资产及股市的价格。鲍威尔说，美联储正在监控资产价格，但并不过度担心。当被追问这个问题时，他似乎有些恼火。

他说："我认为，低利率和资产价值之间的联系可能不像人们想象的那么紧密，因为在任何时候都有很多不同的因素在推动资产价格。"

霍尼格和许多人一样，在隔离中度过了 2020—2021 年的漫长冬天。[9] 他没有去看望孙辈，而是通过 FaceTime 与他们见面。当堪萨斯城的天气变冷，霍尼格和辛西娅就在家里待了很长时间，很少去见他们的朋友。他们学会了在新世界生存的一些小技巧，比如确定去杂货店购物的最佳时间是星期三下午的大约 3 点，这个时候商店里的顾客比较少。他们戴着双层口罩走过现在标着"单向"杂货店的过道，他们站在收银台前，与戴着塑料面罩的收银员保持一定距离。

让霍尼格坚持下去的一件事是他觉得自己能做些有用的工作。早上，他起得很早，在 iPad 上看新闻。他通过《金融时报》《华尔街日报》和《华盛顿邮报》等上面的报道密切关注美联储的行动。他在家里的办公室花了很多时间撰写文章和评论文章,为美联储和银行监管机构应该做什么提供他最好的观点。他将其中的一些文章发表在莫卡特斯中心智库的在线出版物 Discourse 上,当时他是该中心的高级研究员。2020 年 5 月,霍尼格发表了一篇文章,敦促人们思考美联储在危机期间的行动长期来看可能意味着什么。他写道,紧急支出对抗击疫情至关重要。这些政策虽然在短期内是必要的,但却为国家未来的收入提供了越来越多的抵押贷款;如果将其延长到危机时期之后,可能会产生意想不到的严重负面后果。

  霍尼格在 2010 年也提出过类似的观点。他的意思是,美国需要考虑当眼前的危机结束后,它要做些什么。这个国家会利用民主选举的机构来解决问题,还是会再次依赖央行?当霍尼格在 2010 年继续投出他长期投的反对票时,美联储的资产负债表规模已经达到 2.3 万亿美元。以历史标准衡量,这是一个极高的数字,是 2008 年金融危机前资产负债表规模的两倍多。2020 年 5 月,美联储的资产负债表规模为 7 万亿美元,并在近乎永久性的量化宽松政策下继续增长。

  霍尼格在 2020 年的警告与十年前的警告在一个重要方面有所不同。现在他可以参考历史记录了。在文章中,霍尼格将 2010—2018 年的经济增长时期与十年前的 1992—2000 年的经济增长时期进行了比较。他认为,这两个时期具有可比性,因为它们都是经济衰退后的长期稳定时期。在 20 世纪 90 年代,美国的劳动生产率以年均 2.3% 的速度增长。在零利率政策实施的十年里,它只上涨了 1.1%。在 20 世纪 90 年代,工薪阶层的实际周薪中位数平均每年增长 0.7%,但在 21 世纪前十年仅增长 0.26%。衡量整体经济的平均实际 GDP 在 20 世纪 90 年代平均每年增长 3.8%,但在最近十年中仅增长 2.3%。在零利率政策下,经济中唯一受益的部分似乎是资产市场。21 世纪前十年,股市市值翻了一倍多。即使在 2020 年崩盘之后,市场仍保持着强劲的增长和回报。

在经历了另一个经济增长疲软、工资停滞、主要惠及富人的资产价值飙升的十年后，霍尼格对美国人的生活会是什么样子并不乐观。这是他在公开场合和私下里都经常谈论的事情。在他看来，经济和银行体系与美国社会紧密地交织在一起。当金融体系只惠及少数人时，普通人开始对整个社会失去信心。当人们看到最大的银行得到救助，而中产阶层的工资却摇摇欲坠时，人们觉得这个体系被操纵了。霍尼格在公开演讲中辩称，这是推行银行改革的一个很好的理由。2019年，霍尼格在华盛顿市中心的一家面包店喝咖啡时说："零利率政策下的资源分配不当很可能导致了撕裂美国社会的暗流。你认为如果没有这种巨大的分歧，我们会有2016年的政治动荡吗？难道我们没有受到零利率的影响，使一些人的受益远远超过其他人吗？我不知道，这是一个反设事实，但这是我想提出的一个问题。"

2021年，当霍尼格坐在堪萨斯城的家中时，他似乎有兴趣首先谈论一个问题——长远思考的必要性。他回忆起曾经从一位瑞士央行官员那里得到的一条建议，这条建议一直让他印象深刻。这位央行官员曾说道："我们要为长期发展负责，这样短期发展自然会水到渠成。"美联储被认为是考虑长远的理想机构，因为它不受选民和选举的影响。但霍尼格并不相信长远思考主导了2010年或之后的决策。他说："短期是重点。"这不仅仅是困扰央行官员的问题。它似乎越来越多地主导着公司、政府机构和普通公民的想法。霍尼格说："每个人都有短期需求，这使得长期需求无法被看见。"

这一点很重要，因为长远思考对于应对2021年的美国经济问题来说是必不可少的。2020年春天发生的金融危机被美联储提供的大量新资金迅速平息，以至于大多数人都不知道它发生过。但这次崩溃的后果是可怕的。

2021年3月11日上午，霍尼格在读《华尔街日报》时，看到了一个特别令人担忧的故事。就像许多关于美国货币和债务的重要新闻一样，这篇文章的标题看起来很温和："新债浪潮考验国债市场。"这个故事解释了看似平稳增长的金融体系表面之下潜藏的深层的脆弱性。这种脆弱性并不新鲜，它与金融风险跷跷板上非常微妙的平衡有关。跷跷板的安全一端持有可靠的资产，比如国债。跷跷板的另一端持有股票和公司债券等风险资产。美联储每月通过购买国债向跷跷板的安全一端注入 800 亿美元[10]，这反过来又压低了这些国债的利率或收益率。就像过去十年一直发生的那样，这迫使投资者将资金推到高风险的一方，以寻求收益。3 月开始发生了一些令人担忧的事情。尽管美联储进行了干预，但美国国债利率已经开始攀升。收益率上升的原因有很多，如投资者预期经济会增长，从而推高了利率，但《华尔街日报》的文章强调了另一个可能更危险的原因：美国政府发行的债务数量庞大。特朗普和国会的共和党人在 2017 年通过了一项减税法案，迫使政府每年举债 1 万亿美元来维持政府运转，即使在 2019 年经济达到顶峰的时候也是如此。当疫情暴发时，国会仅在《新冠病毒援助、救济和经济安全保障法案》中就批准了超过 2 万亿美元的支出，这全部由赤字支出提供资金。2022 年 3 月，拜登总统签署了一项新的 1.9 万亿美元救援计划。这被誉为几十年来第一个将大部分支出用于穷人和工人阶级的重大救助法案。所有这些都意味着，美国财政部将在 2021 年出售约 2.8 万亿美元的国债。《华尔街日报》的这篇文章记录了一个令人不安的事实——对所有债券的需求可能不足以将国债利率维持在美联储一直推动的低水平。在当月的几次国债拍卖中，需求异常疲软。分析人士认为，一些美国国债可能会出现"买家罢工"，这将要求政府支付更高的利率来吸引买家。如果美国国债利率上升，华尔街的所有投资资金都将被吸引到跷跷板安全的一端，在长期以来被拒绝的更高、更安全的收益率中寻找庇护。这将导致资金从杠杆贷款、股票、贷款抵押债券和华尔街多年来一直在忙着构建的所有高风险结构的市场中流出。鲍威尔和他的团队将面临一个熟悉的选择。他们可以让风险结构倒下，或者再次通过更多的量化宽松和紧急计划进行干预。当资金在2018年底逃离风险资产时，鲍威尔也面临着类似的选择，他选择了创造更多资金来安抚市场的道路。这鼓励了更多的投机和资产通货膨胀。霍尼格认为，如果债务价格上涨、市场动荡，美联储几乎肯定会再次选择创造货币的道路。"你可以看到我们正在为自己的未来制造复杂情况。"霍尼格说。

美联储每个月在量化宽松政策上支出1 200亿美元，其中800亿美元用于购买国债，400亿美元用于购买抵押贷款支持证券。

霍尼格不断写论文和白皮书，他已经74岁了，在他职业生涯的末期，他的思想似乎并不比以前更受欢迎。他的论文并没有被广泛阅读，他也很少被邀请在有线电视新闻节目上讲话。但霍尼格的论点在2021年与在十年前一样重要，这与其说反映了他观点的一致性，不如说是反映了美国长期问题的棘手性。

2008年的金融危机在许多重要的方面从未结束。这是一场长期的崩溃，使得经济瘫痪了多年。导致危机的问题几乎完全没有得到解决，而这次金融危机又因美国民主制度力量的长期崩溃而加剧。当美国依赖美联储来解决其经济问题时，其所依赖的是一个存在严重缺陷的工具。美联储的所有资金只会拉大美国赢家和输家之间的差距，并为更多的不稳定性打下了基础。这个脆弱的金融体系受到疫情的破坏，作为回应，美联储创造了更多的新货币，从而放大了之前的扭曲问题。

2008年的长期崩溃已经演变为2020年的长期崩溃，账单还在等待被付清。

注 释

这本书中的一些信息来自我花了十多年时间研究美国经济的知识储备。一些背景事实，例如对 2008 年全球金融危机的概述，来自我多年来的个人报道。这份注释并没有全部列出我为证实这些报道而写的文章。

第一章 零利率以下（2010年）

1. 作者在 2016—2021 年对托马斯·霍尼格的采访；联邦公开市场委员会会议记录，2010 年 11 月 2—3 日。

2. 2010 年 1 月、3 月、4 月、5 月、6 月、8 月、9 月、10 月和 11 月联邦公开市场委员会会议记录；作者在 2016—2021 年对霍尼格的采访；作者 2020 年对本·伯南克的采访：Sewell Chan, "Fed's Contrarian Has a Wary Eye on the Past," *New York Times*, December 13, 2010; Ben Bernanke, *The Courage to Act: A Memoir of a Crisis and Its Aftermath* (New York: Norton, 2015).

3. 货币供应量或"M1 存量"数据，取自圣路易斯联邦储备银行经济研究数据库。

4. 纽约联邦储备银行一级交易商名单，于 2021 年 6 月 10 日获取。

5. 超额准备金或存款机构的超额准备金数据，取自圣路易斯联邦储备银行经济研究数据库。

6. Roger Lowenstein, *America's Bank: The Epic Struggle to Create the Federal Reserve*, 23 (New York: Penguin Press, 2016).

7. 作者在 2016—2020 年对霍尼格的采访。

8. 作者在 2016—2021 年对霍尼格的采访；所有对费尔蒙特酒店的描述都来自作者 2020 年的笔记，在酒店拍摄的视频和照片，以及酒店发布在网站上的宣传照片。

9. 对地区联邦储备银行行长和联邦公开市场委员会文化的印象和理解来自作者在 2020—2021 年对珍妮特·耶伦、理查德·费舍尔、杰弗里·拉克尔、杰罗姆·鲍威尔、本·伯南克、托马斯·霍尼格、贝琪·杜克和萨拉·布鲁姆·拉斯金的采访；1991—2015 年联邦公开市场委员会部分会议记录。

10. Peter Baker, "In Republican Victories, Tide Turns Starkly," *New York Times*, November 2, 2010; Kate Zernike, "Tea Party Comes to Power on an Unclear Mandate," *New York Times*, November 2, 2010.

11. Sudeep Reddy, "The Lone Dissenter: Kansas City's Hoenig Stands Firm," *Wall Street Journal*, March 16, 2010; Sudeep Reddy, "The Lone Dissenter: Kansas City's Hoenig Goes Four for Four," *Wall Street Journal*, June 23, 2010; Sudeep Reddy, "The Lone Dissenter: Thomas Hoenig Hits Seven," *Wall Street Journal*, November 3, 2010; Sudeep Reddy, "The Lone Dissenter: Kansas City's Hoenig Goes Out with a Record," *Wall Street Journal*, December 14, 2010.

12. 作者在 2016—2021 年对霍尼格的采访。

13. 作者在 2016—2021 年对霍尼格的采访；所有关于费尔蒙特酒店和埃克尔斯大厦之间行车路线的描述都来自作者 2020 年的笔记、

视频和照片。

14. 对美联储政策的观察来自对美联储现任和前任官员以及经济学家的采访；Christopher Leonard, "How Jay Powell's Coronavirus Response Is Changing the Fed Forever," *Time*, June 11, 2020.

15. 2010年1月、3月、4月、5月、6月、8月、9月、10月和11月联邦公开市场委员会会议记录；Mary Anastasia O'Grady, "The Fed's Monetary Dissident," *Wall Street Journal*, May 15, 2010；托马斯·霍尼格的讲座，安德森·钱德勒系列讲座，堪萨斯大学商学院2010年10月26日的演讲，"Hard Choices"内布拉斯加州林肯市政厅会议，2010年8月13日。

16. 作者在2016—2021年对霍尼格的采访。

17. 霍尼格继续向南驶向美联储总部：所有关于费尔蒙特酒店和埃克尔斯大厦之间行车路线的描述都来自作者2020年的笔记、视频和照片。

18. 作者2020年对本·伯南克的采访。本·伯南克，《行动的勇气》。

19. Laurence M. Ball, "Ben Bernanke and the Zero Bound,"国民经济研究局工作论文17836（2012年2月）。

20. 金融交易员使用特定的术语来讨论美国国债。他们称短期美国国债为"Treasury Bills"，长期美国国债为"Treasury Notes"，超长期美国国债为"Treasury Bonds"。这本书使用了常见的专业术语"Treasury Bills"或"Treasury Bonds"，来具体表明相关国债的期限。

21. 2010年1月、3月、4月、5月、6月、8月、9月、10月和11月联邦公开市场委员会会议记录。

22. 联邦公开市场委员会会议记录，2010年8月10日，119–120。

23. Sewell Chan, "Fed Ready to Dig Deeper to Aid Growth, Chief

Says," *New York Times*, August 27, 2010; "The Economic Outlook and Monetary Policy,"美联储主席本·伯南克在怀俄明州杰克逊霍尔举行的堪萨斯城联邦储备银行经济研讨会上的讲话，2010年8月27日。

24. 这里对量化宽松政策的描述是基于2016—2020年作者对现任和前任美联储官员、金融交易员、金融分析师以及设计和实施该计划的纽约联邦储备银行高级成员的采访；Brett W. Fawley and Christopher J. Neely, "Four Stories of Quantitative Easing,"圣路易斯联邦储备银行，*Review*，2013年1—2月；Stephen Williamson, "Quantitative Easing: Does This Tool Work？"圣路易斯联邦储备银行，*The Regional Economist*，2017年第三季度；*Quantitative Easing Explained*，经济信息通讯，圣路易斯联邦储备银行研究图书馆，2011年4月；*QE and Ultra-Low Interest Rates: Distributional Effects and Risks*，麦肯锡全球研究所讨论文件，2013年11月。

25. 当然，在现代，这个准备金账户根本不是一个实体金库，而更像是一个电子分类账的数字账户。

26. 联邦公开市场委员会会议记录，2010年9月21日，105–107。

27. 本·伯南克，《行动的勇气》(纽约：诺顿出版公司，2017)，485–492。

28. 联邦公开市场委员会会议记录，2010年11月2—3日。

29. 联邦公开市场委员会会议记录，2010年11月2—3日。

第二章 严肃的数字（1946—1979年）

1. 作者2020年对托马斯·霍尼格的采访；作者2020年对凯瑟琳·凯利的采访；阿琳·霍尼格的讣告，2011年1月；Scott Lanman, "Thomas Hoenig Is Fed Up," *Bloomberg Business week*, September 23, 201; Sewell Chan, "Fed's Contrarian Has a Wary Eye on the Past," *New*

York Times，December 13, 2010。

2. 作者2020年对霍尼格的采访；作者2020年对凯瑟琳·凯利的采访。

3. 作者2020年对乔恩·麦基恩的采访；越战时期的火控基地和FADAC计算机的资料取自越战老兵和军事历史学家的线上日记和博客。

4. 作者2020年对霍尼格和麦基恩的采访。

5. 作者2020年对霍尼格的采访。

6. 作者2020年对辛西娅·霍尼格的采访。

7. 作者2020年对霍尼格的采访；Thomas M. Hoenig, "Anticipating State Revenue for Iowa Through Regressionon Personal Income," 艾奥瓦州立大学论文和毕业论文，1972年；Thomas M. Hoenig, "Commercial Banking: Competition and the Personal Loan Market," 艾奥瓦州立大学论文和毕业论文，1974年。

8. Roger Lowenstein, *America's Bank: The Epic Struggle to Create the Federal Reserve* (New York: Penguin Press, 2016); William Greider, *Secrets of the Temple：How the Federal Reserve Runs the Country* (New York: Simon & Schuster, 1987).

9. Peter Conti-Brown, *The Power and Independence of the Federal Reserve* (Princeton, N. J.:Princeton University Press, 2016).

10. 作者2020—2021年对霍尼格的采访。

第三章 大通胀（1980—1991年）

1. 作者在2016—2021年对托马斯·霍尼格的采访。

2. 2016—2021年在幕后发言的金融交易员；John Kenneth Galbraith, *The Great Crash, 1929* (New York: Mariner Books, 1997), 1–23。

3. 作者 2020 年对霍尼格的采访。

4. Paul Volker, *Keeping At It: The Quest for Sound Money and Good Government* (New York: Public Affairs, 2018), 220–240; William Greider, *Secrets of the Temple*, 75–123; Tim Barker, "Other People's Blood," *n+1*, Spring 2019; Bill Medley, "Volcker's Announcement of Anti-Inflation Measures October 1979," *Federal Reserve History*, November 22, 2013.

5. 美联储理事会主席保罗·沃尔克在理事会会议室举行新闻发布会的文字记录，华盛顿特区美联储大楼，1979 年 10 月 6 日。

6. Alex J.Pollock, "A Bubble to Remember—and Anticipate?" 美国企业公共政策研究所，2012 年 11 月。

7. 作者 2020 年对约翰·约克和霍尼格的采访。

8. "History of the Eighties: Lessons for the Future.Vol.1.An Examination of the Banking Crises of the 1980s and Early 1990s," 联邦存款保险公司的报告，1997 年，14–15；作者 2020 年对约克和霍尼格的采访。

9. Allan H. Meltzer, *A History of the Federal Reserve,Volume 2, Book2, 1970—1986* (Chicago:Chicago University Press, 2014), 843–1007.

10. 出处同上，864。

11. Edward Nelson, "The Great Inflation of the Seventies: What Really Happened?" 圣路易斯联邦储备银行研究部，工作论文 2004-001, 2004 年 1 月。

12. 作者在 2016—2021 年对霍尼格的采访。

13. Phillip L. Zweig, *Belly Up: The Collapse of the Penn Square Bank* (New York: Crown, 1985); Robert A. Bennett, "Penn Square's Failed Concept," *New York Times*, August 16, 1982；作者 2020 年对约克和霍尼格的采访。

14. 联邦存款保险公司通过以向银行收费为资金来源的基金弥补

这些存款损失。当该基金没有足够的钱来弥补损失时，那么纳税人可能就会承担损失。

15. Sebastian Mallaby, *The Man Who Knew: The Life and Times of Alan Greenspan* (New York: Penguin Press, 2016), 297–301; Renee Haltom, "Failure of Continental Illinois," *Federal Reserve History*, November 22, 2013.

16. Volker, *Keeping At It*；作者 2020 年对霍尼格的采访；Associated Press, "President of Federal Reserve Bank of Kansas City to Retire," March 18, 1991.

第四章　美联储式讲话（1991—2001年）

1. 作者在 2016—2021 年对霍尼格的采访；联邦公开市场委员会会议记录，1991 年 10 月 1 日；对联邦公开市场委员会会议室和总部大楼的描述来自档案、新闻、照片和视频。

2. Stephen K. McNees, "The 1990–91 Recession in Historical Perspective," *New England Economic Review*, January/February 1992; Jennifer M. Gardner, "The 1990–91 Recession: How Bad Was the Labor Market?," *Monthly Labor Review*, June 1994; Carl E. Walsh, "What Caused the 1990–91 Recession?" *Economic Review, Federal Reserve Bank of San Francisco*, 1993, Number 2; Natalia Kolesnikova and Yang Liu, "Jobless Recoveries: Causes and Consequences," *The Regional Economist*, 2011; Mallaby, *The Man Who Knew*, 391–445.

3. 联邦公开市场委员会会议记录，1991 年 10 月 1 日。

4. Ben S. Bernanke, "Credit in the Macroeconomy," *Federal Reserve Bank of New York Quarterly Review*, Spring 1992–1993.

5. James Sterngold, "Fed Chief Says Economy Is Resisting Remedies,"

New York Times, October 15, 1992.

6. 作者对霍尼格的采访；Mallaby, *The Man Who Knew*, 391–445；1991—1994年联邦公开市场委员会部分会议记录。

7. 艾伦·格林斯潘主席在联合经济委员会上的证词：美国经济的最新情况，美国国会，1998年6月10日。

8. David M. Kennedy, *Freedom from Fear: The American People in Depression and War, 1929–1945* (New York: Oxford University Press, 1999).

9. Nicholas Lemann, *Transaction Man: The Rise of the Deal and the Decline of the American Dream* (New York: Farrar, Straus and Giroux, 2019), 57–64.

10. 利率或"有效联邦基金利率"数据，摘自圣路易斯联邦储备银行经济研究数据库；作者在2016—2020年对霍尼格的采访；投票结果来自联邦公开市场委员会1991—2006年的部分会议记录。

11. Mallaby, *The Man Who Knew*；1991—2000年联邦公开市场委员会部分会议记录；作者在2016—2020年对霍尼格的采访；1995年7月5—6日联邦公开市场委员会会议记录。

12. Mallaby, *The Man Who Knew*, 432；作者在2016—2020年对霍尼格的采访；1991—2000年联邦公开市场委员会部分会议记录。

13. 1998年11月17日联邦公开市场委员会会议记录。

14. Floyd Norris, "The Year in the Markets, 1999: Extraordinary Winners and More Losers," *New York Times*, January 3, 2000; Chris Gaither and Dawn C. Chmielewski, "Fears of Dot-Com Crash, Version 2.0," *Los Angeles Times*, July 16, 2006; David Kleinbard, "The $1.7 Trillion Dot.com Lesson," CNNMoney, November 9, 2000; Alex Berenson, "Market Paying Price for Valuing New-Economy Hope Over Profits," *New York Times*, December 21, 2000; Elizabeth Douglass, "Qualcomm Stock May

Need Reality Check," *Los Angeles Times*, November 18, 1999.

15. Gretchen Morgenson, "The Markets: Market Place; Shift in Stance by Federal Reserve Deals Blow to Wall Street," *New York Times*, December 21, 2000; "Effective Federal Funds Rate," taken from Economic Research Federal Reserve Bank of St. Louis database.

16. 2001年5月15日和12月11日联邦公开市场委员会会议记录；Mallaby, *The Man Who Knew*, 569–614；作者在2016—2020年对霍尼格的采访。

第五章　权力过大的公民（2002—2010年）

1. "World Markets Shatter; Terrorist Attack Near Wall Street Spreads Consequences Around World," CNNMoney, September 11, 2001；2001年3月20日联邦公开市场委员会会议记录。

2. Mallaby, *The Man Who Knew*, 569–671; Paul Krugman, "Running Out of Bubbles," *New York Times*, May 27, 2005；作者2020年对霍尼格的采访。

3. 作者2020年对伯南克和霍尼格的采访；本·伯南克，《行动的勇气》；2006年6月28—29日联邦公开市场委员会会议记录。

4. 作者在2016—2020年对霍尼格的采访。

5. 例如，黄金供应受到与货币政策无关的地质因素的影响。阿拉斯加一座大型新金矿的发现可能会随机增加货币供应。这有助于解释为什么金本位时代的特点是银行恐慌、长时间的通货紧缩和周期性的萧条。此外，为了让金本位制发挥作用，各国有时需要接受惩罚性的通缩，而这是极少有人愿意做的。

6. 作者2020年对霍尼格的采访；2006年10月29—31日西部主任教育基金会研讨会会议议程；图森斯塔尔帕斯酒店的图片来自其网

站；托马斯·霍尼格的演讲"This Time It's Different（Or Is It?）"来自堪萨斯城联邦储备银行。

7. 主席本·伯南克在联合经济委员会前发表"The Economic Outlook"的证词记录，美国国会，2007年3月28日。

8. Alan S. Blinder, *After the Music Stopped*: *The Financial Crisis, the Response, and the Work Ahead* (New York: Penguin Press, 2013); Andrew Ross Sorkin, *Too Big to Fail: The Inside Story of How Wall Street and Washington Fought to Save the Financial System—and Themselves* (New York: Viking, 2009); Sheryl Gay Stolberg, "Obama and Republicans Clash over Stimulus Bill, One Year Later," *New York Times*, February 17, 2010; Renae Merle, "A Guide to the Financial Crisis—10 Years Later," *Washington Post*, September 10, 2018.

9. Adam Tooze, *Crashed: How a Decade of Financial Crises Changed the World* (New York: Viking, 2018), 153–219；本·伯南克，《行动的勇气》。

10. 货币供应量或"M1货币存量"数据，取自圣路易斯联邦储备银行经济研究数据库；Hoenig的投票记录摘自2008—2009年联邦公开市场委员会会议记录。

11. "UCLA Anderson Forecast: National Recovery Linked to Global Solutions," States News Service, March 25, 2009；众议院委员会经济预算挑战听证会记录，2009年1月27日；Sheryl Gay Stolberg, "Obama and Republicans Clash Over Stimulus Bill, One Year Later," *New York Times*, February 17, 2010.

12. Paul Tucker, *Unelected Power*: *The Quest for Legitimacy in Central Banking and the Regulatory State* (Princeton, N.J.: Princeton University Press, 2018).

13. Daniel L. Thornton and David C. Wheelock, "Making Sense of Dissents: A History of FOMC Dissents," *Federal Reserve Bank of St.*

Louis Review*, Third Quarter 2014; Sudeep Reddy, "The Lone Dissenter: Kansas City's Hoenig Goes Out with a Record," *Wall Street Journal*, December 14, 2010；当托马斯·霍尼格在联邦公开市场委员会投反对票时的会议记录（1995年7月、2001年5月、2001年12月和2007年10月）。

14. 作者2020年对霍尼格的采访。

第六章　货币炸弹（2010—2012年）

1. 作者2020年对托马斯·霍尼格和辛西娅·霍尼格的采访。

2. Carola Binder, "Federal Reserve Communication and the Media," *Journal of Media Economics*, October 2017；作者2020年对卡罗拉·宾德的采访。

3. "Americans Spending More Time Following the News," Pew Research Center, September 12, 2010; "Political Polarization & Media Habits," Pew Research Center, October 21, 2014. Glenn Beck monologue, "Devaluing the Dollar," 2010, uploaded to YouTube; survey of Drudge Report and Huffington Post coverage taken from the Internet Archive at archive.org.

4. 2010年11月2—3日美联储公开市场委员会会议记录。

5. 本·伯南克2009年和2010年在《60分钟》节目中露面的视频和文字记录；本·伯南克，《行动的勇气》。

6. 2020年2月作者参观纽约联邦储备银行交易大厅的笔记；作者2020—2021年对纽约联邦储备银行的六名现任和前任高级官员的匿名采访，其中三名官员直接帮助实施了量化宽松计划。

7. 2016—2020年作者对金融交易员的匿名采访。作者尤其要感谢一位不愿透露姓名的交易员，他对市场的运作有着敏锐的把握。

麦肯锡全球研究所 2013 年 11 月发表的讨论文件 QE and Ultra-Low Interest Rates: Distributional Effects and Risks 是记录收益率的许多来源之一。Céline Choulet, "QE and Bank Balance Sheets: The American Experience," Conjoncture, July-August 2015。

8. 影响十年期美国国债收益率的因素有很多，这些因素与美联储随着时间推移压低利率的行动是一致的。伯南克估计，仅第一轮量化宽松就可能将十年期国债收益率压低 1.1% 至 0.4%，而第二轮量化宽松将收益率压低 0.15% 至 0.45%。

9. Frank Morris, "Fed Dissenter Thomas Hoenig Retires," All Things Considered, September 28, 2011；2011 年 1 月 5 日托马斯·霍尼格在中央交易所发表的演讲"Monetary Policy and the Role of Dissent"的文字记录。

10. 货币供应量或"M1 货币存量"数据，取自圣路易斯联邦储备银行经济研究数据库；超额准备金或"存款机构的超额准备金"数据，取自圣路易斯联邦储备银行经济研究数据库。

11. 作者 2020 年对杰罗姆·鲍威尔和伊丽莎白·杜克的采访；本·伯南克，《行动的勇气》，531–563；2012—2014 年联邦公开市场委员会部分会议记录。

第七章 量化泥潭（2012—2014 年）

1. 作者 2020 年对杰罗姆·鲍威尔和伊丽莎白·杜克的采访；作者 2020 年对前美联储官员的匿名采访；本·伯南克，《行动的勇气》，502–533；2012 年 1 月、3 月、4 月、6 月、7 月和 9 月联邦公开市场委员会会议记录。

2. "Large-Scale Asset Purchases" timeline, Federal Reserve Bank of New York, accessed 2020; "Review of Monetary Policy Strategy, Tools,

and Communications; Timelines of Policy Actions and Communications: Balance Sheet Policies," Federal Reserve Board, accessed 2020; Nick Timiraos, "Fed Releases Transcripts of 2012 Policy Meetings," *Wall Street Journal*, January 5, 2018.

3. 这种做法的运作方式是，美联储购买长期国债，然后同时向市场出售等量的短期国债。这个动作就是"扭转"。美联储将长期票据从市场中撤出，通过增加对这些票据的需求降低了这些票据的利率。但它出售等额短期票据的事实确保了它没有增加银行系统新现金的总供应量。美联储通过购买长期国债而增加的每一美元，都会通过出售短期国债而减少。其目的是劝阻投资者不要把钱投进十年期美国国债，同时也不要让银行系统中充斥现金。

4. 作者2020年对杜克的采访；Jon Hilsenrath, "How Bernanke Pulled the Fed His Way," *Wall Street Journal*, January 5，2018；2012年1月、3月、4月、6月、7月和9月联邦公开市场委员会会议记录；本·伯南克，《行动的勇气》，502–533。

5. 作者2020年对杜克的采访；作者2020年对两名前联邦公开市场委员会成员的匿名采访；作者2020年对理查德·费舍尔的采访；Jon Hilsenrath, "How Bernanke Pulled the Fed His Way," *Wall Street Journal*, September 28, 2012。

6. 作者2020年对杜克的采访；作者2020年对两名前联邦公开市场委员会成员的匿名采访；2012年6月19日至20日，联邦公开市场委员会会议记录；Christopher Leonard, "How Jay Powell's Coronavirus Response Is Changing the Fed Forever," *Time*, June 11, 2020。

7. 作者2020年对杜克和耶伦的采访；2012年1月、3月、4月、6月、7月和9月联邦公开市场委员会会议记录。

8. 2012年7月31日至8月1日联邦公开市场委员会会议记录；作者2020年对费舍尔的采访；Peter Conti–Brown, *The Power*

and the Independence of the Federal Reserve (Princeton, N.J.: Princeton University Press, 2017), 91。

9. 作者 2020 年对鲍威尔和杜克的采访；2012 年 7 月 31 日至 8 月 1 日联邦公开市场委员会会议记录。

10. 杰克逊霍尔经济研讨会的存档电视和摄影报道；Jon Hilsenrath, "Fed Sets Stage for Stimulus," *Wall Street Journal*, August 31, 2012；马丁·费尔德斯坦 2012 年 8 月与《福克斯商业》新闻电视台的采访。

11. 2012 年 8 月 31 日，美联储主席本·伯南克在怀俄明州杰克逊霍尔举行的堪萨斯城联邦储备银行经济研讨会上的演讲 "Monetary Policy Since the Onset of the Crisis"；Jon Hilsenrath, "Fed Sets Stage for Stimulus," *Wall Street Journal*, August 31, 2012；本·伯南克,《行动的勇气》, 531–533。

12. Tooze, *Crashed*, 396–421, 91–117; Jackie Calmes, "Next on the Agenda for Washington: Fight over Debt," *New York Times*, April 9, 2011; Binyamin Appelbaum, "Debt Ceiling Has Some Give, Until Roof Falls In," *New York Times*, May 4, 2011; Jackie Calmes, "Demystifying the Fiscal Impasse That Is Vexing Washington," *New York Times*, November 15, 2012.

13. 作者 2020 年对杜克、伯南克、费舍尔和鲍威尔的采访；作者 2020 年对两名前联邦公开市场委员会成员的匿名采访；2012 年 9 月 12—13 日联邦公开市场委员会会议记录。

14. 作者 2020 年对赛斯·卡彭特的采访；Seth B. Carpenter and Michelle Ezer, "Material for Briefing on Potential Effects of a Large-Scale Asset-PurchaseProgram," September 12, 2012；利率或"有效联邦基金利率"的数据来自圣路易斯联邦储备银行经济研究数据库；30 年期住房贷款利率或"美国 30 年期固定利率抵押贷款平均利率"的数据，取自圣路易斯联邦储备银行经济研究数据库；纽约交易账户中美联储债券的价值数据来自"System Open Market Account Portfolio";价格通货膨胀数据来自克利夫兰联邦储备银行的"Median PCE Inflation";所有数据访问于 2020 年。

15. Brian Fabo, Martina Jancokova,Elisabeth Kempf,and Lubos Pastor,"Fifty Shades of QE: Conflicts of Interest in Economic Research",国民经济研究局 2020 年 9 月 28 日第 27849 号工作论文。

16. 2012 年 9 月 12—13 日联邦公开市场委员会会议记录。

17. 作者 2020 年对杜克、费舍尔、鲍威尔和伯南克的采访;联邦公开市场委员会,"Monetary Policy Alternatives",2012 年 9 月 6 日向联邦公开市场委员会成员介绍蓝绿书(Tealbook);"Options for an Additional LSAP Program",美联储和纽约联邦储备银行 2012 年 8 月 28 日工作报告;本·伯南克,《行动的勇气》,502–563;2013 年 3 月 19—20 日联邦公开市场委员会会议记录。

18. 伯南克主席新闻发布会的文字记录,2013 年 6 月 19 日;新闻发布会的存档新闻画面;本·伯南克,《行动的勇气》,498。

19. 作者 2020 年对杜克、伯南克和鲍威尔的采访;作者 2020 年对两名前联邦公开市场委员会成员的匿名采访;作者 2016—2021 年对金融交易员的匿名交谈;Nick Summers, "Market's 'Taper'Tantrum Extends to Fourth Day," Bloomberg News, June 24, 2013; Anusha Chari, Karlye Dilts Stedman, and Christian Lundblad, "Taper Tantrums: QE, Its Aftermath and Emerging Market Capital Flows",国民经济研究局 2017 年 6 月第 23474 号工作论文。

20. 当美联储购买美国国债时,利率会下降,因为美联储增加了对这些债券的需求。当需求旺盛时,买入者必须支付较少的利息来获得债券,因此利率会下降。

21. 作者 2020 年对杜克的采访;联邦公开市场委员会,"Monetary Policy Alternatives",2012 年 9 月 6 日向联邦公开市场委员会成员介绍蓝绿书（Tealbook）；"Options for an Additional LSAP Program"，美联储和纽约联邦储备银行2012年8月28日工作报告。

22. 2012年9月12—13日联邦公开市场委员会会议记录，16；2013年3月19—20日联邦公开市场委员会会议记录，22-24；联邦公开市场委员会会议记录，2013年1月29—30日。

第八章 筹划者（1971—2014年）

1. 作者2020年对鲍威尔的采访；"杰出校友"，乔治城预科学校；对乔治城预科学校的描述，摘自作者2020年的笔记及学校官网；帕特里夏·鲍威尔讣告，2010年；老杰罗姆·鲍威尔讣告，2007年；"Elissa Leonard to Wed Jerome H.Powell," *New York Times*, September 15, 1985。

2. Josh Boak and Christopher Rugaber, "As Fed Chief, Powell Would Bring a Knack for Forging Consensus," Associated Press, November 5, 2017; Gary Siegel, "Market Sees Powell Nomination as Continuation of Policy," Bondbuyer.com, November 2, 2017; "Jerome Powell, Trump's Multi-Millionaire Pick for Fed Chief," Agence France Presse, November 2, 2017; "Jay Powell: From Warren Buffett to Fed Chair," AFR Online, November 3, 2017; "Jerome Powell's Nomination as Fed Chair Means 'More of the Same,' and Markets Love It," *Washington Post*, November 2, 2017; "Trump's Fed Chair Choice Largely Down to Powell or Taylor," *Washington Post*, October 26, 2017; Neil Irwin, "Experts Rate the Odds on Trump's Choice to Lead the Fed," *New York Times*, September 23, 2017; Zachary A. Goldfarb, "Obama Makes Bipartisan Fed Picks," *Washington Post*, December 28, 2011; "GEF Adds to Investment Team," Business Wire, July 8, 2008.

3. "Banker Joins Dillon Read," *New York Times*, February 17, 1995; Anthony Bianco, "The Wonder Woman of Muni Bonds," *Bloomberg Businessweek*, February 23, 1987; Catherine Austin Fitts, "Dillon Read & Co. Inc. and the Aristocracy of Prison Profits," 2006.

4. 作者 2020 年对凯萨琳·奥斯汀·菲茨的采访。

5. 作者 2020 年对格雷格·尼尼、薇姬·布莱恩和奥斯汀·菲茨的采访；2019 年 6 月 4 日德雷塞尔大学助理教授格雷格·尼尼博士在美国众议院金融服务委员会小组委员会上的证词。

6. 作者 2020 年对奥斯汀·菲茨的采访；David E. Rosenbaum, "The Treasury's 'Mr. Diffident,'" *New York Times*, November 19, 1989。

7. Kurt Eichenwald, "Salomon Is Punished by Treasury, Which Partly Relents Hours Later," *New York Times*, August 19, 1991; Stephen Labaton, "Salomon Inquiry Widened," *New York Times*, September 4, 1991; Robert A. Rosenblatt, "Salomon Cornered Market," *Los Angeles Times*, September 5, 1991; Diana B. Henriques, "Treasury's Troubled Auctions," *New York Times*, September 15, 1991; "Former Salomon Chief Fined in Bond Scandal," *Chicago Tribune*, December 4, 1992; Keith Bradsher, "Former Salomon Trader to Pay $1.1 Million Fine," *New York Times*, July 15, 1994; Mike Dorning, "Former Salomon Chief Fined in Bond Scandal," *Chicago Tribune*, December 4, 1992; Keith Bradsher, "Former Salomon Trader to Pay $1.1 Million Fine," *New York Times*, July 15, 1994.

8. 作者 2020 年对史蒂夫·贝尔的采访。

9. 作者 2020 年对凯雷集团高管的匿名采访；2018 年 7 月 18 日大卫·鲁宾斯坦接受全国广播公司商业频道 *Power Lunch* 采访的文字记录；Thomas Heath, "Now in Their Own Orbits, Carlyle's Stars Keep Rising," *Washington Post*, July 24, 2007; "The Carlyle Group Alumni," *Washington Post*, July 24, 2007; Dan Freed, "Carlyle Tightens Its Focus on

Consumer Products," *Corporate Financing Week*, March 21, 2004; Christa Fanelli, "Carlyle Picks Up Trio of Heavy Hitters," *Private Equity Week*, May 7, 2001; Irene Cherkassky, "Adventures in Venture Capitalism," *Beverage World*, September 15, 2000; Dan Briody, *The Iron Triangle: Inside the Secret World of the Carlyle Group* (Hoboken, N.J.: John Wiley & Sons, 2003)。

10. 作者2020年对克里斯托弗·乌尔曼的采访。

11. 莱克斯诺总部描述来自2020年的谷歌地图和谷歌街景检索。

12. 作者2020年对汤姆·詹森的采访；"REG—Invensys PLC Strategy Review," February 19, 2002; Thomas Content, "Rexnord Corp. Again Up for Sale," *Milwaukee Journal Sentinel*, February 23, 2002; "Carlyle to Buy Rexnord," *Washington Post,* September 30, 2002; "The Carlyle Group Completes Rexnord Acquisition," Business Wire, November 25, 2002; Nicola Hobday, "Carlyle Buys Invensys Power Unit for $880M," *Daily Deal*, September 30, 2002; Thomas Content, "Rexnord Is Acquired by Carlyle Group," *Milwaukee Journal Sentinel,* November 27, 2002; "Rexnord Corp. Reports Fourth Quarter and Full Year Results," *Business Wire*, June 15, 2005; Paul Sharke, "Big Hold from Small Screws," *Mechanical Engineering*, November 1, 2001。

13. 作者2020年对詹森的采访；Rick Romell, "Rexnord to Close Plant in West Milwaukee for Week; Union Agrees to Shutdown to Help Save Money, Jobs," *Milwaukee Journal Sentinel*, July 27, 2006

14. 作者2020年对詹森的采访；作者对凯雷集团的一名现任和一名前高级员工的匿名采访；多拉尔乡村俱乐部的描述来自酒店的网站。

15. 2005年初，莱克斯诺的财务数据，取自莱克斯诺2003—2009年向美国证券交易委员会提交的10-K文件；部分穆迪对莱克斯诺的债务评级报告。

16. 作者 2020 年对詹森的采访；"Apollo Management to Buy Rexnordin $1.83 Billion Deal," *Wall Street Journal*, May 25, 2006; "Carlyle Flips Parts Maker to Apollofor $1.8 Billion," *New York Times*, May 25, 2006; "Rexnord to Be Acquired from Carlyle by Apollo Management for $1.8 Billion," *Machinery and Equipment MRO*, June 1, 2006。

17. 作者 2020 年对凯雷集团前高级员工的匿名采访；"Jerome Powell,Trump's Multi-Millionaire Pick for Fed Chief," Agence France Presse，November 2, 2017；莱克斯诺销售的财务数据来自上述资料；莱克斯诺 2003—2012 年 10-K 文件；部分穆迪对莱克斯诺的债务评级报告。

18. 莱克斯诺增量假设及债务协议，2013 年 8 月 21 日。

第九章　风险机器（2010—2015年）

1. 作者 2020 年对罗伯特·赫图的采访；各种莱克斯诺债务融资和债务评级文件，包括莱克斯诺增量假设及债务协议，2013 年 8 月 21 日；RBS 国际和莱克斯诺于 2012 年 4 月 17 日向美国证券交易委员会提交的 8-K 表格；莱克斯诺公司于 2016 年 11 月 2 日提交的 8-K 表格；莱克斯诺公司于 2010—2020 年向美国证券交易委员会提交的 10-K 文件；穆迪投资者服务对莱克斯诺公司的信用意见，2003 年 12 月 10 日；穆迪投资者服务对莱克斯诺公司的信用意见，2016 年 8 月 5 日；穆迪投资者服务对莱克斯诺公司的信用意见，2020 年 8 月 18 日。

2. 作者 2020 年对赫图的采访；对瑞士信贷办公室的描述取自谷歌地图和街景，以及赫图对办公室内部的描述。

3. 作者 2020 年对赫图和格雷格·尼尼的采访；作者深深感谢独立研究员亚历山大·霍尔特，他在 2020 年冬季写了一份详细的关于贷款抵押债券历史、结构和融资的材料，作者与他就这个主题进行了许多个小时的宝贵讨论；Sally Bakewell, "CLOs: Corporate Loans Sliced, Diced and Worrisome," *Bloomberg Businessueek*, March 29, 2019; Tom Mercalf, Tom Maloney, Sally Bakewell, and Christopher Cannon, "Wall Street's Billionaire Machine, Where Almost Everyone Gets Rich," Bloomberg News, December 20, 2018; Lisa Lee, "Battered CLO Investors Are About to Get a Look at Their Losses," Bloomberg News, April 20, 2020; Sunny Oh, "Here's Why the Fed and Global Regulators Are Ringing the Alarm over Leveraged Loans and CLOs," *MarketWatch*, March 12, 2019; Kelsey Butler, "Shadow Bank Lending Vehicles on Pace for Worst Quarter on Record," Bloomberg News, March 25, 2020; Jane Baird, "CDO Market Seen Shrinking by Half in Long Term," Reuters, October 1, 2007。

4. 作者 2020 年对赫图的采访；GlenFest, "Banks' Warehouse Loans Play Big Role in CLO Resurgence," *American Banker*, August 11, 2014; Matthew Toole, "Records Broken in Global Capital Markets During Q3," *Refinitiv Deals Intelligence*, November 2, 2020; "CLO Asset Manager Handbook," *Fitch Ratings*, April 2017。

5. John Popp, "Beyond the Core: Preparing Portfolios for a Post-Treasury-Rally World," 瑞士信贷资产管理报告，2012 年 5 月；对波普的形象描述来自报告和瑞士信贷其他营销材料中波普的肖像。

6. 作者 2003 年对尼尼、赫图和霍尔特的采访；资料来源见本章注释 3。

7. 作者对赫图的采访；莱克斯诺债券发行，资料来源见本章注释 1。

8. 作者 2020 年对维基·布莱恩的采访。

9. CLO 2018 年鉴，信用通量，访问于 2020 年：Sally Bakewell, "CLOs: Corporate Loans Sliced, Diced and Worrisome," *Bloomberg Businessweek*, March 29, 2019。

10. 作者2020年对赫图的采访。

11. Jim Edwards, "The Risky 'Leveraged Loan' Market Just Sunk to a Whole New Low," *BusinessInsider*, February 17, 2019; Sean Collins, "A Quick Look at the Future for Business Development Companies," Deloitte *Perspectives*, March 20, 2019.

12. 2012年9月12—13日，联邦公开市场委员会会议记录。

第十章　ZIRP制度（2014—2018年）

1. 作者2020年对汤姆·詹森的采访；Tom Daykin, "Rexnord Moving into City; Executives Will Work at Global Water Center," *Milwaukee Journal Sentinel*, April 1, 2014；对莱克斯诺总部的描述取自2020年谷歌地图和街景。

2. 作者2020年对詹森的采访；作者2020年对债务评级分析师的匿名采访；莱克斯诺公司于2013—2020年向美国证券交易委员会提交的10-K文件；穆迪投资者服务对莱克斯诺的信用意见，2020年8月18日；"莱克斯诺公司宣布总裁兼首席执行官的任命"，Business Wire, 2009年9月14日；莱克斯诺公司于2012—2020年向美国证券交易委员会提交的14A委托书。

3. 托德·亚当斯，莱克斯诺公司营销视频，"A Message from CEO Todd Adams"，可在公司网站访问薪酬数据来自莱克斯诺公司10-K和14A委托书文件。

4. 作者2020—2021年对约翰·费尔特纳的采访；Rick Barrett, "Rexnord Workers Stuck in Middle," *Milwaukee Journal Sentinel*, December 9, 2016; Robert King, "Rexnord Worker Feels Pain of Coming Closure; Indiana Plant Shifts Positions to Mexico," *Milwaukee Journal Sentinel*, March 1, 2017; Farah Stockman, "Becoming a Steelworker

Liberated Her. Then Her Job Moved to Mexico," *New York Times*, October 14, 2017。

5. 债务数据来自莱克斯诺公司于2013—2020年向美国证券交易委员会提交的10-K文件；所有权股份来自2014年莱克斯诺公司14A文件；Rick Barrett, "Rexnord Stock Gains 11% in Debut; Shares Close at $20 a Day After IPO Priced at $18," *Milwaukee Journal Sentinel*, March 30, 2012。

6. William Lazonick, "Profits Without Prosperity," *Harvard Business Review*, September 2014; Liyu Zeng and Priscilla Luk, "Examining Share Repurchasing and the S&P Buyback Indices in the U.S. Market," *S&P Dow Jones Indices*, March 2020; Sirio Aramonte, "Mind the Buybacks, Beware of the Leverage," *BIS Quarterly Review*, September 2020.

7. 这种情况几乎总是发生，因为一家公司的债务水平或杠杆率是由其债务与资本的比率决定的。股票回购使用资产（现金）来减少公司的股本（通过将股票从市场上移除），从而提高其杠杆率。

8. Antoine Gara and Nathan Vardi, "Inside the $2.5 Trillion Debt Binge That Has Taken S&P 500 Titans Including Boeing and AT&T from Blue Chips to Junk," *Forbes,* July 2020.

9. 莱克斯诺公司2013—2020年10-K和14A代理文件。

10. 作者2020—2021年对费尔特纳的采访；James Briggs, "Manufacturer Rexnord Plans to Move 300 HighPaying Jobs to Mexico," *Indianapolis Star*, October 14, 2016; King, "Rexnord Worker Feels Pain of Coming Closure"; Robert King, "Laid Off from Rexnord, Once-Bitter Worker Settles into a 'New Norm,'" *Indianapolis Star*, February 9, 2018；所有债务数据来自莱克斯诺公司于2015—2020年向美国证券交易委员会提交的10-K文件；穆迪投资者服务2015—2020年对莱克斯诺的信用意见。

11. Brooke Sutherland, "Toilet Maker May Suit Buyer Flush with Cash; With Industrials Desperate for Deals, a Rexnord Sale Makes Sense," Bloomberg News, May 25.

12. 作者2020—2021年对费尔特纳的采访；Stockman, "Becoming a Steelworker Liberated Her"; Briggs, "Manufacturer Rexnord Plans to Move 300 High-Paying Jobs to Mexico"; King, "Rexnord Worker Feels Pain of Coming Closure"; King, "Laid Off from Rexnord, Once-Bitter Worker Settles into a 'New Norm'"。

13. "Carrier and Rexnord Workers Pray to Save Their Jobs in Indianapolis," WRATV Indianapolis.

14. 莱克斯诺的所有债务、收入和薪酬数据都来自莱克斯诺公司提交给美国证券交易委员会的10-K和14A代理文件。

15. 作者2020—2021年对费尔特纳的采访。

16. 公司债务或"非金融公司业务数据；债务证券和贷款；负债，水平"，摘自圣路易斯联邦储备银行经济研究数据库。

17. 作者2020年对霍尼格的采访。

第十一章　霍尼格规则（2012—2016年）

1. 作者2016—2021年对托马斯·霍尼格的采访。作者非常感谢凯利·库尔曼，她是密苏里大学新闻学院非营利新闻研究所外部监督者作家小组的2020级学生记者。库尔曼花了几个月的时间研究托马斯·霍尼格在联邦存款保险公司的任期，以及该机构自大萧条以来的历史。库尔曼的报道和见解对于作者撰写本章内容是非常宝贵的。

2. 托马斯·霍尼格演讲文字记录，"Back to Basics: A Better Alternative to Basel Capital Rules"，于2012年9月14日美国银行家监管研讨会演讲；霍尼格演讲文字记录，"Financial Stability Through

Properly Aligned Incentives"，2012 年 9 月 19 日于财政俱乐部演讲；Barbara A. Rehm, "For Megabanks, It's Time to Shape Up or Break Up"，美国银行家杂志，2012 年 7 月 26 日。

3. 2011 年 11 月 17 日，美国参议院银行、住房和城市事务委员会提名听证会。

4. 作者 2020 年对霍尼格的采访；2012 年 5 月 9 日美国参议院关于限制联邦对金融机构支持的听证会，第二委员会听证会文字记录；Allan Sloan, "Taking Stock Five Years After the Meltdown," *Washington Post*, June 17, 2012。

5. 托马斯·霍尼格演讲文字记录，"Financial Stability Through Properly Aligned Incentives"，2012 年 9 月 19 日于财政俱乐部演讲；Scott Lanman, "Thomas Hoenig Is Fed Up," *Bloomberg Businessweek*, September 23, 2010。

6. 作者 2020 年对霍尼格的采访；Ryan Tracy, "FDIC's Hoenig Keeps Wall Street on Edge," Dow Jones Newswires，September 25, 2014。

7. Haley Sweetland Edwards, "He Who Makes the Rules," *Washington Monthly*, March/April 2013; Gina Chon, "FDIC Is Last Defense Against Dodd-Frank Rollbacks," Reuters News, September 22, 2017.

8. 具体来说，银行必须有足够的"权益性资本金"，这是监管机构所说的，意思是由所有者或股东提供的资本，这些资本对银行来说是永久性的，可以用来吸收损失。贷款不能算作这类资本，因为贷款需要偿还。

9. 作者 2020 年对托马斯·霍尼格的采访；Alan Zibel, "FDIC to Offer Guidance to Banks, Online Lenders," Dow Jones Newswires, September 26, 2013; Ronald Orol, "Hoenig: Banks Get One Year to Fix Wills or Face Divestitures," *The Deal,* September 23, 2014; Barney Jopson, "Regulators Reject 'Living Wills' of 5 Big US Banks," *Financial Times*, April 13, 2016;

Ronald Orol, "FDIC's Hoenig Urges More Public Disclosure of Big Bank 'Living Wills,'" *The Deal*, March 2, 2015; Ronald Orol, "Republicans Take Issue with Big Bank Living Wills," *The Deal*, July 16, 2014; Gina Chon and Tom Braithwaite, "Living Wills Raise Liquidity Fears," *Financial Times*, November 3, 2014。

10. Rob Blackwell and Donna Borak, "Gruenberg Confronts Doubts That FDIC Will End TBTF," *American Banker*, May 11, 2012.

11. 作者在 2016—2020 年对霍尼格的采访；联邦存款保险公司全球资本指数，2013 年第四季度；Simon Johnson, "The Fed in Denial," *Project Syndicate*, July 22, 2014; "FDIC Vice Chairman Hoenig Issues Statement on Global Capital Index," Targeted News Service, April 13, 2017。

12. 美联储资产负债表上或"总资产"数据，取自圣路易斯联邦储备银行经济研究数据库；*QE and Ultra-Low Interest Rates: Distributional Effects and Risks*，麦肯锡全球研究所讨论文件，2013 年 11 月。

13. "Who Owns U.S. CLO Securities?" *FEDS Notes*, July 19, 2019; Paul J. Davies, "Tense Time for Buyers of Riskier Corporate Loans," *Wall Street Journal*, January 6, 2020; Olen Honeyman, Hanna Zhang, Tejaswini Tungare, and Ramki Muthukrishnan, "When the Cycle Turns: The Continued Attack of the EBITDA Add–Back," S&P Global Ratings, September 19, 2019; Frank Partnoy, "The Looming Bank Collapse," *The Atlantic*, July/August 2020.

14. Bethany McLean, "The Next Financial Crisis Lurks Underground," *New York Times*, September 1, 2018; Bradley Olson, Rebecca Elliott, and Christopher M. Matthews, "Fracking's Secret Problem—Oil Wells Aren't Producing as Much as Forecast," *Wall Street Journal*, January 2, 2019; Rebecca Elliott and Christopher M. Matthews, "As Shale Wells Age, Gap Between Forecasts and Performance Grows," *Wall Street

Journal, December 29, 2019; Ryan Dezember, "Energy Industry Faces Reckoning After Oil Prices Crash," Wall Street Journal, March 10, 2020; Sam Goldfarb and Matt Wirz, "Borrowing Binge Reaches Riskiest Companies," Wall Street Journal, February 15, 2021; Lukas Ross, Alan Zibel, Dan Wagner, and Chris Kuveke, "Big Oil's $100 Billion Bender," joint report by Bailout Watch, Friends of the Earth, and Public Citizen, September 1, 2020；阿瑞斯资本向美国证券交易委员会提交的 10-K 文件，2017 年 12 月 31 日。

15. 作者 2020 年对约翰·弗林的采访；Heather Vogell, "Whistleblower: Wall Street Has Engaged in Widespread Manipulation of Mortgage Funds," ProPublica, May 15, 2020; Cezary Podkul, "Commercial Properties' Ability to Repay Mortgages Was Overstated, Study Finds," Wall Street Journal, August 11, 2020; David Dayen, "Look at That, Fraud in Mortgage Markets!," American Prospect, May 19, 2020。

16. David J. Lynch, "Turkey's Woes Could Be Just the Start as Record Global Debt Bills Come Due," Washington Post, September 3, 2018; David J. Lynch, "Turkey Went on a Building Spree as Its Economy Boomed. Now the Frenzy Is Crashing to a Halt," Washington Post, September 25, 2018; Matt Phillips and Karl Russell, "The Next Financial Calamity Is Coming. Here's What to Watch," New York Times, September 12, 2018; Peter S. Goodman, "For Erdogan, the Bill for Turkey's Debt-Fueled Growth Comes Due," New York Times, June 24, 2019; Anusha Chari, Karlye Dilts Stedman, and Christian Lundblad, "Taper Tantrums: QE, Its Aftermath and Emerging Market Capital Flows," National Bureau of Economic Research, Working Paper 23474, June 2017; QE and Ultra-Low Interest Rates: Distributional Effects and Risks, McKinsey Global Institute discussion paper, November 2013.

17. 作者在 2016—2020 年对金融交易员的匿名采访；Daniel Kruger, "Negative Yields Mount Along with Europe's Problems," *Wall Street Journal*, February 18, 2019; Jeff Sommer, "In the Bizarro World of Negative Interest Rates, Saving Will Cost You," *New York Times*, March 5, 2016; Brian Blackstone, "Negative Rates, Designed as a Short-Term Jolt, Have Become an Addiction," *Wall Street Journal*, May 20, 2019。

18. 作者 2016 年在联邦存款保险公司总部对托马斯·霍尼格的采访。

第十二章　完全正常（2014—2019年）

1. 作者 2020 年对杰罗姆·鲍威尔的采访；2014 年 1 月 28—29 日联邦公开市场委员会会议记录；Christopher Leonard, "How Jay Powell's Coronavirus Response Is Changing the Fed Forever," *Time*, June 11, 2020。

2. 作者 2020 年对珍妮特·耶伦的采访；2014 年 1 月、3 月、4 月、6 月、7 月、9 月、10 月和 12 月联邦公开市场委员会会议记录；Federal Reserve Board, "Timelines of Policy Actions and Communications: Policy Normalization Principles and Plans," February 22, 2019; Jon Hilsenrath, "Fed Sets Stage for Rate Hikes in 2015," *Wall Street Journal*, December 17, 2014; "Policy Normalization Principles and Plans," Federal Reserve press release, September 17, 2014; Neil Irwin, "Quantitative Easing Is Ending. Here's What It Did, in Charts," *New York Times*, October 29, 2014; Michael S. Derby and Jon Hilsenrath, "Fed's Dudley: Still Likely on Track for 2015 Rate Rise," *Wall Street Journal*, September 28, 2015。

3. 布鲁金斯学会的活动，于 2020 年访问其官方网站。

4. 2014 年 6 月 17—18 日联邦公开市场委员会会议记录。

5. 作者2020年对理查德·费舍尔的采访；作者于2020年对前联邦公开市场委员会成员的匿名采访；杰罗姆·鲍威尔演讲的文字记录，"'Audit the Fed'and Other Proposals"，2015年2月9日在美国天主教大学哥伦布法学院的演讲。

6. 2015年9月16—17日联邦公开市场委员会会议记录。

7. 2015年12月15—16日联邦公开市场委员会会议记录；Jon Hilsenrath and Ben Leubsdorf, "Fed Raises Rates After Seven Years Near Zero, Expects 'Gradual' Tightening Path," *Wall Street Journal*, December 16, 2015; Nick Timiraos, "Fed Raised Interest Rates in 2015 Despite Concerns over Growth," *Wall Street Journal*, January 8, 2021。

8. 联邦公开市场委员会自2006年6月以来没有加息，而且自2008年底以来已有七年没有将利率提高到零利率以上。

9. 超额准备金或"存款机构的超额准备金"的数据，取自圣路易斯联邦储备银行经济研究数据库；美联储资产负债表或"总资产"的数据，取自圣路易斯联邦储备银行经济研究数据库。

10. 特朗普关于"泡沫"的辩论评论于2020年通过YouTube访问。

11. 作者2020年对史蒂文·姆努钦的采访；"Jerome Powell's Nomination as Fed Chair Means 'More of the Same,' and Markets Love It," *Washington Post*, November 2, 2017; "Trump's Fed Chair Choice Largely Down to Powell or Taylor," *Washington Post*, October 26, 2017; "US Federal Reserve Calls Historic End to Quantitative Easing," *Financial Times*, September 20, 2017。

12. 作者在2020—2021年对托马斯·霍尼格的采访；Ryan Tracy, "FDIC's Thomas Hoenig Said to Be Interested in Job in Trump Administration," *Wall Street Journal*, November 14, 2016; Robert Schmidt and Jesse Hamilton, "Ten Years After the Crisis, Banks Win Big in Trump's Washington,"

Bloomberg Businessweek, February 9, 2018。

13. Jesse Hamilton, "Wall Street's Least Favorite Regulator Is Calling It Quits," Bloomberg News, April 27, 2018.

14. "Timelines of Policy Actions and Communications: Policy Normalization Principles and Plans," Federal Reserve Board, February 22, 2019; "US Federal Reserve Calls Historic End to Quantitative Easing," *Financial Times*, September 20, 2017; Jeff Cox, "Janet Yellen Calls Stock Market, Real Estate 'High' in Last Interview Before Exit as Fed Chief," CNBC.com, February 4, 2018; Ben Casselman and JimTankersley, "More Jobs, Faster Growth and Now, the Threat of a Trade War," *New York Times*, April 6, 2018；利率或"有效联邦基金利率"数据，取自圣路易斯联邦储备银行经济研究数据库。

15. Akane Otani, "Dow Drops More Than 1,100 Points in Stock-Market Route," *Wall Street Journal*, February 5, 2018; Corrie Driebusch, Riva Gold, and Daniel Kruger, "Dow Drops More Than 650 Points on Worries About Inflation," *Wall Street Journal*, February 2, 2018; Ben Leubsdorf, "U.S. Gained 200,000 Jobs in January as Wages Picked Up," *Wall Street Journal*, February 2, 2018; Nick Timiraos, "Market Turmoil Greets New Federal Reserve Chairman," *Wall Street Journal*, February 5, 2018; Gunjan Banerji and Alexander Osipovich, "Market Rout Shatters Lull in Volatility," *Wall Street Journal*, February 5, 2018; Matt Phillips, "Dow Jones and S.&P. Slide Again, Dropping by More Than 4%," *New York Times*, February 5, 2018; James Mackintosh, "What Should We Make of the Stock-Price Drop?," *Wall Street Journal*, February 5, 2018; Akane Otani, Riva Gold, and Michael Wursthorn, "U.S. Stocks End Worst Week in Years," *Wall Street Journal*, March 23, 2018.

16. Mohamed A. El-Erian, *The Only Game in Town: Central Banks,*

Instability, and Avoiding the Next Collapse (New York: Random House, 2016).

17. 资料来源见本章注释 14。Nick Timiraos, "President Trump Bashes the Fed. This Is How the Fed Chief Responds," *Wall Street Journal*, November 30, 2018; Christopher Condon, "Key Trump Quotes on Powell as Fed Remains in the Firing Line," Bloomberg News, December 17, 2019.

18. Jim Tankersley and Neil Irwin, "Fed Raises Interest Rates and Signals 2 More Increases Are Coming," *New York Times*, June 13, 2018; Nick Timiraos, "Fed Raises Interest Rates, Signals One More Increase This Year," *Wall Street Journal*, September 26, 2018; Matt Phillips, "The Hot Topic in Markets Right Now: 'Quantitative Tightening,'" *New York Times*, January 30, 2019; Amrith Ramkumar and Nick Timiraos, "Fed Chairman's Remarks Spark Market Rally," *Wall Street Journal*, November 28, 2018; Nick Timiraos, "Fed Weighs Wait-and-See Approach on Future Rate Increases," *Wall Street Journal*, December 6, 2018.

19. Jack Ewing, "Europe's Central Bank Ends One of the Biggest Money-Printing Programs Ever," *New York Times*, December 13, 2018; Federal Reserve Board of Governors, Financial Stability Report, November 2018; Corrie Driebusch, Akane Otani, and Jessica Menton, "Jittery Investors Deepen Stock Fall," *Wall Street Journal*, October 11, 2018.

20. 作者 2020 年对杰罗姆·鲍威尔的采访；鲍威尔主席新闻发布会的文字记录，2018 年 12 月 19 日；Matt Phillips, "Investors Have Nowhere to Hide as Stocks, Bonds and Commodities All Tumble," *New York Times*, December 15, 2018; Matt Phillips, "The Hot Topic in Markets Right Now: 'Quantitative Tightening,'" *New York Times*, January 30, 2019。

21. Janna Herron, "Dow, Stocks End Sharply Lower on Christmas Eve After Weekend of Washington, D.C., Turmoil," *USA Today*,

December 24, 2018.

22. Nick Timiraos, "Fed Officials Weigh Earlier-Than-Expected End to Bond Portfolio Runoff," *Wall Street Journal*, January 25, 2019; Nick Timiraos, "Fed Signals Hold on Interest Rate Increases," *Wall Street Journal*, January 30, 2018.

23. 作者2020年对吉姆·比安科和斯科特·米纳德的采访；作者2019—2020年对金融交易员的匿名采访；Akane Otani, "Bond Rally Suggests the Stock Market Honeymoon Is on Borrowed Time," *Wall Street Journal*, February 3, 2019; Nick Timiraos, "Fed Keeps Interest Rates Unchanged; Signals No More Increases Likely This Year," *Wall Street Journal*, March 20, 2019。

24. 作者2019—2020年对金融交易员的匿名采访；Akane Otani and Georgi Kantchev, "Stocks, Bond Yields Fall Amid Anxiety over World Economy," *Wall Street Journal*, March 22, 2019; Akane Otani and Joe Wallace, "Stock Market Rally Trips on Global Growth Fears," *Wall Street Journal*, March 24, 2019; Jon Hilsenrath, "The World Braces for Slower Growth," *Wall Street Journal*, January 21, 2019; Nick Timiraos, Tom Fairless, and Brian Blackstone, "Slow Growth Prods Central Banks," *Wall Street Journal*, March 7, 2019; Greg Ip, "For a Change, It's the World That Is Pulling Down the U.S. Economy," *Wall Street Journal*, October 2, 2019; Greg Ip, "Powell's Critics Miss the Mark," *Wall Street Journal*, March 27, 2019; Nick Timiraos, "Fed Keeps Interest Rates Unchanged; Signals No More Increases Likely This Year," *Wall Street Journal*, March 20, 2019。

25. Heather Long, "With the Economy on the Line, the Fed Prepares to Take Its Biggest Gamble Yet," *Washington Post*, July 29, 2019; Nick Timiraos, "Fed Chief Wedged Between a Slowing Economy and an Angry

President," *Wall Street Journal*, August 18, 2019; Greg Ip, "The Era of Fed Power Is Over. Prepare for a More Perilous Road Ahead," *Wall Street Journal*, January 15, 2020; Corrie Driebusch, Britton O'Daly, and Paul J. Davies, "Dow Sheds 800 in Biggest Drop of Year," *Wall Street Journal*, August 14, 2019; Josh Mitchell and Jon Hilsenrath, "Warning Signs Point to a Global Slowdown," *Wall Street Journal*, August 14, 2019; Damian Paletta, Thomas Heath, and Taylor Telford, "Stocks Losses Deepen as a Key Recession Warning Surfaces," *Washington Post*, August 14, 2019; Sarah Chaney, "Modest August Job Growth Shows Economy Expanding, but Slowly," *Wall Street Journal*, September 6, 2019; Paul Vigna, "U.S. Stocks Drop on Worries About Growth," *Wall Street Journal*, October 2, 2019.

26. 作者2020年对纽约联邦储备银行高级交易官员的匿名采访。

第十三章　看不见的救助（2019—2020年）

1. 关于资料来源的说明：纽约联邦储备银行的公关办公室安排记者采访该银行高层官员（匿名）的行为是非常普遍的。如果记者同意不直接引用官员的话，他们就会同意采访。2020年2月14日，公关办公室安排作者与纽约联邦储备银行市场部的两名高级官员进行了匿名采访，他们直接参与了本章中描述的事件。2020年2月27日，公关团队安排作者采访了纽约联邦储备银行行长约翰·威廉姆斯和该行市场部执行副总洛里·洛根。采访完全聚焦在本章所描述的事件上。当时，作者正在为《时代》杂志报道一篇关于纽约联邦储备银行2019年干预回购市场的报道，这篇报道后来变成了一篇关于美联储疫情救助的报道。对于这次采访，作者被同意引用采访中的话，但必须先让公关团队检查引文的准确性。这些采访都是数字化记录的，本书中引用的话来自采访的直接文字记录。作者还对三名纽约联邦储备银行前高级官员进行了单独的匿名采访，他们直接参与了该银行交易业务的运营。这些采访为本章提供了背景和知识，但并不是每次都被直接写在了下文的注释中。作者尤其要感谢亚历山大·霍尔特，他花了数周时间帮助研究美联储回购干预的性质、起源和影响。在许多其他成就中，霍尔特发现了下面引用的学术论文，"Monetary Policy Implementation with an Ample Supply of Reserves"，并帮助将其翻译成通俗易懂的英语，同时在记事本上绘制图表。他的见解和解释是不可或缺的。

2. 作者2020年对洛里·洛根的采访；作者2020年对两位纽约联邦储备银行市场部高级官员的匿名采访；对市场部交易大厅和办公室的描述摘自作者2020年2月27日参观市场部期间的笔记。

3. Gara Afonso, Kyungmin Kim, Antoine Martin, Ed Nosal, Simon Potter, and Sam Schulhofer-Wohl, "Monetary Policy Implementation with an Ample Supply of Reserves," Federal Reserve Bank of Atlanta Working Paper Series 2020-2 (January 2020); Bank for International Settlements Study Group chaired by Lorie Logan and Ulrich Bindseil, "Large Central Bank Balance Sheets and Market Functioning," Bank for International Settlements Markets Committee report, October 2019; Todd Keister and James J. McAndrews, "Why Are Banks Holding So Many Excess Reserves?," New York Federal Reserve Bank of New York *Current Issues in Economics and Finance*, December 2009; Scott A. Wolla, "A New Frontier: Monetary Policy with Ample Reserves," Federal Reserve Bank of St. Louis *Page One Economics*, May 2019.

4. 作者2020年对美联储官员的匿名采访；Sriya Anbil, Alyssa Anderson, and Zeynep Senyuz, "What Happened in Money Markets in September 2019?," *FEDS Notes,* February 27, 2020; Nick Timiraos, "'Why Were They Surprised?' Repo Market Turmoil Tests New York

Fed Chief," *Wall Street Journal*, September 29, 2019; Alex Harris, "'This Is Crazy!': Wall Street Scurries to Protect Itself in Repo Surge," Bloomberg News, September 17, 2019; Emily Barrett and Jesse Hamilton, "Why the U.S. Repo Market Blew Up and How to Fix It," Bloomberg News, January 6, 2020。

5. 作者 2020 年对洛根和约翰·威廉姆斯的采访；作者 2020 年对美联储官员的匿名采访；其他资料来源见本章注释 4。

6. 本文中的利率指的是美联储使用的所谓 SOFR 回购利率，这是市场上常用的利率。

7. 作者 2020 年对美联储官员的匿名采访；资料来源见本章注释 3；"Policy Tools: Interest on Required Reserve Balances and Excess Balances"，美联储理事会网站，更新于 2021 年 1 月。

8. 美联储最初在 2006 年就获得了这项权力，但最初的法律直到 2011 年才使这一举措生效。2008 年的法案只是将日期提前了，这样美联储就可以有更多的自由来应对金融危机。

9. 作者 2020 年对威廉姆斯和洛根的采访；美联储新闻稿，2019 年 9 月 18 日。

10. Stephen Spratt, "How a Little Known Trade Upended the U.S. Treasury Market," Bloomberg News, March 17, 2020; Daniel Barth and Jay Kahn, "Basis Trades and Treasury Market Illiquidity," Office of Financial Research Brief Series, July 16, 2020; Jeanna Smialek and Deborah B. Solomon, "A Hedge Fund Bailout Highlights How Regulators Ignored Big Risks," *New York Times*, July 23, 2020; Nishant Kumar, "LMR Raises Capital After Hedge Fund Drops 12.5%," Bloomberg News, March 19, 2020; Gregory Zuckerman, Julia-Ambra Verlaine, and Paul J. Davies, "Traders Caught in Market Downdraft Are Forced to Unwind Leveraged Strategies," *Wall Street Journal*, March 12, 2020; "Hedging

Repo Exposure in the Treasury Basis with One-Month SOFR Futures," CME Group, March 7, 2019.

11. 期货合约基本上是承诺在未来的某一天以某一价格向某人交付国债。这些合约通常以月为单位，三个月期货合约承诺在未来三个月交割。除了单纯的猜测，还有很多很好的理由去做这样的事情。许多期货合约被用作针对未来某些事件的保单。

12. 作者 2020 年对拉尔夫·阿克塞尔的采访；"Liquid Insight: Fed's Purchase Program May Have Costs," Bank of America Merrill Lynch analyst report, November 13, 2019。

13. 美联储新闻稿，2019 年 9 月 18 日；作者 2020 年对美联储官员的匿名采访。

14. 2019 年 10 月 29 日至 30 日联邦公开市场委员会会议记录。

15. Rich Miller and Steve Matthews, "Powell Sees Fed Resuming Balance-Sheet Growth, But It's Not QE," Bloomberg News, October 8, 2019; Rich Miller and Christopher Condon, "Fed to Start Buying $60 Billion of Treasury Bills a Month from October 15," Bloomberg News, October 11, 2019; Federal Reserve Statement Regarding Monetary Policy Implementation, October 11, 2019.

16. 作者 2020 年 3 月 2 日对托马斯·霍尼格的采访；Thomas Hoenig, "Emergency COVID-19 Stimulus Programs Are a Short-Term Solution," Mercatus Center white paper, May 20, 2020。

第十四章　传染病（2020年）

1. Jason Horowitz, "Italy Locks Down Much of the Country's North over the Coronavirus," *New York Times*, March 7, 2020；2020 年 2 月 26 日美国疾病控制与预防中心关于新冠疫情的简报。

2. 作者2020年对吉姆·比安科和斯科特·米纳德的采访。

3. Catherine Thorbecke, "Dow Jones Plunges Most Since 2008 on Coronavirus Fears," ABC News, February 27, 2020.

4. 2020年2月27日作者在纽约联邦储备银行内部的采访笔记。

5. 作者2020年对比安科的采访；Clifford Krauss and Stanley Reed, "Oil Prices Dive as Saudi Arabia Takes Aim at Russian Production," *New York Times*, March 8, 2020

6. Liz Hoffman, "Diary of a Crazy Week in the Markets," *Wall Street Journal*, March 14, 2020.

7. 作者2020年对比安科和米纳德的采访；作者2020年对金融交易员的匿名采访；Colby Smith and Robin Wigglesworth, "US Treasuries: The Lessons from March's Market Meltdown," *Financial Times*, July 29, 2020。

8. 作者2020年对杰罗姆·鲍威尔的采访；作者2020年对美联储高级官员的匿名采访。

9. Stephen Spratt, "How a Little Known Trade Upended the U.S. Treasury Market," Bloomberg News, March 17, 2020; Daniel Barth and Jay Kahn, "Basis Trades and Treasury Market Illiquidity," Office of Financial Research Brief Series, July 16, 2020; Jeanna Smialek and Deborah B. Solomon, "A Hedge Fund Bailout Highlights How Regulators Ignored Big Risks," *New York Times*, July 23, 2020; Nishant Kumar, "LMR Raises Capital After Hedge Fund Drops 12.5%," Bloomberg News, March 19, 2020; Gregory Zuckerman, Julia-Ambra Verlaine, and Paul J. Davies, "Traders Caught in Market Downdraft Are Forced to Unwind Leveraged Strategies," *Wall Street Journal*, March 12, 2020.

10. 美联储关于国债储备管理购买和回购操作的声明，2020年3月12日；Alex Harris, "Fed Pledges More Than $500 Billion to Keep

Funding Markets Calm," Bloomberg News, March 11, 2020; Pippa Stevens, Maggie Fitzgerald, and Fred Imbert, "Stock Market Live Thursday: Dow Tanks 2,300 in Worst Day Since Black Monday," CNBC.com, March 12, 2020。

11. 作者2020年对出席会议的美联储高级官员的匿名采访；作者2020年对克劳迪娅·萨姆的采访；2020年3月15日联邦公开市场委员会会议纪录；美联储新闻稿，2020年3月15日。

12. 作者2020年对米纳德和安科的采访；作者2020年对金融交易员的匿名采访。

13. David Benoit, "JPMorgan's Jamie Dimon and His Brush with Death: 'You Don't Have Time for an Ambulance,'" *Wall Street Journal*, December 24, 2020.

14. 作者2020年对格雷格·尼尼的采访；作者2020年对金融交易员的匿名采访；Lisa Lee, "Battered CLO Investors Are About to Get a Look at Their Losses," Bloomberg News, April 20, 2020; Amelia Lucas, "General Motors Will Draw Down $16 Billion in Credit, Suspends 2020 Outlook," CNBC.com, March 24, 2020; "Big Firms Draw Down Billion Dollar Credit Lines," Pymnts.com, March 17, 2020; "Europe's Leveraged Loan Issuers Draw on Revolving Credits to Preserve Liquidity," S&P Global *Market Intelligence*, March 24, 2020。

15. 作者2020年对鲍威尔的采访；作者2020年对美联储高级官员的匿名采访；Christopher Leonard, "How Jay Powell's Coronavirus Response Is Changing the Fed Forever," *Time*, June 11, 2020。

第十五章　赢家和输家（2020年）

1. 作者2020年对史蒂文·姆努钦的采访；Sheelah Kolhatkar,

"The High-Finance Mogul in Charge of Our Economic Recovery," *The New Yorker*, July 13, 2020; Christopher Leonard, "How Jay Powell's Coronavirus Response Is Changing the Fed Forever," *Time*, June 11, 2020。

2. 作者2020年对美联储高级官员的匿名采访。

3. 作者2020年对鲍威尔和一位美联储高级官员（匿名）的采访；美联储新闻稿，2020年3月23日；Nick Timiraos, "Fed Unveils Major Expansion of Market Intervention," *Wall Street Journal*, March 23, 2020。

4. 美联储资产负债表或"总资产"的数据，取自圣路易斯联邦储备银行经济研究数据库。

5. 票由鲍威尔、他的副主席理查德·克拉里达以及委员兰德尔·夸尔斯、莱尔·布雷纳德和米歇尔·鲍曼投出。

6. Federal Reserve press release, "Federal Reserve Takes Additional Actions to Provide up to $2.3 Trillion in Loans to Support the Economy," April 9, 2020; Federal Reserve Board Vote Tally, accessed 2021; Nick Timiraos, "Fed Expands Corporate-Debt Backstops, Unveils New Programs to Aid States, Cities and Small Businesses," *Wall Street Journal*, April 9, 2020; Olivia Raimonde and Molly Smith, "Ford Becomes Largest Fallen Angel After S&P Downgrade to Junk," Bloomberg News, March 25, 2020.

7. 二级市场公司信贷工具，美联储称之为其公司债券购买计划之一。

8. 作者2020年对米纳德和姆努钦的采访；作者2020年对金融交易员的匿名采访。

9. Steve Thompson, "Hogan's First Batch of Coronavirus Tests from South Korea Were Flawed, Never Used," *Washington Post*, November 20,

2020; Jeanna Smialek, Ben Casselman, and Gillian Friedman, "Workers Face Permanent Job Losses as the Virus Persists," *New York Times*, October 3, 2020.

10. Emily Cochrane and Sheryl Gay Stolberg, "$2 Trillion Coronavirus Stimulus Bill Is Signed into Law," *New York Times*, March 27, 2020.

11. 作者2021年对史蒂文·姆努钦的采访；Peter Whoriskey, Douglas MacMillan, and Jonathan O'Connell, "'Doomed to Fail': Why a $4 Trillion Bailout Couldn't Revive the American Economy," *Washington Post*, October 5, 2020; Jonathan O'Connell, Andrew Van Dam, Aaron Gregg, and Alyssa Fowers, "More Than Half of Emergency Small-Business Funds Went to Larger Businesses, New Data Shows," *New York Times*, December 1, 2020; Stacy Cowley and Ella Koeze, "1 Percent of P.P.P. Borrowers Got Over One-Quarter of the Loan Money," *New York Times*, December 2, 2020; Sydney Lake, "These 16 Va. Companies Received $10M PPP Loans," *Virginia Business*, December 2, 2020; Fred Imbert, "Treasury Secretary Mnuchin Says It Was 'Outrageous' for the LA Lakers to Take a Small Business Loan," CNBC.com, April 28, 2020。

12. 作者2020年对克劳迪娅·萨姆的采访；Heather Long, "'It Doesn't Feel Like a Boom Yet': Many Americans Urge the Federal Reserve to Boost the Economy," *Washington Post*, October 29, 2019。

13. Nick Timiraos, "Fed Had a Loan Plan for Midsize Firms Hurt by Covid. It Found Few Takers," *Wall Street Journal*, January 4, 2021; Nick Timiraos and Jon Hilsenrath, "The Federal Reserve Is Changing What It Means to Be a Central Bank," *Wall Street Journal*, April 27, 2020; Jeanna Smialek and Peter Eavis, "With $2.3 Trillion Injection, Fed's Plan Far Exceeds Its 2008 Rescue," *New York Times*, April 9, 2020; Jeanna Smialek, "The Fed's $4 Trillion Lifeline Never Materialized. Here's

Why," *New York Times*, October 21, 2020.

14. Peter Brennan, "Fed Keeps Corporate Bond Market Purring After COVID-19 Drove Record Issuance," S&P Global *Market Intelligence*, December 9, 2020; Marina Lukatsky, "US Leveraged Loans Gain 1.35% in December 2020, 3.12% in 2020 After Q4 Rebound," S&P Global *Market Intelligence*, January 4, 2021; Joy Wiltermuth, "U.S. Corporations Make Final Borrowing Push in a Record Breaking 2020," *MarketWatch*, November 10, 2020；道琼斯平均指数的价值来自雅虎金融数据库。

15. "WELL WHAT DID I TELL YOU by Davey Day Trader Global,"视频上传至 YouTube；"Davey Day Trader—March 23rd, 2020,"视频上传至 YouTube；关于 BarStool Sports 的资料获取于互联网档案。

16. Nathaniel Popper, "Robinhood Has Lured Young Traders, Sometimes with Devastating Results," *New York Times*, July 8, 2020; Sheelah Kolhatkar, "Robinhood's Big Gamble," *The New Yorker*, May 10, 2020.

17. 本·伯南克 2021 年给作者发的电子邮件声明；Rob Copeland, "Former Fed Chief Ben Bernanke to Advise Hedge Fund Citadel," *Wall Street Journal*, April 16, 2015; Andrew Ross Sorkin and Alexandra Stevenson, "Ben Bernanke Will Work with Citadel, a Hedge Fund, as an Adviser," *New York Times,* April 16, 2015; Josh Zumbrun, "How Citadel and the Fed Crossed Paths Before the Hedge Fund Hired Ben Bernanke," *Wall Street Journal*, April 16, 2015; Tom Maloney, "Citadel Securities Gets the Spotlight," Bloomberg News, April 6, 2021; Edward Ongweso Jr., "Robinhood's Customers Are Hedge Funds Like Citadel. Its Users Are the Product," Vice.com, January 28, 2021; Douglas MacMillan and Yeganeh Torbati, "Robinhood and Citadel's Relationship Comes into Focus as Washington Vows to Examine Stock-Market Moves,"

Washington Post, January 29, 2021。

18. 作者 2021 年对鲍威尔、伯南克和珍妮特·耶伦的采访；美联储资产负债表或"总资产"的数据，摘自圣路易斯联邦储备银行经济研究数据库。

第十六章　漫长的崩溃（2020—2021年）

1. 作者 2021 年对约翰·费尔特纳的采访；对费尔特纳通勤的描述取自谷歌地图和街景；Community Health Network news release, "COVID-19 Tent Testing Information 1," 2021; Eric Pointer, "1 Year Since Indiana's First Documented COVID-19 Case: Hoosiers Reflect on How Their Lives Were Impacted," Fox59 News, March 4, 2021。

2. Michael S. Derby, "Business at Most Small Firms Below Pre-Pandemic Levels, Fed Survey Finds," *Wall Street Journal*, February 3, 2021; Justin Baer and Eric Morath, "On the Wrong Side of the Split Recovery: 'I Just Have to Keep Myself Going,' " *Wall Street Journal*, October 18, 2020.

3. 作者 2020—2021 年对费尔特纳的采访；AnnaMaria Andriotis, Ken Brown, and Shane Shifflett, "Families Go Deep in Debt to Stay in the Middle Class," *Wall Street Journal*, August 1, 2019。

4. 2020 年 12 月 16 日杰罗姆·鲍威尔新闻发布会视频，上传至美联储网站。

5. 作者 2021 年对金融交易员的匿名采访；Eliot Brown and Maureen Farrell, "Sizzling Tech IPO Market Leaves Investors Befuddled," *Wall Street Journal*, December 13, 2020。

6. 作者 2021 年对史蒂文·姆努钦的采访；Joe Rennison, "US Corporate Bond Issuance Hits \$1.919tn in 2020, Beating Full-Year Record,"

Financial Times, September 2, 2020; Ruchir Sharma, "The Rescues Ruining Capitalism," *Wall Street Journal*, July 24, 2020; Lisa Lee and Tom Contiliano, "America's 'Zombie' Companies Have Racked Up $1.4 Trillion of Debt," Bloomberg News, November 17, 2020; Jim Reid, John Tierney, Luke Templeman, and Sahil Mahtani, "The Persistence of Zombie Firms in a Low Yield World," Deutsche Bank analyst report, March 1, 2018; Dion Rabouin, "'Zombie' Companies May Soon Represent 20% of U.S. Firms," Axios, June 15, 2020; Jeff Stein and Rachel Siegel, "Treasury's Mnuchin Defends Ending Lending Programs, Fires Back at Federal Reserve," *Washington Post*, November 20, 2020。

7. Nicholas Fandos and Emily Cochrane, "After Pro-Trump Mob Storms Capitol, Congress Confirms Biden's Win," *New York Times*, January 6, 2021; "Stock Market News for January 7, 2021," Zacks Equity Research, via Yahoo!Finance, January 7, 2021.

8. Matt Phillips, Taylor Lorenz, Tara Siegel Bernard, and Gillian Friedman, "The Hopes That Rose and Fell with GameStop," *New York Times*, February 7, 2021；美联储新闻发布会视频，2021年1月27日上传到美联储理事会网站。

9. 作者在2016—2021年对托马斯·霍尼格的采访；Thomas Hoenig, "Emergency COVID-19 Stimulus Programs Are a Short-Term Solution," Mercatus Center white paper, May 20, 2020; Sam Goldfarb, "Flood of New Debt Tests Bond Market," *Wall Street Journal*, March 10, 2021。

10. 美联储每月支出1 200亿美元，其中800亿美元用于美国国债，400亿美元用于抵押贷款支持证券。

重要术语简明词汇表

1. 资产负债表：资产负债表是一种分为两部分的分类账，一部分显示银行或公司拥有的资产，另一部分显示银行或公司所欠的资产。以银行为例，资产负债表显示了银行的资产（它拥有的）和负债（它欠的）。美联储的资产负债表也会显示出美联储对经济的干预程度。当资产负债表涉及的数据很大时，表明美联储进行了大量干预，并创造了大量货币。当资产负债表数据较小时（至少从历史角度来看），则意味着美联储正在缩减创造货币的规模。原因很简单，美联储创造货币的方式是用凭空创造的美元购买资产，然后将这些资产记录在资产负债表上。用华尔街的行话来说，在 2008 年金融危机之前，美联储的资产负债表规模约为 9 000 亿美元。然后在零利率政策时期上升到 4.5 万亿美元。在 2020 年的救助计划实施之后，资产负债表规模达到了 8 万亿美元，并且还在持续增加。

2. 担保债务凭证（CDO）：一些捆绑在一起的房屋贷款。担保债务凭证是在华尔街销售的一种金融产品，因在 2008 年金融危机中处于中心而闻名。当一组贷款被捆绑在一起时，就建立了担保债务凭证。投资者可以购买部分担保债务凭证，然后收取相关贷款的利息。如果贷款违约，投资者的财产可能会受到损失。担保债务凭证通常指的是在 2000 年房地产泡沫期间捆绑在一起的住房贷款。

3. 贷款抵押债券（CLO）：这是指捆绑在一起的杠杆贷款，一组杠杆贷款被捆绑在一起时，就建立了 CLO，其方式与华尔街的同类产品类似。投资者可以购买部分 CLO，然后收取相关的贷款利息。如果贷款违约，投资者可能会损失他们的财产。贷款抵押债券在 2008 年金融危机期间的表现要好得多，这使它们在 2010 年成为非常有吸引力的投资。

4. 压缩收益率曲线：这是美联储通过量化宽松所做的事情，它指的是美国国债的收益率曲线（它基本上会影响其他所有东西的收益率曲线）。在正常情况下，美联储国债的收益率曲线会在未来上升，这意味着未来美联储国债的利率会更高。十年到期的国债比三个月到期的国债支付更高的利率或收益率。美联储"压缩"了长期国债和短期国债的收益率之差。美联储这样做是为了使人们去借钱。长期国债就像华尔街的一个巨大的储蓄账户。通过压缩收益率，美联储降低了人们存钱的动机。其把所有的资金从未来挤到现在，就像把牙膏从管里挤出来一样。

5. 公司债券：一种在华尔街销售的常用债务形式。公司通过发行公司债券并同时支付一定的利率来借款。这些债券随后在华尔街被出售给投资者。公司债券结构严格，这意味着它们在很大程度上是标准化的，使得它们更容易买卖。公司债券的财务结构在一个重要方面，与房屋贷款或信用卡贷款不同：公司不会在此过程中偿还债务。相反，它们只支付债券的利息，然后在整个票据到期时还清全部金额。实际上，公司并不会全额偿还公司债券。它们支付利息，然后"滚动"这些债务，意思是它们会出售新的公司债券，并用这笔钱来偿还现有的债券。公司可以持续滚动它们的债务，但这会使它们面临利率风险。如果利率上升，它们的新债务将会变得非常昂贵。高利率会使一些公司债务基本上无法偿还，从而导致破产。

6. 成本推动：这是一个帮助解释通货膨胀发生原因的理论。它重点关注推高物品成本从而使价格上升的力量。例如，在20世纪70年代早期，石油输出国组织（OPEC）实施了石油禁运令，因此推高了石油价格，与此同时，工会通过谈判要求提高工资，从而推高了劳动力价格。还有另一种不同的通货膨胀理论被称为需求拉动理论，该理论更关注中央银行的行动。

7. 需求拉动：这是一个帮助解释通货膨胀发生原因的理论。该理论认为，当中央银行印刷更多的货币，并以低利率贷款的形式使其更容易获得时，就会拉动对商品的需求。最能解释这一点的一句话是：它创造了过多的货币来购买很少的商品，因此推高了这些商品的价格。另一种通货膨胀理论被称为成本推动。

8. 衍生品：衍生品的核心是任何基于其他东西价值的金融产品。例如，期货合约是一种价格基于石油等商品未来价值的合约。在这种情况下，石油是资产，期货合约是衍生品。多年来，衍生品一词已成为一个包罗万象的术语，用来描述无穷无尽的外来金融工具，包括CDO和利率对冲合约。

9. 贴现窗口：用于描述美联储向银行提供紧急贷款计划的术语。这是美联储的核心工作之一，也是其存在的核心原因。在金融恐慌时期，即使是运作很好的银行也可能破产，因为人们会毫无理性地从银行取出他们的钱。贴现窗口就是为了阻止这种恐慌。在恐慌时期，银行可以以低于市场的利率从美联储的贴现窗口获得紧急贷款。这个低利率就是"贴现"率，代表着它比市场上因恐慌引起的高利率更便宜。它并没有一个真正的"窗口"。

10. 欧洲中央银行（ECB）：该银行成立于1998年，是欧盟成员国的中央银行。与美联储一样，欧洲央行为其成员国管理货币政策，同时对银行进行一定程度的监管。

11. 联邦存款保险公司（FDIC）：联邦存款保险公司是美国在经

济大萧条之后成立的一个监管机构。它最著名的项目是为群众在零售银行的存款提供最高达 25 万美元的保险。联邦存款保险公司也是整个银行体系的关键监管机构。它通过检查对比银行现有资产与借出的资产，来监督金融体系的健康状况。为人所知的是，联邦存款保险公司可以解散倒闭的银行。

12. 联邦基金利率：本质上是由联邦公开市场委员会控制的短期利率。当联邦公开市场委员会"设定"利率时，委员会实际上是在为联邦基金利率设定一个目标利率。这是银行间互相收取隔夜贷款的利率，因此它是一个会波及所有其他利率的核心利率。当你提高联邦基金利率时，你基本上是在提高资金成本。当你降低它时，你就降低了资金的成本。

13. 美联储看跌期权：这是华尔街的俚语，具体是指人们普遍认为美联储将始终干预确保资产价格维持在某个未明确的水平以上。该术语指的是一份"看跌"合约，通过该合约，人们同意以特定的价格购买该资产，即使市场价格比它要低。看跌期权合约有效地为合约持有人设定了该资产价格的下限。基于观察，投资者相信美联储看跌期权的存在，因为美联储会在市场崩溃时介入，并创造更多资金来缓解波动。它也被称为格林斯潘看跌期权、伯南克看跌期权、耶伦看跌期权和鲍威尔看跌期权。

14. 财政政策：与收税和使用州立资金（包括借来的州立资金）相关的政府政策。就本书而言，财政政策指的是几乎所有由民主控制的政府机构（如州或联邦立法机构）通过的经济政策，而不是由美联储控制的货币政策。

15. 联邦公开市场委员会：联邦公开市场委员会是美联储为短期利率设定目标的政策委员会。联邦公开市场委员会每六周召开一次会议，讨论为短期利率设定目标，以及美联储可以实施的如量化宽松等其他政策。联邦公开市场委员会有 12 名成员，包括美联储理事会的所有7名成员。这其中包括一个永久席位给最重要的管理者：美联储主席。还有一个永久席位是为纽约联邦储备银行行长保留的。（纽约联邦储备银行行长得到特殊待遇是因为该银行是美联储12家地区银行中最重要的一家。纽约联邦储备银行负责控制利率的公开市场操作，也毗邻大部分华尔街重要的银行。）该委员会的其他4个席位由美联储的地区联邦储备银行行长轮流担任。这些高管以有投票权身份的成员轮流担任委员会成员，他们的任期为一年。地区联邦储备银行行长是联邦公开市场委员会中权力最小的成员。即使作为一个团体投票，他们也可以被7位委员会成员否决。

16. 期货市场：买卖期货合约的市场。期货合约是一种在未来某个特定日期支付价格的衍生品，它包含了各种各样的产品，如玉米、油，甚至是股票。

17. 鹰派和鸽派：这些术语用于定义美联储联邦公开市场委员会中任何有投票权的成员的基本政治倾向。鹰派试图限制美联储的干预并减少其宽松货币政策。鸽派更愿意进行大规模的干预，让低利率能够长时间保持。鹰派与美国的保守派政治运动联系在一起，而鸽派与自由派政治运动联系在一起。

18. 利率：利率基本上就是贷款的成本。它是贷款附带的定期付款额，总是以贷款金额的百分比出现。这是衡量贷款潜在风险的关键方法。如果贷款是安全的，利率就会低一些。如果贷款有风险，利率就会更高。你可以把它想象成人们为获得借钱的待遇而支付的费用。如果我是一个信用很低的借款人，那么我可能需要向别人支付19%的利率来说服他们借钱给我。如果我是美国政府，我可能只需要支付1.1%的利率就能说服别人借钱给我。

19. 反向收益率曲线：当长期债务的利率（或收益率）低于短期债务的利率时，债券市场就会进入一种罕见的收益率倒挂状态。大多数人将收益率倒挂解读为经济衰退的信号。

20. 垃圾债券：当公司债券风险非常高时，它就被认为是垃圾债券。垃圾债用高利率来弥补它贷款的高风险。穆迪等评级机构通过给低评级来认定哪些是垃圾债券。

21. 凯恩斯主义：以著名经济学家约翰·梅纳德·凯恩斯命名的经济政策思想学派。出于本书的目的，"凯恩斯主义"是对凯恩斯观点的一个非常简化的描述。它认为，政府应该在经济不景气时介入并花费资金，以弥补人们对私营企业需求的减少。这样做的目的是缓冲不可避免的经济衰退带来的冲击，并确保它们不会变得不必要地长久或严重。就美联储而言，在经济低迷时期，央行就成了刺激银行体系的凯恩斯主义工具，提供低价信贷或额外现金来刺激贷款或投资。

22. 杠杆贷款：公司债务的一种形式，与公司债券非常相似。关键的区别在于，杠杆贷款没有那么标准化，也没有像公司债券那样在公开交易所进行交易。杠杆贷款更像是"定制的"，因为每一笔贷款实际上都是贷款人和借款人之间的一份合同或贷款协议。但华尔街的交易员仍在买卖杠杆贷款，尽管它们不像债券那样标准化。

23. 货币政策：这是指联邦储备银行实施的影响货币供应的政策。它们与财政政策不同，财政政策由民主选举的政治家控制，涉及税收和支出。货币政策包括控制利率，也就是控制货币的成本和供给。

24. 负利率债务：这应该算是一种矛盾修辞法。对于负利率债务，贷款出借人实际上在付钱让别人从他们那里借钱。很难想象在世界上会有人付钱让你借他们的钱，但我们从 2012 年开始就生活在这样一个世界里。那时，欧洲央行开始尝试负利率债务。它们最初的想法是实施一项激进的政策来惩罚那些存钱的人。令人震惊的是，很多放款人根本不在乎自己在受惩罚，他们反而抓住机会付钱给政府或其他机构让它们来借钱，这有点像付钱给别人让他们把自己的钱藏在床底下。到了 2019 年，全球约 29% 的债务为负利率。

25. 新政：这个词指的是经济大萧条后通过成立的一系列环环相

扣的法律和监管机构。这些法律和监管机构定义了20世纪30年代至70年代末的美国经济生活，在这个时期内，美国政府开始废除新政中的关键部分。新政做了三件重要的事情：它把华尔街牢牢地拴在了绳子上，它赋予了工人和工会权利，它削弱了垄断企业的力量。当时，新政中的很大一部分是直接针对华尔街和大银行的。新协议创建了联邦存款保险公司和证券交易委员会（监管股票交易），它还包括了极为重要的《格拉斯－斯蒂格尔法案》，该法案将美国银行业划分为持有存款的商业银行和进行高风险押注的投资银行。

26. 公开市场操作：美联储控制利率或实现其他政策目标（如量化宽松）的交易操作。这些操作是由纽约联邦储备银行的一个交易组进行的，它们在公开市场上买卖美国国债等资产。这里的关键是，美联储交易员可以通过凭空创造货币来购买资产，从而增加货币的供应量。当美联储想要降低货币价格时，它会用新创造的美元来购买商品，向金融体系注入大量现金。当美联储想把钱变得更贵时（这只是另一种它想提高利率的说法），它可以出售资产，然后将这些现金纳入其资产负债表，使它们不能流通。

27. 扭转操作：美联储的一项计划，基本上是量化宽松的"精简版"。扭转操作旨在降低长期利率，其原因在"压缩收益率曲线"的定义中已经列出，但它没有通过向金融体系注入数十亿美元的新资金来达到目标。美联储通过购买长期债务，压缩了长期债务的收益率来实现这一目标。但至关重要的是，美联储同时在出售等量的短期债券。这意味着美联储在购买长期债券时向市场注入了现金，但随后又通过出售短期债券从市场吸走了资金。扭转操作的目标是在不增加市场新资金总量的情况下降低收益率。

28. 一级交易商：这是指24家特别指定可以直接与美联储进行交易的金融机构。当美联储进行公开市场操作时，它会与一个或多个一级交易商进行交易。一级交易商包括摩根大通证券等知名公司，也包括瑞穗证券等知名度较低的公司。美联储有权决定哪些公司有资格被列入名单，它们也会定期删除或增加交易商。

29. 量化宽松（QE）：美联储在 2008 年金融危机期间首次实施的一项实验性计划。量化宽松的目标是在利率处于低位时向华尔街注入大量新资金，来刺激新的贷款和提高资产价格，希望以此能够刺激经济增长。为此，纽约联邦储备银行的交易员从一级交易商那里购买美国国债或 CLO 等资产。美联储用新创造的美元来购买这些资产，然后将这些资产记录在它们的资产负债表上。因此，新的美元被存入了一级交易商在美联储的准备金账户。量化宽松主要实施了四轮。第一轮是 2008 年全球金融危机期间的紧急措施。然后，在 2010 年底，美联储启动了另一轮量化宽松，即称为第二轮量化宽松（QE2），美联储向华尔街注入了 6 000 亿美元，希望在经济复苏乏力的情况下刺激经济增长。2012 年，美联储启动了迄今为止规模最大的一次量化宽松，称为第三轮量化宽松（QE3），规模为 1.6 万亿美元。从 2019 年底开始，在回购市场冻结后，美联储实施了约 4 000 亿美元的量化宽松政策。2020 年 3 月，美联储启动了一项近乎永久性的量化宽松计划，它最开始向华尔街注入了大约 2 万亿美元，然后在 2021 年期间开始每月注入约 1 200 亿美元。总而言之，从 2010 年的第二轮量化宽松开始，美联储的资产负债表规模从 2.3 万亿美元扩大到了 8.2 万亿美元，并且将在 2021 年年中继续扩大。

30. 量化紧缩：这是消除量化宽松影响的唯一途径。根据这一计划，美联储出售它的资产，将美元收回到自己的资产负债表上，从而使美元退出流通。量化紧缩只被尝试过一次，而且失败了。美联储在 2017 年底开始缓慢抛售资产，并在 2018 年加速抛售。美联储能够将其资产负债表上的资产价值（通过量化宽松购买的资产）从近 4.5 万亿美元降至略低于 3.8 万亿美元。随后，金融体系出现了问题。美联储停止了量化紧缩政策，并最终恢复了量化宽松政策，使其资产负债表规模增加到超过 8 万亿美元。

31. 准备金账户：银行在联邦储备系统内的账户。本书中讨论的准备金账户往往是一级交易商的账户，它们可以向美联储出售资产，并在它们的准备金账户中收到新的美元。

32. 储备货币：自第二次世界大战结束以来，美元一直是全球储备货币，这意味着它是国家和国家银行之间进行国际交易时使用的货币。这就是美元在全球经济体系中占据非常高地位的原因。在经济紧张时期，每个人都会需要美元，因为非常多的债务和贸易是以美元计价的。作为储备货币有助于保护美元免受其他国家货币所面临的市场压力，因为如果其他国家或银行决定不再持有这种货币，这种货币可能会贬值。

33. 追求收益：一种由于美联储在近十年内将利率维持在零水平，同时又从量化宽松政策中向华尔街注入数万亿美元引发的经济现象。这些政策的最终目的是降低银行或其他公司曾经用来安全存放资金的十年期国债等的收益率。因此，大型机构投资者纷纷进入市场，寻找任何可能给它们带来收益的东西。换句话说，这是一种促使投资者发放高风险贷款、购买高风险资产的方式。

34. 影子银行：这是一个广义的术语，指的是具有类似银行功能的金融机构，比如它们可以向大型机构提供信贷。例如，影子银行可以是一家对冲基金，它们利用不透明金融工具的抵押品来提供大量现金贷款。因为《多德－弗兰克法案》对银行进行了更严格的监管，在国会通过该法案后，影子银行业成为非常景气的行业。影子银行可以从事和其他银行同样的业务，但它们在监管方面的麻烦会更少。

35. 特殊目的工具（SPV）：特殊目的工具指的是美联储推出的一系列紧急计划，目的是向经济的不同领域注入资金。它们具有各式各样复杂的名称，但它们基本上有着相同类型的结构。它们创建了一家公司来允许美联储购买或出售像市政债券或公司债券这样的证券。

36. 互换额度：美联储的一个项目。根据该项目，美联储同意以固定汇率与外国中央银行进行美元交易，以换取该银行的货币。这个项目的作用是在经济恐慌时期向外国注入大量美元。这个项目很重要，因为非常多的全球债务是以美元计价的，所以它们在危机时期都需要美元。互换额度确保了外国央行能够以比市场低很多的汇率获得美元。

37. 国债（T-BILL）：美国政府发行的债券。美国国债是全球金融体系的基础，在很大程度上被视为最安全的投资。根据债券需要多长时间才能还清，国债有不同的品种：有一个月就能还清的短期账单，还有2个月、3个月、1年、5年、10年以至最高30年期的债券。长期债务通常支付更高的利率，以补偿资金被长期冻结所带来的麻烦。美国国债的运作方式与公司债券非常相似。美国政府发行债券，并预先获得所有的资金。然后，政府会定期支付债券的利息，直到债券到期的最后一天。届时政府会全额支付债券，或者它们会"滚动"债券，通过出售新债所得的资金来偿还现有的债务。这就是为什么如果利率上升，美国政府的债务负担可能会上升，财政部需要把现有债务"滚动"成利率更高的债务。

38. 收益率：在本书中收益率指的是任何一种债务或投资所支付的利息。例如，如果一份国债支付1%的利息，那么它的收益率就是1%。收益率是一个术语，交易员经常用它来谈论他们可以从购买某种债务或资产中赚取多少钱。

39. 收益率曲线：这是一种比较不同种类债券收益率的图示。以公司债券为例，收益率曲线从左向右上升，代表低风险的低收益率公司债券到高风险的高收益率垃圾债券。

40. 零利率下限：这个词曾经代表了理论上美联储权力的界限。零利率下限指的是利率为零，这曾经被认为是美联储能够达到的最低利率。量化宽松被视为一种推动货币政策越过零利率下限的方式，它的方法是在零利率下限达到后向金融体系注入新的资产。另一种突破零利率下限的方式是发行负利率债券，但美联储一直在避免这样做。

41. 零利率政策（ZIRP）：特指美联储的零利率政策。更广泛地说，金融家们用这个词来描述美联储在2008年至大约2017年的政策，当时美联储将利率维持在零或非常接近零的水平，同时通过量化宽松向金融体系注入更多的现金。这是美国央行历史上最极端的宽松货币政策。

致　谢

　　我在这里要特别感谢一个人，是他激励了我写这本书。我是在 2016 年认识他的。他是我一个早期报道项目的采访对象，当时他是在匿名的情况下与我进行的交谈，所以我不能在这里透露他的名字。他既聪明又极具吸引力。与他共事过的人都认为他是个天才。我们的第一次采访持续了 11 个小时。在最初的四五个小时里，我们讨论了我之前进行的项目。但随着时间的推移，我的采访对象想谈论他认为的其他更重要的事情。他想谈谈资产价格。在接下来的几年里，这位有时以名字缩写 Z.C. 来称呼的先生非常慷慨地贡献了自己的时间和见解。我非常感谢您的帮助，先生。

　　在我记录托马斯·霍尼格故事的几年中，霍尼格也非常慷慨地提供了他的时间。我认为霍尼格与记者打交道的方式在当今是非常少见的。他不寻求大家的关注，但是他却回答了我向他提出的所有问题，即使这些问题是敌对和有争议的。我的感觉是，霍尼格认为自己有义务回答记者的问题，因为这是作为国家公务人员的职责。我很感激他的坦率。

　　我也深深地感谢每一位同意为这本书与我交谈的美联储现任及前任官员和雇员，无论是公开的还是私下的。如果没有这些消息来源，作为记者的我根本不可能了解到任何事情，我真心希望自己把这些采访整理成了描述事实的最佳版本。

如果没有我的经纪人劳伦·夏普，本书也无法完成。她的工作难度很大，就是试图售卖这本书的理念。当我说自己开始痴迷于量化宽松政策，并想就此写一本书时，劳伦肯定不是很兴奋。但她还是听完了我的想法，并且从一开始就鼓励我继续更深入地挖掘资料。当到了要把这个想法具体化的时候，劳伦加班加点地帮助我塑造和编辑这本书的提案。她在每一步都坚定地支持着我，对此我非常感激。

我也一如既往非常感谢西蒙与舒斯特出版社的编辑普莉希拉·潘顿，她塑造并完善了我写的每一本书。普莉希拉是一个坚定的领导者，她有着无可挑剔的道德标准和判断力。她代表着美国新闻业最好的学校，我每天都很庆幸能有机会向她学习。我也深深感谢西蒙与舒斯特出版社的总裁兼首席执行官乔纳森·卡普。

《时代》杂志的高级编辑卢卡斯·威特曼编辑了我的第一篇也是唯一一篇关于美联储的杂志报道。卢卡斯给予了我极大的支持，他深思熟虑、聪明机智，引导这篇报道经历了跌宕起伏的演变。早在2020年1月的一个平静的日子里，这篇报道就开始了对2019年回购市场干预的剖析。当我去纽约参观美联储时，人们刚刚开始戴口罩，股市也处于崩溃的前夕。卢卡斯一直关心着这篇报道，并帮助将其扩充到介绍杰罗姆·鲍威尔和美联储在新冠疫情期间出台的前所未有的干预措施中。我很感激能有机会与卢卡斯这样的专业人员以及整个《时代》杂志团队一起工作。谢谢他给我这个机会。

在撰写本书的过程中，我所在的机构是WWG，它是密苏里大学新闻学院的非营利新闻机构监察作家团体。我每天都很感激施密特家族基金会的11小时项目对WWG的慷慨支持。我想特别感谢温迪·施密特、莎拉·贝尔、乔·希奥尔蒂诺、艾米·饶、艾林·皮博迪和11小时项目整个团队的不懈工作和支持。我也感谢堪萨斯城的威廉·肯珀基金会为 WWG 提供的支持，以及乔纳森·肯珀、夏洛特·肯珀和莎拉·福克斯的帮助。WWG 具有完全独立的编辑运营能力，该团体的资助者没有以任何形式参与本书或对我所有的新闻报道进行塑造或提供任何意见。我也非常感谢雷诺兹新闻学院的兰迪·皮希特能够指导 WWG 的运作，他一直是这个项目的优秀导师和领导者。院长大卫·库尔皮乌斯，以及马克·霍维特、兰德尔·史密斯、凯蒂·斯旺、艾莉森·杨、罗恩·斯托吉尔和新闻学院的许多人都对这个项目的开展起到了宝贵的作用。

凯利·德里克在 2020 年的夏天加入了 WWG，并为我调查本书第十一章关于托马斯·霍尼格在联邦存款保险公司的工作提供了帮助。凯利每周的记录和报告对于了解联邦存款保险公司以及霍尼格在该机构做出的努力是必不可少的。凯利还帮助阐释了 20 世纪 80 年代的银行业危机。没有她，我不可能完成这本书的撰写。

在 2020 年的早些时候，亚历山大·霍尔特帮了我一个忙，他把自己的聪明才智贡献给了这个项目。亚历山大在我报道美联储的最初阶段一直帮助我，当时我正开始深入研究 2019 年的回购市场救助。亚历山大机敏地调查了所有关于回购市场和美联储的信息，包括从学术文章到金融分析师报告和新闻文章。没有他，我根本不可能了解这个领域。他在银泉（美国马里兰州的一个城市）的面包店里花了很多时间帮助我理解回购、反向回购的机制，还有最重要的，他帮助我理解了银行准备金需求曲线的可怕扭曲变化。我们谈论这些事的时间数不胜数，我能说的就是我很感激有机会和他一起共事。

我也很感激能够与研究员苏珊·本库亚一起工作，她对这本书进行了事实核查。苏珊能够像激光一样准确地找到错误和不准确之处，她帮助改进了整本书的内容。

如果没有机会阅读美国最具有影响力的报刊——《华尔街日报》《华盛顿邮报》《纽约时报》对美联储的出色报道，这本书也就不可能出版。我最感激的记者包括《华尔街日报》的约翰·希尔森拉斯、尼克·蒂米洛斯和格雷格·叶，《华盛顿邮报》的希瑟·朗，以及《纽约时报》的马特·菲利普斯、尼尔·欧文、吉安娜·斯米莱克和彼得·古德曼。这些记者每天都在做英雄般的工作，记录美国的金融机构和市场正在发生的事情。我非常感激在我试图了解美联储在过去十年里的工作时，能够依靠他们的报道。每个我工作的办公室都慢慢地被成堆的写满笔记的报纸淹没，我很感谢能够有这些报纸被送到我门口的奢侈待遇。

我一如既往深深地感谢西蒙与舒斯特出版社的整个团队。朴韩娜从始至终都是一个绝对的大师，她在困难的条件下依然帮助确保整个项目顺利地进行。萨曼莎·霍巴克和她的团队在编辑和改进我的原稿方面也做得非常出色。罗伯特·梅辛杰慷慨地贡献了他的时间、想法和编辑方面的能力，他对整本书的关心使这本书的质量大大提高。拉里·休斯一如既往地在帮助宣传这本书的过程中做出了不可或缺的努力，在一个日益嘈杂的媒体环境中，这是一项非常艰巨的工作。

穆里尔·赫斯勒和迈克尔·惠特尼在风暴中给予我的庇护，他们在艰难的疫情时期为我提供了一个工作的地方，让我完成了这本书的编写。非常感谢你们的慷慨，也感谢金伯利和埃里克·斯普林格帮助让这一切发生。简和保罗·莫洛伊非常热心地给了我的家人一个在最困难的时期可以放松的机会，我们很感激能够有这些回忆。

在疫情封锁期间，我唯一的安慰就是公交车站旁的朋友们，当疫情开始时，他们就成了庭院一起烤火的朋友。非常感谢凯文和凯特·冈瑟特，达米安和瑞秋·林特曼，安迪和艾米丽·普鲁加，安迪·苏萨和卡罗琳·布罗德让邻里团结在一起。杰里·霍维斯，克里斯蒂·沃尔莫，罗布和黛布·利维，拉斯和露西·沃尔兹，戴夫和卡莉·弗拉尼根让银泉成为我的家，感谢他们多年来的支持。杰瑞和克丽丝蒂，我们都会记得要像威尔一样坚强和积极！

大卫·吉文斯和斯泰西·里奇是我非常好的朋友，也是我在银泉的几年里一起谈论政治观点的好友。大卫阅读了我关于美联储的报道记录，并给了我非常周到的反馈，这帮助我更清楚地看待我写的内容。非常感谢他给予宝贵的时间和独到的见解。

史蒂夫·莱文和努里·努尔利巴耶娃一直是我很好的朋友和支持者。谢谢你们。我也永远感谢安德烈斯·马丁内斯和史蒂夫·科尔，他们在2012年给了我一个千载难逢的机会，为我之后写的每一本书铺平了道路。

我希望这本书能反映出我在堪萨斯城长大时长辈们传递给我的一些价值观。我们在2020年失去了许多的长辈。我敬爱的叔叔大卫·朗德是我的榜样，我为此感谢他。我还要感谢约翰和琳达·罗伯逊，他们为我们其他人树立了如何过上充实而美好的生活的榜样，谢谢！妈妈、大卫和布莱斯一如既往是我真正需要帮助指导时的求助对象。谢谢你们一直在我身边支持我。

第一个阅读我写的书的人是我生命中最重要的人，我的妻子，乔西·伦纳德。这一次，我的女儿索菲亚·伦纳德也加入了这一阵营。她们两人都帮助我将这本书变得更好、更清晰、更简洁。听到我的女儿在家里谈论保罗·沃尔克的事迹，我感到很高兴。在我写这本书最忙碌的时期，乔治和玛戈特也对我的长时间缺席和心不在焉的行为表现得非常宽容。最重要的是，这些人提醒了我写书的初衷，并帮助我一直走在正确的道路上。谢谢。